EL VIAJE DE LUIS

EL VIAJE DE LUIS

JOSÉ MANUEL GIL ANTÓN

OBERON

Libros Singulares

Séptima reimpresión, julio 2014

Juan Ignacio Luca de Tena, 15. 28027 Madrid
Depósito legal: M-28985-2013
ISBN: 978-84-415-3429-2
Printed in Spain

A mis padres

No me arrepiento en absoluto de haber corrido todos los riesgos por aquello que me importaba.

–Arthur Miller.

Como emprendedor que he sido desde pequeño, la empresa más importante acometida en mi vida ha sido la rehabilitación de mi hijo Luis de 12 años.

Sin duda alguna ha sido la mayor satisfacción que he tenido nunca y, probablemente, la más grande que jamás tendré. Todavía siento una profunda emoción cuando veo a Luis de regreso a la vida que estuvo a punto de perder. Nada puede producirme un sentimiento semejante. Sin embargo, todavía hoy, continúo llorando a solas cuando escucho nuestras canciones y recuerdo todo lo vivido. Estas páginas son un recorrido por cuanto emprendimos. Aquí está explicado cómo y por qué lo llevamos a cabo.

Espero de corazón que estos textos sirvan de ayuda a otras personas a tener una mejor calidad de vida y por supuesto que sean un imborrable y aleccionador recuerdo para mis hijos y muchos otros niños.

José Manuel Gil Antón. Madrid Octubre de 2013.

ÍNDICE DE CONTENIDOS

PRÓLOGO

Atreverse a contar la historia del accidente y la rehabilitación de Luis, es una acción necesaria y valiente que ha dado como resultado este libro. Me gustaría resaltar algunos aspectos de este caso que impresionaron, tanto al equipo médico como a mí. En primer lugar destacar la experiencia que compartimos con la familia, parecida a la de otros pacientes también muy graves, pero con muchos aspectos peculiares. Luego hablar de algunos problemas médicos que consideramos únicos, para finalmente insistir en la increíble evolución de Luis.

Como se relata en este libro, los familiares llegan al hospital en estado de shock, destrozados, ansiosos, rogando desde lo más hondo de su ser que el hospital, les devuelva al niño sano que antes tenían. Un hospital, paradójicamente, es un entorno inhóspito. Las horas de espera previas a recibir noticias son momentos muy tensos. La separación del paciente, inevitable tras el ingreso en la UVI (intubación, coger vías centrales, estabilización hemodinámica, exploraciones tipo TAC, etc.) es angustiosa. Difícilmente se pueda pensar en una experiencia vital más difícil que esos momentos, en los que solo cabe esperar. En tal situación emocional, el intento de mantenerse íntegro, supone un esfuerzo descomunal.

Y eso fue lo que sucedió con la familia de Luis. Supieron enfrentarse a la dura realidad. Soportaron con entereza y optimismo las malas noticias. Y lo que es más admirable: pusieron toda su dedicación y recursos en su recuperación. A pesar de los terribles momentos, malas noticias y enorme cansancio, nunca perdieron los nervios. Con educación y delicadeza hicieron que respetásemos los cuidados aplicados a Luis.

Desde el punto de vista médico, el caso de Luis tuvo muchos aspectos inusuales, imprevisibles e incluso sorprendentes. El primero y más increíble fue, por supuesto, su magnífica recuperación. Reunía inicialmente factores y exploraciones de muy mal pronóstico vital y por supuesto neurológico. Sin embargo, visto desde el contexto médico, presentaba una peculiaridad clínica.

Ya desde la primera "ventana de despertar", maniobra para permitir que se recupere lo que quede de conciencia, el paciente presentó un rasgo único. Cuando se le estimulaba con palabras, estímulos táctiles e incluso dolorosos para comprobar si tenía respuesta, Luis parecía no tener respuesta.

Sin embargo, cuando el médico que le atendía ya había dado por terminada la exploración, Luis retiraba la mano o emitía algún ruido que indicaba que nuestra conclusión inicial no era correcta. Respondía, pero con muchísimo retraso. Estaba muy mal, pero quizás algo mejor de lo que parecía.

Días después de su ingreso Luis presentó un empeoramiento importante debido a la aparición de una hipertensión intracraneal. Conocíamos por los TACs y resonancias cerebrales previas que había lesiones cerebrales muy importantes, y sabíamos que este empeoramiento podría suceder. El TAC urgente que realizamos demostraba que efectivamente la clínica se debía a un edema cerebral de aparición aguda.

Por razones que no procede detallar, en aquellos momentos no tuvimos otra opción que proporcionarle tratamiento médico, sin intubación ni ventilación artificial, y sin monitorizar la presión intracraneal, etc. Por suerte, Luis siguió teniendo alguna respuesta a estímulos.

Sin duda podemos afirmar que su tenue y adecuada respuesta fue fundamental para guiarnos en el tratamiento.

Por nuestra experiencia, los niños tienen una enorme capacidad de plasticidad y recuperación cerebral. Ha habido casos de niños donde el pronóstico era infausto y, sin embargo, el paciente se recuperó. Igualmente hemos vivido la situación contraria: se nos han "ido" pacientes que, en principio, tenían altas probabilidades de sobrevivir.

La recuperación de Luis fue una gran satisfacción para todos los que la vivimos de cerca y es un estímulo para seguir luchando por pacientes en situaciones casi desesperadas, que no fútiles. Ese nunca fue el caso de Luis, siempre mantuvo un tenue hilo de comunicación con nosotros, sus médicos y con sus padres.

Por último, el enfoque terapéutico de la UVI jerarquiza una serie de prioridades: supervivencia, calidad de esa supervivencia, evitar complicaciones, etc. Tenemos la evidencia de que no siempre la estimulación puede ser beneficiosa, como cuando hay hipertensión intracraneal. Al mismo tiempo, también sabemos que determinada estimulación, y en determinados momentos puede ayudar, como la musicoterapia, la trasmisión de cariño practicada por los padres y seres queridos, escuchar sus palabras o sentir sus caricias. Ninguno de los profesionales que vivimos este caso olvidaremos fácilmente la magnífica, casi increíble, buena evolución y posterior espectacular recuperación de Luis, ni tampoco el admirable empeño y dedicación de su padre José Manuel. Por todas esas razones damos la bienvenida a este valioso testimonio, porque el viaje de Luis fue el viaje de todos.

Dr. Federico Goded
Cuidados Intensivos Pediátricos
Hospital Universitario La Paz

PREFACIO

RAZONES PARA ESCRIBIR ESTE LIBRO

Cuando hablamos de viajes puede que de inmediato pensemos en lugares remotos, paisajes por descubrir, en emociones intensas quizá. Y así es. Pero la crónica de un viaje puede ser también el testimonio de una compleja experiencia personal. Así es el viaje de Luis, desde su accidente, que estuvo a punto de costarle la vida, hasta su milagrosa recuperación e integración a la vida cotidiana. Sin embargo el viaje de este niño de 12 años puede ser también el viaje de cualquiera y por esa razón se ha escrito este libro. Con el objetivo de inspirar, ayudar y dar fuerzas a quienes vivan una situación extrema.

Esta es una conmovedora historia escrita para inspirar, ayudar y dar fuerzas a quienes afronten una situación semejante. Una guía de primera mano; escrita por un padre enérgico; con todas sus emociones, pero también, su útil racionalidad, que motivaron cada una de las decisiones que tomó para la rehabilitación del pequeño, apoyándose para ello en autoridades médicas y en el conocimiento científico más actual.

Esta obra será igual de útil para quienes procuren conservar su cerebro en buen estado y retrasar el envejecimiento intelectual, disminuyendo la probabilidad de sufrir padecimientos como el Alzheimer, ictus u otras dolencias, porque las terapias y conocimientos científicos descritos son igualmente aplicables, al estar todos ellos orientados a la mejora y preservación de ese órgano tan complejo y desconocido, que es el cerebro.

El libro está escrito en tres partes fundamentales: Los primeros capítulos narran el emotivo drama del accidente, la vida en el hospital y los mecanismos para hacer regresar a Luis "de vuelta" del estado vegetativo. En el segundo nivel se expone cómo de manera espartana, férrea e inquebrantable, enfrentó el proceso de rehabilitación, mediante el llamado método de *Rehabilitación de 3 Ejes*, que tan espectaculares resultados proporcionó tras los extremadamente negativos pronósticos iniciales. Los médicos que le trataron no han conocido en décadas un caso así, con una recuperación tan rápida y tan completa, que hoy puede considerarse casi un milagro. Ello también servirá de guía y esperanza en otros casos.

Por último, en la parte tercera se podrá encontrar cómo cada uno de los 3 ejes tiene un fundamento científico probado y contrastado. Se descubrirá, a través de múltiples referencias e investigaciones médicas de todo el mundo, en relación a la mejora cerebral, que estos resultados están basados en el conocimiento. Como dijo el pensador estadounidense Ralph Waldo Emerson: "La ciencia rivaliza con la mitología en milagros". Esta tercera parte es, además, una valiosa, exhaustiva y rigurosa recopilación científica de las medicinas y los compuestos de soporte cerebral que se utilizaron en este caso, y que pueden servir, no sólo en casos excepcionales, sino también a cualquiera en la vida cotidiana. Será muy difícil para cualquier lector, sin conocimientos médicos, encontrar algún texto con enfoque similar, capaz de auxiliarlo de forma eficiente, organizada y lúcida en momentos de gran angustia. Si a una sola persona, le aportara el impulso, la confianza y la fuerza necesarias para salir adelante, entonces, habrá merecido la pena.

Aclaración: El autor desea recordar que la administración de las fórmulas de compuestos de soporte que Luis tomó durante su rehabilitación, y que el propio autor venía consumiendo desde hacía más de diez años, debe estar siempre supervisada y autorizada por un médico especialista que pueda, además, y en caso necesario, adecuar los componentes de la misma a las necesidades y particularidades del paciente.

PARTE I.
EL DELICADO HILO DE LA VIDA

CAPÍTULO I

EL ACCIDENTE

Cuando la vida te presente razones para llorar, demuéstrale que tienes mil y una razones para reír.

–Anónimo.

Ese domingo de mayo, por la tarde, visité el cementerio. Mi padre había muerto hacía cuatro años y yo iba a recordarle con frecuencia a su tumba, a hacerle compañía, o tal vez sea mejor decir a hacernos compañía.

Regresé a casa sobre las ocho y media. Mientras subía las escaleras del garaje, escuché gritos desesperados. Asustado corrí hacía las voces preguntando en alto qué ocurría. Al entrar en la cocina encontré a mi hijo Luis, desmayado, cianótico, con los ojos abiertos, totalmente inexpresivos, mientras Elena, su madre, arrodillada en el suelo lo abrazaba con angustia.

Luis se había clavado una navajita en el pecho, cerca de la tetilla izquierda y casi no podía respirar; tenía espasmos de vómito. Su madre introducía los dedos en la boca del niño para facilitar la respiración. Cuando lo colocamos de lado, vinieron a mi mente todas aquellas advertencias aprendidas en los cursillos de socorrismo, y sobre todo la primera: sin perder un segundo, avisar a emergencias.

Mi hija Elena de 15 años llamó al 112. La ambulancia tardó quince interminables minutos. Para entonces, ya había llegado la policía municipal.

A partir de ese instante, comenzaron las prisas y el protocolo propio de una urgencia extrema: electroshock, medidor de pulso, ampollas diversas, y todo el equipamiento habitual de emergencias. El médico introdujo una cánula en la boca de Luis para desobstruirle las vías aéreas. El niño estaba respirando, con los ojos abiertos y perdidos hacia arriba. Era la imagen aterradora de la vida pendiendo de un hilo casi invisible. Como el corte era pequeño y el derrame era interno, no había casi sangre. Sin embargo, la tensión arterial caía con rapidez. Quince minutos más tarde, llegó la policía científica. Recuerdo la impresionante imagen de aquellos hombres con maletines negros, repletos de sofisticadas herramientas para perseguir y atenazar, con fina precisión, las pruebas del delito. Recuerdo, además, que lo primero que hicieron fue ponerse unos guantes también negros.

Preguntaron por la navaja. Mi hija señaló que debía hallarse bajo el sofá. La embolsaron como se guarda la prueba de una atrocidad y la guardaron en su maletín. Elena y la niña dieron los detalles. Estaban los tres viendo la tele cerca los unos de los otros. Sin embargo, no vieron nada de lo sucedido. En un momento dado el niño había dicho algo así como “Mamá, me he clavado la navaja”, y le pidió que lo mirara. Luego huyó a la cocina, probablemente con sentimiento de culpa infantil. La madre lo siguió y se percató de que algo anormal estaba ocurriendo. Luis se desmayó de inmediato; las dos, madre e hija, lo recostaron sobre el suelo y en ese preciso instante entré yo. La versión de la madre y la hija eran coincidentes. Aunque parezca una broma de mal gusto, mientras nuestro hijo se debatía entre la vida y la muerte la policía científica nos tenía bajo sospecha. Le resultaba muy difícil admitir que un niño se clavara una navaja justo en la exacta zona del corazón. Ni haciéndolo a propósito habría tenido tanta destreza. Los médicos, en la cocina, hacían cuanto podían por salvar la vida a Luis. En un momento dado escuché "¡Que se nos va, que se nos va!". Entonces se cerró la puerta y nos condujeron al salón mientras nuestro hijo se moría, algo extremadamente doloroso y que nunca podré olvidar. Un sanitario se acercó y me preguntó si en casa había una puerta más grande, para poder evacuar al niño rápidamente. La puerta principal estaba enganchada. Busqué una maza. Con ésta cogida hacia abajo –como signo de inactividad–para que los policías no pensaran que me iba a liar a mazazos dada la tensión existente, me encaminé hacia la puerta para desengancharla. Cuando pasé la miraban con atención, pero no dijeron nada y pude abrirla. Finalmente, el delicado hilo de la vida se rompió. El corazón de Luis dejó de latir. Los médicos tomaron la resuelta decisión de trasladarlo urgentemente al hospital. Quizás allí podrían salvarlo. La policía cerró las puertas del salón. No vimos salir a Luis, pero la imagen debió ser extrema: dos sanitarios portando la camilla a toda velocidad, otro a su lado insuflándole oxígeno y uno más haciendo las compresiones de la Resucitación Cardio Pulmonar (RCP). Lo introdujeron "muerto" en la ambulancia. Con buen criterio, los médicos resolvieron llevarlo a un gran hospital infantil. En La Paz dispondrían de los medios apropiados para tratar de resucitarlo. Un posible último viaje lleno de angustia, intentando que su corazón volviera a la latir. Ahora lloro de dolor al recordarlo.

La cocina parecía una zona catastrófica: Se palpaba la emergencia vivida. Había sido una lucha contra el tiempo, una lucha a muerte con la muerte. Recogimos deprisa, nos montamos en el coche los tres y salimos en dirección al hospital. Al llegar tuve que buscar aparcamiento. En aquel momento pensé: "se está muriendo mi hijo y tengo que ir a aparcar". Vaya las cosas que pasan en la vida real.

CAPÍTULO 2

EL HOSPITAL

La esperanza es el sueño del hombre despierto.

–Aristóteles.

El hospital es enorme y yo nunca había estado en él. Por fortuna, los miembros del equipo del SUMMA, que atendieron a mi hijo, estaban saliendo. Coincidimos en una de las puertas del ascensor. El niño ya estaba en manos de los especialistas de urgencias. Uno de los médicos que había estado en casa, el de los ojos azules y pelo canoso, me reconoció y quiso ayudarme. Me acompañó al Departamento de Administración para inscribirlo, un inevitable trámite tras el ingreso. Siempre agradeceré a este médico su compañía en esos minutos durísimos. No sé su nombre, nunca me lo dijo, pero repito, le estoy inmensamente agradecido.

Por extraño que parezca, me hallaba sereno. Existen circunstancias en que la perplejidad es enorme, y las reacciones de cada ser humano, en situaciones límites, resultan difíciles de explicar por la avalancha de ideas y de sensaciones. Por otra parte, el tiempo de espera allí, al contrario que en la cocina de mi casa, transcurría demasiado despacio. Una diferencia que tan sólo Dios podría explicar.

Necesitaba hablar con el médico. Temía lo que podía estar pasando dentro de la UCI. Que, al detenérsele el corazón, el cerebro hubiera sufrido daños severos por la falta de oxígeno. La herida de la navaja no era lo más grave, aunque podía, eso sí, provocar un desenlace fatal.

El corazón dejó de latir y habían conseguido reanimarle, por eso yo quería saber el tiempo que Luis había estado en paro cardiaco. Pregunté al médico y respondió lacónico: "Mucho tiempo". Sabía que las células cerebrales comienzan a morir aproximadamente a los cuatro minutos de no recibir oxígeno. Me preguntaba: ¿cuánto es mucho tiempo? ¿Cinco, ocho, doce minutos? Cualquiera de estas cifras podría constituir "demasiado tiempo".

Para salir de la incertidumbre, volví a interrogar al médico. La respuesta fue aterradora: su corazón había estado detenido durante veinte interminables minutos; aunque con respiración asistida y masaje cardiaco en todo momento. Me puse a llorar con la tarjeta sanitaria en la mano mientras daban de alta a Luis en el sistema informático. Veinte minutos, sin embargo, era un tiempo desproporcionado como para que no hubiera habido un daño cerebral considerable, aun cuando la parada hubiera estado asistida desde el primer momento.

Más tarde, en la puerta de la UCI, apareció una joven doctora de guardia, para informarnos. Explicó que Luis estaba respirando, que su corazón latía y que estaban a la espera de reacciones. Trató de consolarnos, pero al escuchar de nuevo el tiempo que Luis había estado muerto me tapé la cara y me puse a llorar otra vez mirando al suelo. ¡Veinte minutos era demasiado tiempo!

Ahora pienso en los momentos que pasamos allí, en la sala de espera, envueltos en la confusión y el dolor, y no soy capaz de recordar con exactitud qué pensamos o hicimos. Y me digo que es lógico ese olvido: las situaciones de excesivo estrés hacen que el cuerpo humano segregue, además de la adrenalina –de la que todo el mundo ha oído hablar y cuyo efecto pasa con prontitud–, una hormona llamada cortisol[1], de efecto más prolongado, que además de ser la responsable de muchos de los males producidos por el estrés en el cuerpo, interfiere con la retención de los recuerdos, puesto que afecta a los neurotransmisores cerebrales, a la transmisión sináptica entre neuronas y a la absorción de glucosa por parte de éstas. Es lo que la gente llama "quedarse en blanco" –por ejemplo los estudiantes en un examen–, ya sea porque el individuo se queda sin acceso a los recuerdos por interferencia del cortisol o porque los recuerdos no se hubieron grabado en situaciones de shock, pánico o estrés excesivo.

Fue avanzando la noche. No esperábamos un parte adicional y Luis estaba estable, intubado y sedado. En la UCI trataban de estabilizar todas sus constantes vitales. Pedí a mi hija que nos fuéramos a casa. Elena prefirió quedarse en la sala de espera cerca de él.

En semejantes circunstancias, y por arduo que parezca, se hace preciso mantener la sangre fría. A todas luces, en la UCI, rodeado de doctores, no íbamos a poder ayudar a Luis de ninguna manera. Al día siguiente, en cambio, cuando viniera el equipo médico habitual, en caso de producirse cualquier tipo de desenlace o evolución, positiva o negativa, nos haría falta estar descansados, con la mente despejada, o, al menos, todo lo descansados y despejados que fuera posible.

Mientras mi niña y yo caminábamos hacia el coche, me asaltó un pensamiento extremadamente doloroso: tenía que prepararla para lo más duro, es decir, debía predisponerla para que supiera que Luis podía morir. Quería que ella fuera asimilando las cosas poco a poco; que no recibiera de golpe, en caso de que ocurriera, la desgarradora noticia.

---

1. Khalsa, Dharma Singh, Stauth, Cameron, Brain Longevity. The Breakthrough Medical Program that Improves Your Mind and Memory, 1999, pp. 39, 153.

Lo que entonces fue sólo un reflejo intuitivo, algo que no concebí en toda su fría lógica, es algo que, en cambio, está demostrado científicamente. Gracias a estudios médicos que miden el impacto de una noticia extrema en el ser humano, se sabe que el nivel de estrés que se produce como consecuencia del cortisol segregado, es mucho menor cuando se espera una noticia que cuando ésta llega de repente, porque la razón y, por ende el cuerpo, se van preparando internamente para asimilarla. De modo que cuando la noticia llega –si es que llega– el individuo está prevenido y se muestra mucho más resistente[2]. Por eso, no es igual anunciar una mala noticia de manera cruda que de forma dosificada.

Teníamos que estar preparados para el peor de los desenlaces. No había garantías de que su hermano sobreviviera. Durante el camino a casa, hablé a mi hija de cosas que no sé si ella pudo entender en ese instante. Sin mencionar directamente la muerte de su hermano, le dije que había que estar preparados para lo peor, le hablé de cómo puede ser de dura la vida, y de otras cosas que ya ni recuerdo. Ignoro si me entendió o si me hice entender. Con quince años, parecía difícil que mi hija alcanzara a comprender, en toda su dimensión, la magnitud de la muerte. Ahora ella recuerda que le hablé de Dios, que a veces las cosas pueden estar fuera de nuestro alcance, y al parecer, sí, entendió: su hermano estaba en peligro de muerte. Para evitar la soledad, en estos terribles momentos, fuimos a dormir a la misma habitación. Nos acostamos agarrados de las manos, llorando desconsoladamente durante aquella larga noche. Finalmente me dormí.

---

2. Khalsa, Dharma Singh, Stauth, Cameron,Brain Longevity. The Breakthrough Medical Program that Improves Your Mind and Memory, 1999, p. 281.

A la mañana siguiente, me desperté muy pronto para enterarme de las noticias sobre mi niño. Seguía estable, sin cambio alguno. Tomé las cosas imprescindibles y regresé a La Paz. En la UCI nos pusieron al tanto de sus normas, de sus horarios de once a siete de la tarde, de que sólo podía entrar una persona cada vez, de hora en hora. Así pues, Elena madre y yo nos quedamos allí, para en turnos de una hora, estar con Luis todo el tiempo posible. Mi hija no fue al colegio.

Había pasado la primera noche y Luis continuaba vivo.

CAPÍTULO 3

LA ESTANCIA EN LA UCI

En las tinieblas, la imaginación trabaja más activamente que en plena luz.

–Immanuel Kant.

A Luis lo mantenían sedado e intubado, estaba inconsciente. Parecía muerto, con los ojos abiertos y la mirada perdida. Carecía de cualquier signo de conexión con el mundo. Aunque prevalecía mucha incertidumbre –mejor dicho, toda la incertidumbre–, no era menos cierto que había superado las primeras y críticas veinticuatro horas. Yo sabía, que si el cerebro está únicamente un breve periodo de tiempo sin oxígeno (hipoxia), el daño puede ser reversible debido a su plasticidad –especialmente en los niños–. No obstante, los veinte minutos de Luis me hacían temer –de manera fundada– lo peor. Las complicaciones podrían abarcar hasta un estado vegetativo prolongado. Todos hemos oído hablar alguna vez de enfermos que permanecen en coma por tiempo indeterminado en los hospitales, a la espera de un desenlace incierto. Conservan las funciones vitales, como la respiración o la presión arterial, sin estar conscientes ni responder a los estímulos del mundo que los rodea. En general, estos pacientes fallecen al cabo de un año; algunos pueden sobrevivir más tiempo, dependiendo de los cuidados que reciban. Con cautela, los médicos repetían que era necesario esperar.

Luis permaneció en la cama de la UCI sedado, intubado durante tres días, mientras se le curaba la herida del pecho y expulsaba la sangre que tenía acumulada en el pulmón izquierdo, para lo cual le habían insertado un tubito de drenaje.

Tanto su madre como yo, en esas horas que nos turnábamos para hacerle compañía, lo cogíamos de la mano, lo acariciábamos con la esperanza de que el contacto penetrara en su mente y lo ayudara a despertar. Es bien sabido el enorme poder estimulante de las caricias, especialmente en enfermos o enamorados[3]. Su madre y yo hablábamos a Luis con cariño al oído pero él no reaccionaba. Estábamos asustados, con un sufrimiento infinito, difícil de soportar.

Al tercer día retiraron la sedación y la respiración asistida. Entrábamos, pues, en el momento decisivo, porque con la herida del pecho bastante recuperada y respirando sólo y sin sedación, Luis debía de haber despertado. No existía razón para que no lo hiciera…, salvo, claro está, el posible daño cerebral.

Y sí, aunque Luis respiraba por sí sólo, no salía del intenso sueño.

Las enfermeras, los médicos –y yo, que comencé a imitarlos– le daban pellizquitos en el centro del pecho, un lugar donde molesta mucho. Su reacción era leve, movía ligeramente la cabeza por el dolor del pellizco, un signo indudable de progreso.

Los médicos nos pidieron estimularlo para que "volviera", que no había otro camino; en cualquier caso debíamos continuar esperando por sus reacciones.

---

3. Khalsa, Dharma Singh, Stauth, Cameron, "Brain Longevity. The Breakthrough Medical Program that Improves Your Mind and Memory", 1999, p.292.

Yo había permanecido expectante hasta ese instante, acompañando al niño, sin tomar por prudencia iniciativa alguna, ninguna acción que pudiera interferir con la recuperación: como Fernando Alonso o Sebastian Vettel en la parrilla de salida, atentos y con el pie listo en el acelerador, en medio del rugir de los motores, mientras esperan el cambio del semáforo. Sin embargo, una vez que los médicos nos dieron permiso mi mente se puso en marcha en busca de mecanismos de estimulación.

Entre mis familiares se me conoce por los múltiples "inventos" que me aficioné a hacer desde muy pequeño, gracias al estímulo y apoyo de mi padre. Así pues, empecé a imaginar cómo estimularlo, cómo hacer que mi hijo despertara. Si existen cinco sentidos, pensé, debía encontrar mecanismos y sistemas para hostigarlos todos. Había que provocar, "atacar" al cerebro de Luis por todos los flancos posibles, ya que eso reforzaría la actividad sensorial y, por ende, la actividad cerebral inducida. De ese modo, quizás Luis saliera del "letargo".

Con relación al tacto, más allá de las caricias que le hacíamos su madre y yo, y de los pellizcos inductores de cierto dolor, se me ocurrió "helar" la piel de Luis. Cualquiera de nosotros ha recargado un mechero de gas alguna vez y ha sentido cómo el gas comprimido, al escaparse por la válvula, nos hiela los dedos. Pensé, pues, para estimularle, aplicarle aire comprimido y helado por todo el cuerpo.

En rigor, muchas de las cosas que se me ocurrieron eran "perrerías", alguna de las cuales mereció la crítica airada de algún familiar o amigo. En cambio, yo tenía claro que lo importante era estimular a mi hijo para que despertara –cuanto antes, mejor– y lo de las "perrerías" me tenía sin cuidado. Hasta dónde sabía, un chorro de aire helado (de duración y extensión limitada) nunca ha hecho mal a nadie, al margen de lo molesto que pueda resultar. Llevé un "espray" de aire comprimido que, al liberarse de repente y por efecto de la expansión repentina, sale helado. Era un avisador de los que se utilizan en las llamadas de emergencia en las embarcaciones (y que se puede comprar con facilidad en cualquier tienda de náutica o de deportes), al que rompí la bocina para que sólo saliera el gas, sin hacer ruido. Cuando le daba con el chorro, Luis se revolvía incómodo. Las enfermeras, sorprendidas, parecían no ver con muy buenos ojos esta práctica. No obstante, no lo manifestaban. Lo esencial, sin embargo, era que Luis mostraba signos de reacción y en esos primeros momentos esto era algo de vital importancia.

Para estimular el sentido de la vista, llevé a la UCI una batería de 12 voltios y dos tiras de diodos luminosos LED blancos y azules, hermosos por la brillantez de su luz. Igualmente llevé una bola de cristal de gas inerte, de las que producen rayos rosas y azules, bonitos en su interior, y que gustaba mucho a Luis. Para excitarle agitaba rápidamente las tiras de luces cerca de su cara, lo que provocaba figuras llamativas y luminosas. También acercaba la bola de rayos "galácticos". Sin embargo, pronto abandoné ambas cosas, al darme cuenta de que Luis no reaccionaba a los estímulos visuales. Por el momento, únicamente mostraba las débiles reacciones a los pellizcos y al aire helado.

Esta fase podríamos llamarla de "ensayo-error". Debía aprender qué mecanismos de estimulación funcionaban y cuáles no llevaban a ninguna parte. Había decidido que trataría de despertarle aplicando mi creatividad, intentando cuanto hiciera falta. Al margen del "espray" y de las luces, llevé muchas cosas más para avivar a mi hijo. Había más sentidos que atacar, entre ellos el oído, así que me presenté en la UCI con un reproductor de CD, amplificador, micrófono y cascos. Desde tiempos remotos se ha reconocido el poder terapéutico de la música. Y Luis y yo somos músicos amateurs, tocamos el saxo, por lo que debía intentar aprovechar esa faceta musical para sacar su cerebro del aislamiento. Además, como explicaré más adelante, Luis tiene un don musical especial que no todos poseemos.

Para hablarle "alto y fuerte", con la firmeza y autoridad de un padre y poder mezclar así la música y mi voz con un objetivo concreto, llevé también un micrófono. No podía ponerme a gritar en la UCI, así que el micrófono y los cascos me permitían ponerle música de fondo y a la vez hablarle, aprestarle o cantarle al volumen que yo decidiera.

Los cascos se los ponía mañana, tarde y noche, siempre que no estuviéramos hablándole Elena o yo. Los descansos eran pocos, ya que estaba seguro de que la música podía ser un elemento importante. Luis tenía en su cabeza las canciones que tocábamos juntos en nuestro grupo amateur de saxofonistas *The Fun & Music Players*[4], así nos llamamos, y se las sabía de memoria.

Pensaba que ésta podría ser la manera de llegar a él, de hacerle despertar escuchando cosas que le eran muy familiares. Había que intentarlo. Su madre, con la comprensible intención de que Luis descansara, con frecuencia le quitaba los cascos cuando yo no estaba. Desde mi punto de vista, nada más lejos de la realidad. Aunque sea necesario pasar por ella, la UCI es un lugar extremadamente violento para un enfermo grave. Al margen de los microbios de otros pacientes que pueda haber en el ambiente, los pitidos de los múltiples monitores son continuos y tras algunas horas llegan a meterse hasta en los mismos tuétanos. Pitidos de monitores cardiacos, de las bombas de medicación cuando fallan o cuando se acaba

4. Nuestra Web y formulario de contacto se encuentra en la dirección: www.funmusicplayers.com.

el medicamento, voces de urgencia cuando algún enfermo sufre empeoramiento repentino, gritos de dolor o de delirio de los enfermos.

La música suave, por su parte, ayuda a descansar y fomenta la paz y la armonía. Por eso le ponía los cascos con música clásica, buscaba provocarle emociones con piezas tan emotivas que a algunas personas nos hacen llorar, como el como el *Concierto para Violín número 1* de Tchaikovsky, que dio lugar a esa encantadora película llamada "El Concierto", o como el *Concierto para Piano Número 2*, que Sergei Rachmaninov dedicó a su médico cuando enfermó durante los gélidos inviernos de Rusia. O también como la *Pequeña Música Nocturna* de Mozart, cuya suave melodía nos adormece.

En primer lugar, la música aislaba a Luis de los pitidos y de los "episodios propios" de la UCI. En segundo, lo ayudaba a descansar. En tercero –y este es muy importante–, estimulaba su cerebro en el *background* mientras descansaba. La música es sonido en armonía, vibraciones, "señales" concordantes, ordenadas en el tiempo. Una vibración armónica se transmite a las partículas del medio por el que se propaga y éstas comienzan a vibrar y se reordenan de manera armónica. Eso era lo que necesitaba el cerebro de mi hijo, recuperar su "vibración", reordenarse, restablecer la coordinación, la armonía interna propia de un órgano tan complejo y desconocido como el cerebro.

Por puro sentido común decidí que, al menos, aquello no le haría ningún daño y que, acaso, estimularía su cerebro y pudiera hacerle despertar.

La mañana del quinto día de estancia en la UCI, se habían estabilizado sus constantes vitales. Si bien los dos días anteriores Luis había mostrado algunas reacciones al aire comprimido y a los pellizcos, poco a poco dejó nuevamente de reaccionar; se fue apagando, como una vela que se consume. La frecuencia cardiaca era cada vez más lenta, con alrededor de 44 pulsaciones por minuto, que es una frecuencia realmente baja (bradicardia).

El tiempo que estaba con él, lo pasaba observando los monitores. Su baja frecuencia cardiaca me tenía muy preocupado y sorprendido a la vez. No se movía como hacía antes al recibir el aire helado, o los pellizcos en el pecho. Había dejado de sentir. Otra vez se había quedado con la mirada perdida.

En mi opinión, esto no tenía sentido. Si ya no estaba sedado y los días anteriores su estado había ido mejorando con lentitud, no era lógico que ahora empezara a empeorar, sin justificación alguna. Con certeza, algo estaba sucediendo. En semejante situación, y por mucho que le dicte a uno el sentido común, si no se es médico, lo único que se puede hacer es transmitir la observación a los especialistas, con prudencia y humildad, puesto que son ellos los únicos capaces de interpretar esos síntomas. Les dije a los médicos que Luis ya no reaccionaba. Que estaba otra vez como muerto. Ellos también valoraban preocupados la pasividad de sus respuestas, y esto, unido a la bradicardia, les alertó de que podía obedecer a una sobrepresión en el cerebro, o lo que es lo mismo a un edema cerebral.

A mediodía, estando en la hamburguesería cercana al hospital, me llamó un médico para comunicarme que subían a Luis a la planta infantil dado que se había quedado una cama libre y que, una vez fuera de peligro, debía recuperarse en una habitación. En ese momento me pareció una decisión muy desafortunada.

Recordé cómo mi padre, durante los últimos años de vida, tuvo un derrame cerebral en dos ocasiones y cómo el efecto de la sobrepresión sobre el cerebro por la acumulación de fluidos, fue haciéndole perder poco a poco la capacidad de respuesta. También recordé que mi padre insistía siempre que lo primero que debe hacer un buen médico es aplicar el sentido común.

Volví a la UCI para preguntar a qué habitación habían subido a Luis. Para sorpresa mía, continuaba en el mismo lugar y los médicos me pedían autorización para hacerle un segundo TAC esa misma tarde y con urgencia. Acertada medida del Dr. Goded, quien me explicó que este TAC era para descartar que mi niño estuviera sufriendo un edema cerebral tardío, puesto que habitualmente suelen aparecer en los tres primeros días, y que este pudiera ser el motivo de la bradicardia y de la pérdida de reacciones, pues ambos síntomas, cuando coinciden en el tiempo, pueden indicar la inflamación del cerebro como consecuencia de un episodio de hipoxia.

Todos los médicos, enfermeras y equipo sanitario de la UCI de La Paz atendieron a Luis con extraordinaria dedicación, entre ellos tengo que destacar al Dr. Goded a quien nunca podré agradecer lo suficiente su buen hacer. También al Dr. Menéndez.

Hacia las siete de la tarde nos comunicaron que trasladaban a Luis a otra planta para hacerle el TAC. Recuerdo que yo percibía entre los médicos cierta sensación de preocupación y urgencia contenida.

El TAC duró poco y el resultado no se hizo esperar: el Dr. Goded y el Dr. Menéndez confirmaron que Luis tenía un edema cerebral generalizado, lo que explicaba el extraño retroceso en su evolución. Como había comentado el Dr. Goded, los edemas suelen presentarse hacía el tercer día, sin embargo a Luis no se le había manifestado hasta el quinto día, algo fuera de lo habitual.

El cuadro era grave, muy grave. La inflamación de por sí no debía ser un problema extremo, puesto que es algo que de manera natural tiende a remitir poco a poco cuando desaparecen las condiciones que la provocan. Lo complicado consiste en que, al estar inflamado el cerebro dentro del cráneo sin posibilidad de expansión, los capilares del mismo se comprimen hasta tal punto que deja de circular la sangre. Si eso ocurre, las neuronas carecen de oxígeno y mueren. Estábamos ante un segundo episodio de posible hipoxia.

El médico nos explicó que sólo podían hacer dos cosas para tratarla: una, administrarle Manitol y diversos diuréticos, para que Luis expulsara líquido lo más rápido posible e intentar bajar la presión intracraneal, como un reflejo o consecuencia indirecta de la bajada de tensión arterial generalizada por pérdida de líquidos. El propio cuerpo, como mecanismo de protección cerebral, impide que una bajada brusca de tensión tenga su reflejo paralelo en el cerebro.

Aunque la solución era sencilla, no ofrecía garantías de que el cerebro no fuera muriendo con el paso de las horas por falta de riego, entretanto bajaba lentamente la inflamación cerebral como consecuencia del tratamiento: no había una monitorización real de la presión intracraneal.

La otra solución impresionaba y daba miedo con sólo escucharla: consistía en introducir un "pincho" en el cerebro de Luis para tener monitorizada la presión cerebral en todo momento, y en caso de que ésta subiera mucho, recortarle a Luis un casquete de la parte superior del cráneo –como si fuera el Polo Norte–, para permitir que el cerebro inflamado se expandiese por el agujero[5]. No hace falta que explique lo que siente un padre cuando escucha esto.

5. Craneotomía.

Con razón, el Dr. Goded advirtió que esta solución "nos metía en un túnel".

La expresión del "túnel" significaba que volverían a dejar a Luis intubado y en coma inducido; le meterían en el quirófano para hacerle un agujero en el cráneo y encajarle un sensor de presión, y que si la presión pasaba de un cierto límite cogerían una sierra, o lo que se utilice en esos casos, para abrirle el cráneo. Después, si bajaba la inflamación y Luis no moría en el proceso, habría que volver a ponerle el casquete craneal y esperar que reviviera y quedara sin daño cerebral. El "túnel" en realidad significaba que por ese camino entrábamos en una vía oscura y sin posible retorno, de la cual sólo sabríamos que habríamos salido –si es que salíamos– una vez que viéramos la luz al final. Recuerdo entonces que comenté al doctor, anticipándome con toda prudencia y humildad, que desde mi punto de vista parecía lógico optar primero por el Manitol. El Dr. Goded coincidió conmigo.

Ambos médicos acertadamente decidieron administrarle el Manitol como primer recurso, aun sin tener un control monitorizado de la evolución de la presión intracraneal. Incluso con un peligro potencial importante, si la presión subía mucho, el riesgo inherente a la segunda solución era mayor. Ahora bien, con ninguna de las dos soluciones había garantías de que Luis no tuviera secuelas neurológicas muy graves.

El Manitol es el diurético osmótico que con más frecuencia se indica para disminuir, rápida y efectivamente, el volumen de agua en los tejidos cerebrales, inhibiendo la reabsorción del agua, sodio, cloro y bicarbonato. Asimismo, le administraron también otros diuréticos potentes y soluciones para proteger las neuronas.

Sólo quedaba esperar la reacción de Luis, su posible evolución.

Nos marchamos a casa extraordinariamente preocupados, temerosos del posible desenlace. Nada podíamos hacer salvo rezar, esperar que la expulsión acelerada de líquidos del cuerpo redujera la presión intracraneal.

A la mañana siguiente, cuando llamamos a la UCI, recibimos la mejor de las noticias. Luisito estaba respondiendo bien al tratamiento. La frecuencia cardiaca se había elevado ligeramente, la bradicardia tendía a desaparecer, lo cual era un síntoma de que la presión intracraneal descendía. Le habían hecho orinar mucho.

Durante ese largo día pasé mis turnos en la UCI con la mirada fija en el monitor cardiaco mientras acariciaba a Luis. Cualquiera que me hubiera visto pensaría que en esa pequeña pantalla estaban pasando una gran película. Miraba en ella sin descanso el lento ascenso de la frecuencia cardiaca de Luis hasta que alcanzara su frecuencia normal, como la bella imagen del globo de Félix Baumgartner ascendiendo lenta pero majestuosamente de manera imparable hacia la estratosfera en pos de su ansiada altura de salto record a 39.045 metros[6].

A la mañana siguiente, regresé nuevamente a la UCI y observé con emoción que el pulso de Luis volvía a ser normal. Me enteré, además, de que, considerando su mejoría, los médicos habían suprimido el Manitol.

Con todo, la alegría no duró mucho. En un momento se me acercó la Dra. Dorao. Pude ver la imagen del TAC que traía en sus manos. Mi hijo tenía tres zonas de afectación, tres zonas que se veían negras, mientras el resto del cerebro se veía gris. El cerebro entero estaba afectado, pero esas tres zonas negras me parecieron muy mal signo. Sin mostrarme

6. Pueden consultar lo que contempló Félix Baumgartner durante su salto en : http://www.redbull.com/cs/Satellite/en_INT/Video/Exclusive-What-Felix-Saw-Red-Bull-Stratos-Live-Jump-POV-021243270932859

la resonancia la doctora me explicó que Luis había sufrido daño cerebral en la parte occipital (donde están las zonas corticales visuales). Yo aún conservaba la esperanza en que estas pruebas no fueran definitivas o que el impacto fuera pequeño o pudiera ser recuperable. No era el caso. El daño era terrible pero nunca podemos perder la esperanza.

• • •

Cuando bordeamos un abismo y la noche es tenebrosa, el jinete sabio suelta las riendas y se entrega al instinto del caballo.

–Armando Palacio Valdés.

Al día siguiente por la mañana, pasado el edema, los médicos quisieron comprobar la respuesta eléctrica del cerebro de Luis y verificar lo que mostraba el TAC, el grado de afectación que había quedado tras la primera hipoxia y el edema, y le hicieron un electroencefalograma. Su madre se encontraba en el trabajo; yo, en cambio, estaba en la UCI y vi cómo lo hacían. Yo no sabía interpretar los encefalogramas, pero sí la cara del Dr. Alvarado. Aunque lo intentó disimular con una expresión amable y cercana, su rostro reflejaba que la hipoxia había afectado severamente a Luis. No quiso explicarme nada más, salvo que había que esperar. Nuevamente me quedé profundamente preocupado al darme cuenta de que las cosas no iban bien.

En ese momento no nos daban muchos datos, algo que ahora encuentro comprensible. Casi seguro que ni ellos mismos sabían qué iba a ocurrir en realidad. Era normal que les pareciera apresurado hablar sobre las consecuencias del edema, sumado a la hipoxia, y que lo juicioso fuera esperar. Al Dr. Alvarado el tiempo le ha dado la razón. Hacia el octavo o noveno día tras el accidente, Luis no despertaba.

Por otra parte, cuando un hijo se encuentra ante un cuadro clínico de tantísima gravedad, cualquier información es insuficiente y nos invaden la incertidumbre y la ansiedad. Lógicamente, me sentía mal informado, aunque por prudencia no lo manifestara a los médicos. Con toda probabilidad, los médicos no podían revelarme nada más. Clínicamente, Luis estaba, como quien dice, fuera de peligro, pero permanecía inmóvil, sin dar signos de conexión con el mundo que le rodeaba.

Pedí a Jorge, un amigo de la infancia, que es médico, que viniera a ayudarme a conseguir más información, algo importantísimo en este momento en el que la inseguridad resulta tan dura. Fue el momento en que el Dr. Menéndez nos comunicó que Luis tenía una afección muy grave, y expresó, con palabras textuales, que aun cuando el electroencefalograma no era "ni tétrico ni caótico", demostraba que tenía una afección severa y que sólo quedaba esperar. También estoy muy agradecido a este doctor. Sus palabras, tal vez duras, fueron la respuesta a mi demanda forzada y específica de información. Es probable que otras palabras pudieran haber sido más suaves, también es posible que nos hubieran podido inducir a error respecto al estado real de Luis. Y para mí lo que importaba era saber realmente su estado para poder obrar en consecuencia.

• • •

Si quiere trabajadores creativos, deles tiempo suficiente para jugar.

–John Cleese.

Uno o dos días después, los médicos decidieron desconectar a Luis de casi todos los tubos y vías que tenía; no le hacían falta, salvo la sonda nasogástrica por la que lo alimentaban poco a poco. Los electrodos sí seguían permanentemente conectados al cerebro. Por fin, también, le quitarían la sedación.

En un momento, en el que estaba yo con Luisillo, se acercó el Dr. Alvarado a nuestra cama, quizá al verme la cara, y me dijo: "A partir de ahora, el niño tiene que despertar".

Era el Director y Jefe de la UCI Infantil. Tendría aproximadamente sesenta y cinco años y su aspecto, actitud y talante reflejaban los muchos años de ejercicio médico y su experiencia en la UCI. Me recordaba a mi padre por su afabilidad y experiencia. En mi imaginación yo lo veía como "El Gran Jefe que Pasea".

En el mundo de la empresa –se ve que igualmente en esta UCI– existe un estilo de dirección que se denomina *management by wandering around*, que significa dirigir la organización y el equipo de personas mediante la técnica de dar paseos entre los puestos de trabajo e ir observando lo que ocurre en cada uno de ellos: cómo se desempeñan las tareas, qué formas hay de mejorar los procesos, qué ambiente existe entre los trabajadores. Siempre he dirigido así a las personas de mi empresa. Es una forma efectiva y cercana frente a la dirección lejana de algunos ejecutivos, que, para mejorar su *bonus,* buscan optimizar los resultados a corto plazo, arriesgando la supervivencia de la organización en el medio plazo y desconociendo con frecuencia las ineficiencias y problemas de ésta y los detalles de funcionamiento interno.

Es algo que aprendí hace años leyendo múltiples libros sobre el "JIT" (*Just In Time*[7]), el concepto de *Manufacturing Excellence* (Excelencia en Fabricación[8]) y otros libros acerca

7. Hiroyuki, Hirano, JIT Factory Revolution. A pictorial guide to factory design of the future, 1989.

8. W. Hall, Robert, Attaining Manufacturing Excellence, McGraw-Hill, 1986.

de cómo gestionar con éxito una organización. Donde los conceptos de mejora y de dirección excelente giran en torno a las personas que se encuentran en "su" puesto de trabajo. Y cómo "sacando" de cada persona, en "su" puesto de trabajo, lo mejor que tiene dentro, activando su creatividad para la solución de problemas, reforzando su sentimiento de responsabilidad, la toma de decisiones y el sentimiento de equipo, se puede poner en marcha dentro de cualquier organización, grande o pequeña, un enorme impulso de mejora global y excelencia en el trabajo.

Estas fueron las técnicas de gestión y dirección general que auparon a Japón a ser una de las primeras potencias mundiales tras la II Guerra Mundial.

La UCI del Dr. Alvarado me recordaba esto. Él paseaba y observaba, y cada persona en su puesto de trabajo ejecutaba sus tareas de manera coordinada como parte de un equipo. En cuanto a mí, que en aquel momento era "trabajador de la UCI", mi tarea primordial era buscar "el despertar" de Luis, me permitieron que "en mi puesto de trabajo" pusiera en práctica la creatividad y métodos que se me ocurrieran para sacar a Luis de su "sueño".

Sólo en dos ocasiones médicos y enfermeras me dieron "toques de atención". La primera, cuando en determinado momento una enfermera vio como acercaba los diodos LED a 3 ó 4 centímetros de los ojos de Luis y me dijo que no se lo acercara tanto. A pesar de que no eran diodos de alta luminosidad, y que no era la primera vez que experimentaba así con ellos, puesto que cuando era pequeño –en mi faceta de inventos– en ocasiones me ponía LEDs casi pegados a los ojos para ver su bonita luz y no me producían rechazo alguno–, tomé en consideración su indicación, puesto que, además, por desgracia, este sentido no provocaba reacción alguna en mi niño.

La segunda ocasión fue, cuando el Dr. Goded me explicó que en la UCI habían observado que había períodos en que ponía a Luis una música excesivamente alta con los cascos, y me sugirió que moderara el volumen. Lo escuché, valoré su consejo y su criterio, sólo que en esta ocasión el mío pesó más.

El propósito de poner la música fuerte era sobreexcitar el cerebro de Luis, en un intento de provocar alguna respuesta, aun cuando fuera un cierto dolor momentáneo lo que le sacara del "letargo". En el mundo de las telecomunicaciones, en un sistema lineal[9], como puede ser un amplificador musical, a mayor excitación de entrada, mayor respuesta proporcional. Salvando las múltiples diferencias existentes, en muchas de sus funciones, el cerebro se comporta como un sistema lineal.

Por otra parte, tampoco era un volumen que le fuera a dejar sordo. Yo mismo tenía la precaución de probarme los cascos antes. Nadie se queda sordo por escuchar música durante un corto periodo de tiempo a un volumen excesivo, si se tiene la precaución de que no se convierta en algo habitual. Por otra parte, y como en muchas ocasiones de la vida, se hace preciso buscar una solución de compromiso –el mal menor– ante un problema.

Más tarde, para mi beneficio y el de Luis, descubrí –por razones que contaré más adelante y que nada tenían que ver con el volumen de los cascos–, que el oído de Luis se estaba hipersensibilizando; igual que el oído de los ciegos se hipersensibiliza para compensar la carencia del sentido de la vista.

---

9. Oppenheim, Alan and Alan S. Wilsky, Signals and Systems, Prentice Hall, 1996.

CAPÍTULO 4

"EL DESPERTAR" CON MÚSICA

La música es el lenguaje que me permite comunicarme con el más allá.

–Robert Schumann.

A pesar de la preocupación que tenía por la hipoxia de veinte minutos y por ver que mi hijo no despertaba, tras retirar a Luis la sedación, seguí conservando la esperanza de que todo lo ocurrido tuviera consecuencias menores. No podía aceptar que le sucediera lo peor. Me aferraba a la idea de que quizá el medicamento sedante no se hubiera eliminado aún del todo.

No fue así. Luis debía ya responder, pero no lo hacía; a ningún estímulo. Ese mismo día, en uno de sus paseos, el Dr. Alvarado reiteró que debíamos estimularlo. Sin embargo, no había más instrucciones acerca de qué o cómo hacer para estimularle. El niño no despertaba. ¿A qué se referían exactamente con "estimularle"?, ¿qué tipo de estimulación?, ¿con qué método?, ¿cuántas horas al día?, ¿con qué instrumentos?

La falta de instrucciones, de cualquier tipo y en cualquier circunstancia, es justo lo que "me pone en marcha". Cuando revivo ese episodio de tanto sufrimiento, me alegro de que no me dieran instrucciones. Gracias a esto tuve que poner en ello todo mi ingenio y creatividad, sin auto limitarme por las posibles indicaciones de los doctores. Así pues empecé a imaginar métodos para estimular a mi niño.

• • •

Nueve décimas partes de la sabiduría provienen de ser juicioso a tiempo.

–Henry David Thoreau.

Hace años un experto asesor economista y financiero que prestaba servicios en mi empresa me comentó un día que, como cliente, había dos características que me diferenciaban respecto a la mayor parte de los que tenía en su despacho. Según él, a la hora de resolver un problema de la empresa y tomar decisiones, conmigo se sentía más tranquilo; no porque mis decisiones fueran menos arriesgadas que las de otros empresarios o autónomos, más bien al contrario, sino porque sabía que, para resolver un problema y tomar cualquier decisión, normalmente, y antes de la reunión, me había estudiado previamente la temática que afectaba a dicha toma de decisiones, con bastante profundidad, fueran leyes o normativas. A él eso le proporcionaba tranquilidad, puesto que, cuando ambos valorábamos una solución o alternativa, era consciente de que yo conocía los riesgos y las posibles consecuencias derivadas, los pros y los contras, y, en consecuencia, yo era consciente de lo que estaba haciendo, y asumía con criterio el riesgo derivado.

La otra característica que según él me diferenciaba, era que, cuando íbamos a tener una reunión de trabajo, él solía dejar la mañana entera para la misma, porque yo analizaba el problema y las diferentes alternativas desde múltiples puntos de vista. Y añadía que, incluso cuando habíamos ideado alguna solución buena, todavía apuntaba: "Vamos a darle otra vuelta al asunto a ver si se nos ocurre algo mejor".

Fue esta la forma de proceder, tanto en el estudio previo del problema, como en la generación de ideas y en el análisis de las posibles soluciones, la pauta que ha guiado toda la rehabilitación de mi hijo. Parece importante que haga hincapié a otros padres y familiares de niños o adultos enfermos, que en casos como este **es de suma importancia, y, en la medida de sus posibilidades, leer, documentarse bien, aun cuando no se entienda cuanto se lea, acerca del problema y de las posibles soluciones.**

De ese modo se comprenderán mejor las decisiones y recomendaciones que hagan los médicos; podrán tomar con conocimiento de causa decisiones fundamentadas, más audaces, que vayan en beneficio del ser querido. Como verá el lector, en casos concretos que nos ocurrieron a nosotros, con frecuencia las recomendaciones recibidas estaban basadas en la prudencia. Esa prudencia, que es comprensible en una situación de enorme incertidumbre –como era la de Luis–, tiene como objeto limitar el riesgo que, incluso siendo remoto, pudiera acabar en queja o incluso en demanda por parte de los familiares afectados. Sin embargo, a pesar de que en muchos casos la moderación es lógica y hasta deseable, en otros muchos el conservadurismo excesivo no soluciona el problema, y, casi con toda seguridad, no puede ser la solución óptima. A veces, no queda otra alternativa que la audacia. Para ello, para poder tomar decisiones arriesgadas que optimicen la solución del problema, es inevitable estudiar, documentarse bien acerca del mismo, escuchar las recomendaciones de los que realmente saben, interpretar sus opiniones, indagar acerca de ellas, así como los posibles factores externos que las puedan estar influyendo. Y tras ponderar todo ello, ¡decidir!

• • •

En momentos de crisis, sólo la imaginación es más importante que el conocimiento.

–Albert Einstein.

Estos fueron con diferencia los momentos más duros que vivimos en la UCI. El Dr. Goded también nos había dicho que Luis debía despertar, que lo estimuláramos, y que, sobre la marcha, iríamos observando la evolución.

Aproximadamente la mañana del noveno día, lo recuerdo vivamente, me hallaba esperando fuera de la UCI para entrar a "mi turno" con Luis, cuando vi salir a su madre moviendo la cabeza, negando, diciéndome que Luis no respondía de ninguna manera: "nada, no responde a nada".

Tal vez la mayoría de las personas no estén preparadas para aceptar el horror de ver a su hijo en esas condiciones y resignarse a ello. Nos aferramos a ideas que nos permitan actuar, porque la mente se niega a admitir ciertas reflexiones que resultan intolerables. Por eso, yo seguía teniendo esperanza en nuestro Luisillo y necesitaba actuar: mi mente no se daba por vencida, no podía aceptar este desenlace. Tenía que estimular a Luis, por cualquier método tenía que conseguir comunicarme con él.

En la UCI, la cama de mi hijo estaba al lado de una ventana con alfeizar interior. No tenía mucho sitio para dejar los chismes que me llevaba para estimularle: un xilófono, unos bongos, el saxofón, la bola de cristal con gas inerte que dibuja esos rayos luminosos de color rosa, los espráis de aire comprimido, la batería de 12 voltios, las tiras de luces LED, discos de música variada con canciones infantiles, así como de música sinfónica, las películas de DVD, el micrófono, los cascos, el reloj de arena de colores…

Era mi turno. Debía seguir intentando que despertara, pero Luis estaba como muerto, no respondía. Le hablaba y no hacia la más mínima señal de haberme escuchado, y lo mismo sucedía con su madre. El momento aún lo recuerdo con terror: pensaba en él muerto en vida, incomunicado con el mundo. Fue entonces cuando le pedí a Dios que no permitiera que mi niño viviera esa vida, la de alguien que pasaría su tiempo tirado en una cama mirando hacia arriba sin moverse ni comunicarse con el mundo, encarcelado en su cuerpo.

Lloraba a su lado con su carita pegada a la mía. Le agarraba las manos y me ponía a llorar sin consuelo en su almohada, hasta el punto de que una de las enfermeras pensó que podía aplastarle y me advirtió de ello. Sin embargo, yo sabía perfectamente que no le aplastaba ni tan siquiera mínimamente, sólo quería estar muy cerca de él y transmitirle mi cariño y que sintiera a su papá a su lado, e instintivamente medía la presión entre su pecho y el mío. Al verme llorando con tanto sufrimiento, por ser tan dura "esta imagen de tu hijo", el Dr.Goded se me acercó a la cama y, con mucho tacto, me sugirió que solicitáramos el servicio de apoyo psicológico del hospital. Se lo agradecí. Le contesté que lo comentaría con su madre. Al día siguiente vino la Dra. Ortiz para hablar con nosotros y prepararnos psicológicamente para afrontar el estado en que se había quedado Luis.

Pero el ser humano saca fuerzas de flaqueza en los momentos más críticos. Me repuse. Decidí guardar mi dolor para mejor ocasión y tomé la determinación de actuar de inmediato. Si había decidido afrontar este duro golpe, sería trabajando sin tregua, e iba a estimularlo intentándolo todo para que despertara. Y mi primera decisión fue provocarlo con la música.

En ese momento pensaba en la música como intensificadora de las emociones que existían entre padre e hijo cuando tocábamos juntos el saxo, con una carga de significado y un poder evocador de recuerdos que podría llegar hasta el Luis que yacía "dormido" e inmóvil. Pensé en hacerle escuchar cosas familiares, que lo ayudaran a recordar, que llegaran hasta él.

Había leído en varios libros que la música es también una terapia. La musicoterapia estudia la música en su sentido más amplio: como sonido, como silencio, como ritmo, como melodía, como armonía, para usarla en la prevención y tratamiento de muchos trastornos.

Luis indudablemente, tenía, y tiene, aptitudes para la música. Consideré, pues, que este don podía ser de ayuda para intentar comunicarme con él a través del lenguaje musical, el más universal de los lenguajes[10].

• • •

Estoy seguro de que la buena música alarga la vida.

–Jehudi Menuhin.

La música es uno de los mejores estímulos que existen para hacer trabajar varias funciones cerebrales a la vez, implicando muchas zonas del cerebro, simultánea y consecutivamente. No creo necesario advertir sobre los efectos beneficiosos de

---

10. Bruscia, Kenneth E., Case Studies In Music Therapy, Barcelona Publishers, 3ª ed., 2006.

la música. Cualquier persona que la escuche o la practique –especialmente los niños– conocen cuánto mejor se desenvuelven las funciones cognitivas y la inteligencia[11]. Asimismo, a lo largo del tiempo, ha sido usada para curar, suavizar o evitar trastornos físicos o mentales. El terapeuta la utiliza en la relación interpersonal con el paciente para infinidad de aplicaciones clínicas[12].

Yo había leído artículos y libros que abordaban las bases científicas sobre las que se apoya la musicoterapia, disciplina joven, en etapa de formación. No obstante, la música como terapia es una idea antiquísima, que han usado muchas culturas y en muchas épocas[13]. La justificación terapéutica de la música está respaldada a lo largo de la historia de la humanidad. Usar la música como elemento terapéutico, ha sido una constante generalizada a través de los siglos. Las diferentes culturas la han empleado en gran variedad de trastornos y, como estímulo, han usado diferentes tipos de música y diferentes formas de aplicación. En la actualidad, neurólogos y pediatras se valen de ella para tratar, por ejemplo, el autismo, la epilepsia, así como otras muchas enfermedades.

---

11. Los efectos beneficiosos para el cerebro y para la persona que se obtienen del aprendizaje y de la práctica musical a cualquier edad, pero aún más desde edades tempranas, no se discuten en ningún ámbito científico o educativo. La práctica musical ayuda a conseguir el dominio del cuerpo, mejora el proceso de información auditiva, la expresión y el lenguaje, el razonamiento, el cálculo numérico, la asociación, y la estructuración lingüística y matemática, la inteligencia, proporciona madurez al estudiante, estructura su esquema corporal, desarrolla su sensibilidad y las capacidades mentales de percepción, análisis, síntesis y abstracción, beneficia la estimulación de la lateralidad cerebral, las funciones motoras y la coordinación, e igualmente la imagen corporal. También libera del estrés y de las tensiones. Los individuos –especialmente los niños– preparados rítmica y auditivamente, obtienen mejores resultados a largo plazo en casi todas las áreas del saber.

12. Es interesante leer los casos clínicos que describen médicos en los libros que encontrarán en la bibliografía al final de este libro, para informarse de los casos que les interese analizar, y donde podrán encontrar ayuda y consejo para su caso particular.

13. A partir de 1986 empezó a haber cursos de postgrado de musicoterapia en varias universidades nacionales.

Aunque se cuente con antecedentes de su uso curativo en la historia antigua –en los griegos, en la Biblia–, el inicio de su generalización terapéutica fue en la II Guerra Mundial. Primero, para animar a los soldados en la contienda; segundo, para su rehabilitación tras los graves traumas de guerra. Incluso se creó un cuerpo de voluntarios para trabajar en hospitales. A partir de entonces fueron apareciendo asociaciones de musicoterapia en numerosos países, principalmente en Gran Bretaña y EE.UU., aunque pronto se generalizó y se extendió al resto de Occidente.

El profesor Rolando Benenzon define la musicoterapia como la ciencia que se ocupa de la interacción sonido-ser humano para buscar un diagnóstico y establecer una terapia. En la música, la secuencia de sonidos en armonía, que conforman la pieza musical, produce sensaciones que tienen una explicación, en parte fisiológica y en parte psicológica. No basta con captar los estímulos sonoros y transformarlos en impulsos nerviosos. Hay que interpretarlos. El oído transmite la melodía; es el cerebro él que la analiza y clasifica.

El oído es un órgano que siempre está abierto. No tiene párpados, no tiene membranas que lo cierren; los sonidos penetran en su interior. Sin embargo, no atendemos a todos; seguramente como protección, existe un filtrado[14]. Es diferente, por tanto, oír que escuchar. Escuchar requiere algo importante: atención.

Hay tres tipos de oído: interior, relativo y absoluto. Por fortuna, Luisillo los tiene todos. En los tres casos la memoria y la carga afectiva son fundamentales para la interpretación del fenómeno sonoro.

---

14. En la vida contemporánea esto muy necesario, debido a la hipersonorización de nuestro entorno.

El oído interior es la capacidad de escuchar la música mentalmente. Para un músico es importantísimo, porque produce la imagen mental de la música, y ayuda a la lectura de partituras sin tener que tocarlas o cantarlas. Si Beethoven no lo hubiera tenido no hubiera podido componer la famosa *Oda de la alegría*, que escribió tras quedarse sordo.

El oído relativo es la capacidad de reconocer intervalos musicales o melodías de diferentes alturas. Esta facultad conecta los sonidos entre sí y supone la comprensión global de la pieza musical.

El oído absoluto es la capacidad de reconocer y nombrar los sonidos según la nota que corresponda, sin ninguna otra referencia salvo la memoria auditiva. Uno de los profesores que tuvo Luis nos comentó que tan sólo uno de cada cien músicos tiene oído absoluto. Ello resultó trascendental en "su despertar", porque Luisillo podía acceder a sus recuerdos musicales, puesto que su memoria auditiva no había resultado dañada en los dos episodios de hipoxia. Téngase en cuenta que en ésta suceden tres procesos:

- Grabación musical (registro): aquello que produce placer no requiere esfuerzo para ser recordado, como sucede con ciertas películas o canciones. Esto fue importante para que Luis "recordara" nuestras canciones.
- Recuerdo musical: cuanto más intensa es la empatía que la música produce, más profunda será la huella creada en los caminos neuronales de acceso a la memoria. Los recuerdos de las melodías de nuestro repertorio eran fuertes en mi niño: las habíamos ensayado juntos muchas veces.

- Recuperación musical: puede ser espontánea, si el registro ha sido intenso, como lo eran los recuerdos musicales de Luis, puesto que se sabía de memoria dichas canciones.

Nuestro oído nunca descansa. Está preparado y abierto para operar permanentemente. Incluso en los ciclos circadianos del sueño está alerta para avisar del peligro como elemento de defensa y supervivencia.

Con el tacto pasa lo mismo. Por eso pensé que los dos sentidos serían los más accesibles para comunicarme con Luis en ese primer momento en que estaba "dormido".

Los sonidos ejercen un papel preponderante en la atención. Activan las estructuras neurológicas que captan "consciente" o "selectivamente" la información. Estas formas de atención son congénitas y automáticas, y forman la base de la atención involuntaria que caracteriza al reino animal[15]. Y el lenguaje se adquiere mediante un proceso interactivo entre el sujeto emotivo y atento, y el oyente.

En la melodía interviene la afectividad; la armonía necesita análisis y síntesis. Y aquí interviene la inteligencia. Había pues que poner la afectividad y la inteligencia a trabajar para "traer a Luisillo de vuelta". Si es que era posible. Al menos, había que intentarlo. Necesitaba comunicarme con él mediante la música, aunque tan sólo fuera mínimamente, para poder estimular sus neuronas y reestablecer las conexiones que la

15. En nuestra especie también es así, pero, además, debido al desarrollo de la capacidad para el análisis, síntesis y reconocimiento de secuencias sonidos y signos, son posibles las formas voluntarias de atención, al poderse señalizar, mediante los signos sonoros del lenguaje hablado, el objeto o propósito hacia el cual deben dirigirse, mantenerse y regularse las activaciones neurológicas. En la escala biológica, esta captación de la atención por los sonidos verbales que provienen del entorno es única, siendo posibilitada por la especial forma que tiene el ser humano de interrelación social mediante el lenguaje hablado.

hipoxia había degradado. Para ello, mediante el micrófono, añadí mi voz grave a la música que Luis debía de reconocer, porque también le era familiar: la voz de su papá.

• • •

La esperanza hace que agite el náufrago sus brazos en medio de las aguas, aun cuando no vea tierra por ningún lado.

–Ovidio.

En estos días se empezó a extender en la UCI que los dos tocábamos el saxo. Lo conté a su personal porque en situaciones tan dramáticas uno tiene la necesidad de hablar de lo que hacía nuestro hijo antes de estar tan enfermo. El martes 15 de mayo se acercaron a la UCI[16] unas musicoterapeutas del Máster de Musicoterapia de La Universidad Autónoma de Madrid a tocar canciones a mi hijo, mientras yo estaba con él. Eran cuatro musicoterapeutas con un teclado, una guitarra y percusión. Yo sujetaba la mano muerta de Luis con unas maracas pequeñitas que me dieron, y las jaleaba mucho. Grabé a mi niño muerto en vida mirando hacia el techo. Quise hacer esa grabación para dársela, por gratitud, a ellas y a los demás niños de la UCI.

Ahora, cuando los miro, esos fotogramas me hacen llorar. Me veo fuerte y sonrío un poco, quizá para mostrar la fortaleza que cualquier niño espera de su padre, pero el recuerdo de ese momento en que Luis no despertaba me sigue causando un intenso dolor. Luis seguía sin despertar y debía ser ya el tercer día tras dejar la sedación.

---

16. Meses más tarde el Dr. Alvarado me contó, que en esa UCI se había realizado incluso una tesis doctoral sobre musicoterapia, y que se pudo observar cómo mejoraban determinados parámetros fisiológicos de los niños –por ejemplo su frecuencia cardiaca– cuando se les ponía música.

. . .

El arte de la música es el que más cercano, se halla de las lágrimas y los recuerdos.

–Oscar Wilde.

A la mañana siguiente, coloqué a Luis nuevamente los cascos; yo me puse otros para monitorizar lo que él escuchaba; cogí el micrófono y las partituras y empecé a cantarle una vez más las canciones de nuestro repertorio, las que tocábamos juntos con los saxos altos, unas quince o veinte canciones como *Something Stupid* de Frank Sinatra, *Moonriver* de Henry Mancini, *What a Wonderful World* de Louis Amstrong, y otras más. Usaba el micrófono para mezclar la música con mi voz y poder, de esta manera, llegar hasta él hablándole alto sin molestar a los demás niños.

Luis –antes del accidente– se sabía las notas de memoria, y yo, que no tenía tanta facilidad como él para interiorizarlas, las leía en las partituras que puse encima de sus sábanas mientras las cantaba. Quizás así hubiera una respuesta. En última instancia, nada perdía con probar. Y lo que yo le iba a poner le podría hacer recordar; a lo mejor atendería.

Es muy doloroso recordar momentos tan duros. Luis tenía los ojos abiertos, miraba al techo, y no daba ningún signo de reacción ni de conexión con el mundo exterior. La primera canción de nuestro repertorio era "Believe" (Cree) de la entrañable película Polar Express. Mientras le cantaba las notas (–Doo, Sooool– –Síí, Sooool– –Doo, Re, Miii, Sool– ...) me llenaba de tanto dolor, que me ponía a llorar y tenía que parar de pronunciarlas mientras seguía sonando la música.

En un momento, mientras cantaba y escudriñaba a la vez su cara y sus ojos en busca desesperada de cualquier signo de reacción, me percaté de que los ojos de Luis se estaban poniendo vidriosos. Pensé que él, como yo, estaba llorando por dentro, sin lágrimas en su caso, al oír mi voz cantándole nuestras canciones. Su cuerpo no le respondía; ni siquiera los lagrimales. No movía las pupilas. Al escuchar mi voz parecía que quería llorar. Pensé que era una buena señal porque le provocaba alguna emoción. Sabía que el pequeño estaba sufriendo y eso me hacía llorar aún más desconsoladamente.

Meses después, mientras escribo este libro, me dice Luis que sí, que nos escuchaba cuando estaba en la UCI, aunque no recuerda a partir de qué momento exacto. En aquel momento yo no lo sabía.

Fue entonces fue cuando ocurrió lo más maravilloso que yo había vivido en esos terribles días: mientras escuchaba la música, Luis comenzó a mover tímidamente las puntas de los deditos de su mano derecha. Ese pequeño gesto, esa tímida respuesta, fue un haz de luz, mi guía para el camino que debía seguir en adelante, como la débil luz de las estrellas lejanas cuando por la noche tintinean en el firmamento.

La música hizo que Luis comenzara su "regreso", coloreando nuevamente nuestro mundo en ese momento tan gris, como en el videoclip que tenemos en primer lugar, en la presentación de nuestra página Web: `www.funmusicplayers.com`, *Bring Me Sunshine,* del grupo de Swing *"The Jive Aces"* que se ha hecho famoso en el mundo entero. Es un vídeo repleto de esperanza. Comienza mostrando un mundo completamente gris y lleno de malas noticias, pero cuando los músicos entran en el bar y comienzan a tocar, la música lo colorea todo. La imagen que aparece en el vídeo, en blanco y negro, se torna de color, y este efecto se trasmite por todo el mundo, desde Nueva York hasta Tokio, llenando de felicidad, al menos durante unos minutos, el corazón de todas las personas.

De esta manera, también con la música, despertó Luis, y así se inició el milagro.

Aun cuando al principio se quedaba impasible bajo los efectos de la música, yo continuaba haciéndole escuchar canciones y cantando por el micrófono con voz grave. Tras el movimiento en las puntas de los dedos, empezó a mover ligeramente la cabeza. Pocos instantes después pasó a agitarla alocadamente hacia uno y otro lado, como queriendo despertar y salir de aquel encierro.

Me di cuenta tras hacerlo varias veces, y todavía me sorprende mucho, que cuanto más grave ponía mi voz más reaccionaba él, quizás porque reconocía la voz de su papá. Era cuanto yo quería, que se moviera como un condenado. Eso me indicaba que alguna parte de su cerebro estaba funcionando, que había que seguir insistiendo.

Cuando se quedaba más calmado, reiniciaba yo el canto. Volvía él entonces a agitar la cabeza a un lado y a otro de la cama. En esa situación no iba a dejarle estar, tenía que aprovechar la oportunidad para despertarle del todo, o acaso se pasaría, así que seguía cantando, le subía el volumen y le decía "¡Vamos Luis, vamos!". El personal de la UCI, entretanto, observaba en silencio lo que estaba aconteciendo –como lo hace un observador frente al cuadro–.

En un momento de enorme agitación retorciéndose hacia uno y otro lado de la cama, Luis se incorporó en la cama gritando como un animal herido. No sé si porque le molestaba el volumen de los cascos, o por el dolor de las vías que aún tenía, o por un tremendo dolor de cabeza derivado del trauma cerebral, o probablemente por todo a la vez. Una enfermera, que al ver la reacción del niño se había acercado a la cama, me ayudó a cogerle.

Luis no veía. Estaba enormemente agitado. Puedo cerrar los ojos y recordar con nitidez esta imagen. Continúe cantándole. Luis nuevamente se irguió bruscamente, como cuando despertamos de una pesadilla gritando a mitad de la noche mientras huimos despavoridos de un terror en pleno sueño. Dejaba entonces de cantarle, y él, con el tronco levantado y jadeante, se tranquilizaba mientras recuperaba el aliento. Luego se dejaba caer sobre el colchón nuevamente. De inmediato, yo volvía a estimularle con el micrófono, los cascos y la voz, y se volvía a levantar gritando, como si quisiera salir de la profunda oscuridad en la que estaba, como un energúmeno cuando grita para ahuyentar a las bestias que le acechan a la salida de su cueva.

Así, de esta forma tan agitada, despertó Luis.

El Dr. Goded me preguntó en algún momento si no le estaría sobrestimulando y cansándole demasiado. De cualquier modo, no fue un reproche, aunque quizás entonces ellos sí podrían creer que me estaba pasando con un niño que acaba de salir de un trauma enorme.

En todo caso, el equipo de la UCI Infantil de La Paz me dejó hacer "mi tarea en mi puesto de trabajo" sin interferir, tan sólo ayudándome con Luis cuando hacía falta y, como mucho, alguna vez de manera prudente, me sugirieron que no le pusiera el volumen excesivamente alto. He de decir que en aquellos momentos yo tuve mis razones y mi criterio y por tal motivo continué con él. Su madre, al constatar "su despertar", comenzó a dejarle los cascos mientras Luis dormía, para que la música le acompañara en su sueño reparador.

Esta ha sido una de las principales críticas que he recibido durante la rehabilitación de mi hijo; una, constante, que ha venido de sitios diversos, basada más en los sentimientos de pena por el cansancio del niño, que en las necesidades reales de la rehabilitación. La pena no cura. Eso lo sabe cualquiera que haya tenido que enfrentarse a duras rehabilitaciones. No existe otra alternativa.

• • •

¿Qué sería de la vida, si no tuviéramos el valor de intentar algo nuevo?

–Vincent Van Gogh.

Uno de esos días tan terribles que pasamos en la UCI, mientras esperaba en la puerta de la UCI para entrar a cuidar a Luis, entablé conversación con un afable matrimonio de Albacete, tal vez sin demasiada formación cultural, cuyo hijo se encontraba también en la UCI en situación muy grave. Estaban perdidos, desinformados, no sabían cómo ayudar a su hijo.

En aquel momento pensé en la frustración de esos padres –como la mía inicialmente–, al constatar que el único recurso, que les quedaba para ayudar a su hijo, era esperar junto a la puerta de la UCI, observando el lento movimiento de las agujas de su reloj de pulsera –como si de un reloj de bitácora de Einstein se tratase–, mientras, al otro lado de esa misma puerta, el mundo de la UCI viajaba a la velocidad de la luz y su reloj de pared (de bitácora) marcaba mucho menos tiempo[17].

17. La diferencia de tiempo marcada por ambos relojes en esta metáfora, se explica científicamente en el libro de fácil comprensión "¿Que es la Teoría de la Relatividad?", Académico L. Landau, Prof. Y. Rumer, Ed. MIR, Moscú.

Decidí entonces que tenía que intentar ayudar a otros padres y familiares que pudieran atravesar en el futuro una situación similar. Al parecer, los accidentes cerebrales por hipoxia son más frecuentes de lo que se podría creer, en especial por ahogamientos en piscinas. Tampoco olvidemos otras afecciones del cerebro extremadamente frecuentes derivadas de la edad y del envejecimiento, como el ictus, etc. Empecé, por ello, a tomar en algunos casos fotografías y referencias que me pudieran servir posteriormente para el libro que en aquel instante decidí escribir.

Y sin buscarlo, a los pocos meses, cuando había iniciado este libro, leyendo un domingo de enero en la pista de hielo de Majadahonda un periódico que estaba abandonado encima de una mesa, mientras esperaba a que Luis terminara su clase de hockey, leí un artículo que hablaba acerca de un niño de trece años que, por causas diferentes a las de mi hijo, debió sufrir una hipoxia en el año 2011 (*El País*, 20 de enero de 2013).

David despertó, de manera sorprendente, tras dos meses de estar "dormido". En su caso, fue la voz de un amiguito que lo visitó la que lo trajo de vuelta al mundo consciente. Según se dice en el artículo, dos años después del accidente David ya controla los esfínteres y está aprendiendo nuevamente a escribir.

Quizá –sólo digo "quizá"–, si alguien hubiera contado a los padres de David algunas de las cosas que se dicen en este libro, tal vez su historia hubiera sido de otra manera. Y con toda seguridad, como veremos en capítulos posteriores, el caso de David no es el único.

CAPÍTULO 5

REHABILITACIÓN DENTRO DE LA UCI

La vida consiste no en tener buenas cartas, sino en jugar bien las que uno tiene.

–Josh Billings.

Empezábamos a ser conocidos en la UCI por los métodos tan poco habituales que empleaba para estimular a Luisillo. Los médicos observaban como a través del micrófono y los cascos le daba órdenes. Las enfermeras me pedían que lo no agitase tanto, aunque yo sabía que debía hacerlo, que descansar no lo ayudaría a recuperarse, algo que más adelante se ha confirmado con la opinión de neuropediatras y personas autorizadas. En algunos momentos, su madre me pedía que reconsiderase el ritmo de trabajo, que lo estaba cansando mucho, si bien es cierto que al ver el sorprendente avance de Luis de los últimos días, sólo lo decía a título de sugerencia, sin insistir, sin tratar de imponer su criterio de madre. La evidencia era patente, un salvoconducto frente a las críticas, y para mí la confirmación de que ese era el duro camino que debíamos seguir en adelante. Los días sucesivos continuamos trabajando en esa línea.

Poco a poco, Luis empezó a regresar a nuestro mundo, aunque sus ojos seguían impasibles. Sobre el décimo día empezó a hablar mínimamente para responder a lo que le preguntaban los médicos o las enfermeras, semibalbuceando, con pocas palabras, algunas de ellas sin sentido, anticipando el daño cerebral que conoceríamos después. Le preguntaban su nombre, quién era yo, dónde estaba, etcétera. A pesar de todo, lo vi como otro gran paso.

Pasaban las mañanas y las tardes, Luis y yo seguíamos trabajando con la estimulación. Ya había empezado el exigente plan de rehabilitación que proporcionaría resultados espectaculares.

Seguía hablando a Luis con el micrófono y los cascos. La voz fuerte lo ponía firme. Aprovechaba su respuesta para reactivar su cuerpo. Uno de esos días, pedí a las enfermeras que me ayudaran a levantarle de la cama para ponerlo a caminar.

Desde el primer momento, tras su despertar, tenía claro que lo primero era poner su cuerpo a "funcionar"; "ponerse en marcha" era la frase clave; activarlo, hacer que su sangre circulara. Sacarle del letargo, de la sedación que había recibido; empezar a ser exigente con su cuerpo y su cerebro. Y debía empezar por ponerse de pie, algo que sirvió para iniciar un largo camino. Porque como dijo el científico e inventor estadounidense Benjamín Franklin: "Un camino de mil millas empieza por un paso".

Al principio parecía que no se tendría en pie por lo débil que estaba. No obstante, gracias a que practicaba hockey sobre hielo, sus piernas todavía conservaban la fuerza suficiente para sostenerlo con nuestra ayuda. Pronto nos pusimos a andar un poco por la UCI. Habían pasado diez u once días y Luis ya caminaba algo. Andaba mal, cojeaba de la pierna izquierda, al principio la arrastraba. Se le notaba también en eso el daño sufrido en el hemisferio cerebral derecho, como luego se iría descubriendo.

En otro momento, nos pusimos a pasear alrededor de la cama, y ésta es otra más de las imágenes intensas que tengo, cuando enseguida intentaba agacharse, para sentarse en el suelo de la UCI, aunque yo no lo dejaba. En un momento dado, se puso a llorar de desesperación, como último recurso para que le permitiera sentarse. ¡Había dado otro paso más! ¡Había conseguido llorar! Le dije: "Te dejo que llores; porque los hombres también lloran".

Uno de los últimos días que permanecimos en la UCI, cuando Luis ya se levantaba de la cama y se sentaba en el sillón del acompañante, entré en la sala sobre las once de la mañana, y lo vi sentado en el sillón, descansando, con la mirada fija al frente, sin ver. Repentinamente me subió un "arranque" contenido de adrenalina, al observarle sentado tan campante y sin dar paseos –que era lo que consideraba que debía hacer–. Le dije: "¿Qué haces sentado a estas horas todavía en el sillón?" Luisillo, que no me pudo ver entrar, porque no veía, botó del susto en el asiento, por la voz fuerte e imperativa, y se puso de inmediato en pie, como un recluta novato. Ahora me río de esa imagen que aún conservo en la memoria. ¡Menudo susto le di! Lo importante: reaccionó y "se puso en marcha".

Luis solía reaccionar rápido a mi voz y a mis instrucciones. Creo que había interiorizado quien era el jefe de la rehabilitación. Le decía que tenía que estar andando, no apalancándose en el sillón toda la mañana. Y hacia una entrada diligente en la UCI para transmitirle la energía que necesitábamos en ese momento.

Otro de esos días, para que ejercitara los abdominales, con objeto de "activar su cuerpo", cogí el reloj de arena de colores que me había llevado a la UCI y le pedí que se sentara erguido en el borde del sillón. Le cogí por las manos para que no pudiera apoyar la espalda en el respaldo y empezamos a contar hacia delante de uno en uno. Estando ya cercanos a los treinta segundos, empezó Luis a denunciar "¡me canso!, ¡me canso!", pero no había alternativa: teníamos que conseguir ese nuevo pequeño objetivo. Cuando por fin lo logramos, y el pobre pensaba que podría descansar, intuitivamente le di la vuelta al reloj e indiqué: "¡No, no!, ahora hacia atrás".

Entonces, con la enorme desesperación que emerge cuando se está haciendo ejercicio, y no se puede más y se cree que ha llegado el merecido descanso, y se encuentra con el monumental chasco de que el entrenador le pide más, Luis empezó a contar hacia atrás, cada vez más deprisa. Todavía lo recuerdo como un loco desaforado para terminar cuanto antes (esto supone un trabajo neurológico indudable), y cuando llegó a cero, gritó fuerte: "Vete a tomar por culo". Por la sorpresa, nos hizo reír a todos con risa histérica contenida, y, sobre todo, por el avance que suponía. ¡Habíamos conseguido contar hacia delante y hacia atrás!

Después de que Luis acabara de contar, con resultado indudablemente exitoso, las enfermeras y una médica joven, que estaba por allí observando el espectáculo, continuaron riéndose de manera disimulada. Yo le di un cachete cariñoso de alegría, puesto que ello suponía la constatación de otro nuevo avance: era capaz de "enfadarse".

Eran momentos de sorpresa general por la recuperación que veíamos en Luis dadas las malísimas perspectivas iniciales. Todo iba deprisa.

Me llevé a su vez unas pesitas (mancuernas) de medio kilogramo para empezar a hacer ejercicio con él en la UCI. Recordaba cómo un entrenador que había tenido, cuando estaba por ejemplo haciendo bíceps y no realizaba correctamente alguna de las repeticiones, me decía: "¡No cuenta, no cuenta!" A mí me daba mucha rabia y la tenía que repetir. O bien cuando culminaba la última repetición y pensaba que por fin iba a descansar, me decía el entrenador: "¡Y la de papi, venga, la de papi". Maldiciéndome, lleno de desesperación, hacía una repetición más.

Eso que aprendí de ese entrenador, se lo hacía yo también a Luis y, como me ocurría a mí, la repetición que no había contado cómo buena le desesperaba y le hacía llorar de frustración. Al principio movía las pesitas con dificultad, sobre todo, la del brazo izquierdo, que lo tenía paralizado. Poco a poco, fue consiguiendo mejorar, especialmente el derecho, ya que el movimiento del lado izquierdo del cuerpo lo tenía más afectado. Lo recuperó bastante tiempo después, nadando en piscina.

A la vez que le generaba desesperación con estas perrerías, le animaba como si fuera un deportista en competición. Le gritaba: "¡Vamos Rafa!" El grito, que se escucha entre punto y punto en los partidos de Rafa Nadal, nos ha venido acompañando a los dos en estos meses de esfuerzo continuado.

Con el paso de los días, la precoz e intensiva rehabilitación de Luis, junto a todos los utensilios y cachivaches que me había llevado para estimularle, nos habían hecho casi famosos dentro de la UCI. Un día aparecí en la UCI con otra maleta más llena de cosas que quería utilizar. Una de las enfermeras de mayor edad de la UCI, Carmen, muy simpática por cierto, al verme me comentó: "Papá de Luis, si se traen cosas nuevas a la UCI va a haber que empezar a pensar en llevarse las viejas". De manera prudente me callé y asentí, porque aquel ligero "toque" no era más que el fiel reflejo del pequeño Circo Price en que se había convertido la esquina de la UCI donde estaba la cama de Luis.

Luis siguió mejorando gradualmente. El niño cuyas perspectivas iniciales eran tan sombrías, estaba consiguiendo ya hacer muchas cosas en la UCI como resultado de la "instrucción" diaria. Ahora, al recordar aquello, me río de la imagen marcial que ofrecíamos los dos. No obstante, no sabía todavía si se había quedado ciego, aunque, por desgracia, no tardaría mucho en averiguarlo. Ahora sé que hay cosas peores que la ceguera: la sordera, por ejemplo, porque te aísla del mundo. Pero esta posibilidad es dura de aceptar para un niño de doce años. Yo necesitaba conservar la esperanza, aunque la verdad es que tenía serias dudas. Me aferraba a la posibilidad de que viera, puesto que no sabía si existía tratamiento alguno.

Decidí entonces que, puesto que Luis oía y caminaba mal que bien, y lo mismo sucedía con los brazos, tenía que empezar a estimularle la visión. Para ello se me ocurrió simular la sensación que uno tiene cuando va al cine, es decir, todo oscuro, sólo la luz al frente, en la pantalla.

Entré en *e-bay*, compré unas gafas multimedia de segunda mano a un señor catalán que me las remitió enseguida cuando le expliqué para que las necesitaba. Estaban conformadas por dos pequeños monitores a color, sujetos a unas gafas, y por cada uno de ellos se veía la imagen proyectada. No eran de demasiada calidad tecnológica, y, eléctricamente, no se acoplaban bien con el reproductor de DVD, así que tuve que abrir la electrónica y hacer ajustes. Y empecé a hacer pruebas para que funcionaran las gafas con el DVD.

Pedí a una colaboradora de mi empresa que me comprara un fieltro negro en una mercería, y con él tapé los huecos de las gafas multimedia por donde entraba luz. Esa noche, usé a mi hija Elena de modelo para cortar el fieltro a medida, guiado por el tamaño de su carita, y conseguí sellarlo. Luis debería ahora ver todo negro menos "la pantalla de cine" formada por los dos pequeños monitores a color.

Empecé a ponerle películas que mi hijo había visto muchas veces: *El viaje de Chihiro*, una película de dibujos animados japoneses de los estudios Gibli, tierna y con gran valor pedagógico, que le gustaba mucho, porque es la historia de una niña que, sin querer, ha entrado en un mundo habitado por seres mágicos y dioses antiguos, y tiene que sobrevivir en tierra extraña. También le ponía otras de humor que le encantaban, como *Dos colgados en Chicago*, en la que un noble medieval y su escudero son transportados a través del tiempo al Chicago de nuestros días, y esos dos patanes se meten en líos monstruosos. Con estas aventuras Luis y yo nos reíamos mucho. También le ponía otras que yo sabía que le gustaban, con la esperanza de que esto despertaría algo en él. En ese momento no veía nada según supimos más tarde. Seguía las películas por el dialogo.

Elena madre y yo, en nuestros respectivos turnos, le espiábamos los ojos por un hueco que había dejado en el lado de las gafas para ver si fijaba la vista en la pantalla. Pensé que si miraba hacia abajo sería porque no veía nada; si miraba a la pantalla habría esperanza de que no estuviera ciego. A su madre y a mí nos tenía totalmente despistados: en algunos momentos parecía que miraba a la pantalla, incluso hacía algún movimiento de ojos; en otros, los ojos miraban hacia abajo mientras transcurría la película. Lo cual me llenaba de profundo dolor: era un signo inequívoco de que no veía, y, al no poder en ese momento hacer más por él, me exigía más a mí mismo, como si una exigencia infinita pudiera ayudarle más.

Más tarde nos enteramos de que sólo veía un poco más de luz, que no reconocía las formas. Tan sólo algunas luces en blanco y negro. Él ocultaba que no veía. Meses después me contó que en ese tiempo todo era en blanco y negro para él. Nosotros lo ignorábamos.

Seguí con la rehabilitación acelerada. Quería empezar a trabajar el equilibrio. Había que ir todo lo rápido que se pudiera, recuperando funciones cerebrales en la UCI. Quizás allí, aprovechando ese mundo de la UCI, que se movía a la velocidad máxima absoluta (de la luz[18]), consiguiéramos adelantar al tiempo de la vida fuera de ella. Lo había leído en los libros que en ese momento estaba estudiando. A pesar de que también parecía de sentido común: cuanto más tarde nos pusiéramos a recuperar funciones cerebrales, más difícil sería recuperarlas sin secuelas.

He contado cómo desde el inicio en bastantes ocasiones tuve la oposición de diversas personas –familiares y no familiares–, a las cosas que hacía con mi hijo, desde el espray helado, pasando por los cascos o las pesas. Mucha gente de la UCI y de fuera de ella nos miraban atentos a lo novedoso de lo que hacíamos, y en todo momento debía tener cuidado en no cometer algún error que les diera motivos para detener la rehabilitación, intensa y acelerada que estaba poniendo en práctica.

También necesitaba más espacio para seguir con mi plan, y, sobre todo, más tiempo. Allí sólo podía estar con Luis desde las once de la mañana; muchos días ni siquiera eso, porque había alguna emergencia que retrasaba la entrada. Necesitaba que le dieran el alta de la UCI para seguir trabajando. Había que salir de allí.

Por ello, la mañana del viernes 18 de mayo, me acerqué al Dr. Goded y le pregunté cómo veía a Luis. Me contestó que lo veía bien, sus constantes estaban normalizadas y quizá la semana siguiente lo subirían a planta. ¡Eso era lo que yo estaba esperando oír! Si Luis fisiológicamente estaba normal, no pintaba nada en la UCI. Su permanencia allí era un freno para la recuperación. Así que exclamé: "Doctor, hay que ponerse en marcha". Supongo que el Doctor entendió lo que le estaba pidiendo: esa misma tarde le dio el alta en la UCI. Había entendido que en la UCI no podía hacer mucho más.

---

18. L. Landau, Prof. Y. Rumer, ¿Qué es la Teoría de la Relatividad?, Ed. MIR, Moscú.

CAPÍTULO 6

SUBIDA A PLANTA

Si buscas resultados distintos, no hagas siempre lo mismo.

–Albert Einstein.

Luis estaba consciente cuando subió a la habitación. Podía dar pequeños paseos por el pasillo acompañado de alguno de nosotros, que le dábamos la mano y lo vigilábamos para que no tropezara, para ayudarle a llevar la percha con ruedas de la que colgaban las vías y soluciones líquidas que le seguían administrando. Se le veía afectado neurológicamente. El informe de la UCI era aterrador. Tenía de todo.

La vista nos tenía totalmente despistados, y a la vez parcialmente esperanzados de que no se hubiera quedado ciego, o totalmente ciego: en determinados momentos parecía que veía: evitaba obstáculos, aunque como he mencionado, debía tener zonas de luces y sombras en blanco y negro, tal y como nos contó más tarde. En ese momento, no sabíamos nada de eso. Sólo concebíamos la visión como "ve, no ve".

Empezaba a hablar repitiendo las palabras como un robot, contestando sólo con monosílabos o con ecolalias. "Sí sí sí, no no no, bueno bueno bueno…". El médico explicó que podría ser un mecanismo de defensa del cerebro, para ganar tiempo al procesar la información cuando sabe que no funciona, como una reprogramación del lenguaje.

Luis no podía estar sentado quieto. Se sentaba, se levantaba al instante, una y otra vez, se volvía a sentar. No movía el brazo ni la mano izquierda. Pensaba entonces que era una suerte que Luis fuera diestro, un pequeño consuelo para su incierto futuro, porque en esa época pensábamos que Luis podría quedarse ciego y no recuperar otras funciones.

Lo peor en esos días fue cuando lo vi hacer movimientos con la lengua que me recordó a los niños con retraso mental profundo. Eso me heló la sangre, infinitamente más que el espray de aire comprimido, incluso aunque hubiera sido de nitrógeno líquido. Son movimientos disquinéticos, provocados por no poder coordinar la motilidad facial; por mi parte, lo interpretaba como si tuviera un grave retraso mental. Parecía que no volvería mi Luis tal como era. ¿Existía la posibilidad de que quedara afectado para toda la vida?

Sin embargo, me encontraba fuerte y con las ideas claras. Sabía lo que tenía que hacer. Me reafirmaba en la creencia, más tarde confirmada, de que el camino, para recuperar de manera óptima las funciones neurológicas afectadas, era continuar trabajando con Luis con máxima celeridad y sin tregua en ese prematuro proceso de rehabilitación que habíamos iniciado ya en la propia UCI. Lo vivido desde el accidente, había activado en mí, casi sin darme cuenta, el irrefrenable empuje para "ponernos en marcha".

. . .

Cuando tiene que decidir el corazón es mejor que decida la cabeza.

–Enrique Jardiel Poncela.

En el momento en que Luis subió a la planta, yo tenía decidido que su rehabilitación debía basarse en tres principios: ejercicio físico vigoroso; ejercicio neurológico continuo, cambiante y por fases, trabajando las diversas funciones pérdidas para recuperarlas en lo posible, desde las más sencillas hasta las más complejas; así como un conjunto de medicinas de soporte para el cerebro que yo mismo venía tomando desde hacía años, como resultado de los libros que había leído acerca de cómo ralentizar el envejecimiento cerebral y el cuerpo en su conjunto.

Dicha estrategia de rehabilitación, que por simplicidad a la hora de referirme a ella en el texto he denominado *"Rehabilitación de 3 Ejes"*, no es casual: está demostrado científicamente y mediante estudios múltiples que esos tres ejes –sinérgicamente– contribuyen de manera sustancial a mejorar el funcionamiento del cerebro (en la parte III del libro podrán consultar en detalle los Fundamentos Científicos de la *"Rehabilitación de 3 Ejes"*).

El ejercicio vigoroso contribuye notablemente a la oxigenación y a la recuperación neuronal, e incluso a la neurogénesis (nacimiento de neuronas) debido, entre otras razones, a que cuando uno se ejercita de manera vigorosa, el cuerpo produce una sustancia llamada Factor de Crecimiento Nervioso (NGF) (en el la parte III encontrarán las siete razones por las que el ejercicio vigoroso produce estos efectos regeneradores).

Sorprende mucho que el ejercicio físico vigoroso no se utilice de manera extendida en la rehabilitación neurológica, porque además, sin querer entrar ahora a analizar en profundidad este punto –nos llevaría otro libro completo–, ejercicio vigoroso no es intentar batir a Usain Bolt. Depende, por supuesto, de la edad del paciente. Un simple paseo de media hora a paso acelerado puede ser el ejercicio vigoroso que a una persona mayor le hace falta para que se produzcan en su cuerpo los beneficios que buscamos.

Igualmente ocurre con el ejercicio neurológico, que con frecuencia es la única terapia que se utiliza en muchos centros de rehabilitación neurológica, o como mucho en combinación, según las necesidades, con la fisioterapia. Esta última, sin embargo, por sí sola no suple los beneficios del ejercicio vigoroso. En tercer lugar, como se analizará más adelante, hay múltiples compuestos vitamínicos, aminoácidos y medicinas específicas para la mejora cerebral, como la fosfatidilserina, que ayuda a mejorar la elasticidad de la membrana neuronal; o el gingko biloba, que mejora el riego cerebral; o los ácidos grasos Omega 3; o el DMAE, que potencia la memoria, la atención y el aprendizaje; o el Piracetam, que mejora la comunicación entre ambos hemisferios cerebrales; o ciertos derivados de la piridoxina, como por ejemplo el piritinol que apoya el desarrollo neuronal; en general, las vitaminas del complejo B; compuestos que siendo inocuos y todos ellos bien conocidos, está demostrado en la mayoría de los casos que apoyan y mejoran la función cerebral, y en ningún caso son perjudiciales.

Sorprende que estos compuestos no se prescriban como parte del protocolo en casos de rehabilitación neurológica, aunque sólo sean unas vitaminas. Especialmente en las personas mayores, en las cuales es habitual que, dado que a esas edades se ingieren menos alimentos y más desequilibrados, existan notables carencias de vitaminas, que no dan síntomas, porque el cuerpo es capaz de funcionar bajo mínimos sin manifestarlo de modo evidente, pero que impiden una recuperación neuronal eficiente.

Brevemente les referiré un ejemplo ilustrativo de lo anterior. Una colaboradora, conociendo los compuestos administrados a Luis y su mejoría –sin querer yo significar que ésta sea atribuible a ellos exclusivamente, pero sí que contribuyó a la mejoría fisiológica de Luis, igual que el ejercicio vigoroso, todo lo cual permitió que su neurorehabilitación se desarrollara en mejores condiciones–, me contó que su madre de 76 años, que había sido recientemente dada de alta tras la operación de un tumor de fémur, desde que llegó a casa no quería moverse ni hacer nada. Me pidió entonces unas cuantas dosis de mi fórmula, con la esperanza de que al menos se animara.

Cuál no sería su sorpresa, cuando me llamó pasados dos días para explicarme que poco después de haber empezado a tomársela, su madre se había levantado de la cama sola y ya estaba barriendo la casa. Más aún, cuando le preguntó si necesitaba ayuda, su madre contestó que no era necesaria, puesto que se encontraba muy bien. Es evidente que la fórmula no obró ningún milagro, sino que sencillamente suplió la enorme carencia vitamínica y de aminoácidos esenciales que tenía esa mujer.

En definitiva, la lectura habitual de múltiples libros de medicina divulgativa y las enseñanzas de mi padre pediatra, incluso mi propia experiencia al efecto, me permitieron tomar la decisión de administrar a Luis algunas de esas vitaminas y productos. No obstante, consideré si ello podía entrañar algún riesgo, y volví a repasar algunas de las páginas de los libros que me había leído años atrás, para estar seguro de que nada de lo que le diera pudiera hacerle daño.

Tras el "repaso" de los tratamientos prescritos por médicos especialistas en el cerebro –casi todos ellos en EEUU y otras partes del mundo–, llegué a la documentada conclusión de que ninguno de esos productos podría hacer ningún mal a Luis. Ya lo he referido: eran vitaminas, aminoácidos esenciales, y otros compuestos para mejorar la función cerebral. Y quizá pudieran hacerle bien a su cerebro a juzgar por los estudios existentes que así lo demostraban.

Por otra parte, ya he mencionado que yo llevaba más de diez años tomando a diario estos compuestos con una fórmula propia que había diseñado –basada en esos conocimientos y lecturas, aunque nada original o novedosa por otra parte– y nunca me había pasado nada perjudicial. Todo lo contrario, me encontraba en plena forma física y mental. Tengo que aclarar, además, que la había elaborado y experimentado bajo la supervisión de mi padre pediatra y de mi madre farmacéutica.

Era indudable, pensé, que si esos productos no ofrecían riesgo, y si existía una mínima probabilidad de que pudieran ayudar a Luis, demostrada su eficacia en los cerebros sanos, probablemente tal mejoría se hiciera más patente en un cerebro como el suyo, que necesitaba revitalizarse.

Por prudencia, barajé le posibilidad de no dar a Luis la fórmula completa, por si acaso pudiera quitarle parcialmente el sueño, puesto que contenía DMAE (dimetilaminoetanol), fenilalanina y taurina, excitantes ligeros que podrían considerarse potenciadores de la sensación de energía del cuerpo. La fenilalanina y la taurina son, por ejemplo, dos aminoácidos que llevan casi todas las bebidas energéticas que se venden en los supermercados y gasolineras, aunque las llevan en unas cantidades tan pequeñas, que su efecto energizante obedece más al efecto placebo de haber gastado entre 2 y 3 euros en comprarse una lata de ésas, que a la cantidad de fenilalanina o taurina que se ingiere realmente.

No obstante, a lo largo de diez años de tomarla, había podido comprobar, en multitud de ocasiones en las que había tenido insomnio del tipo dos[19], que cuando desaparecían

19. Hay tres tipos de insomnio (sólo menciono aquí los dos más comunes): el Tipo 1 es él que habitualmente se conoce como tal, en él que a uno le cuesta conciliar el sueño, y el Tipo 2 es aquél en el que uno se duerme sin problema pero en cuanto el

los problemas en la empresa, aun habiéndome tomado la fórmula, volvía a dormir durante toda la noche sin despertarme. Por eso me sentí seguro de que a Luis no le quitaría el sueño. Más bien al contrario: la fórmula contiene además el aminoácido Triptófano, que precisamente ayuda a conciliarlo y a descansar mejor. Luis necesitaba trabajar duramente de día y descansar plácidamente por la noche, para que se empezaran a regenerar las neuronas dañadas durante la hipoxia y el edema cerebral.

Me llama mucho la atención que, de todos los médicos que han visto a Luis tras el accidente, tan sólo un amigo mío oftalmólogo me recomendó que le diera vitaminas. Nadie me habló nunca de la posibilidad de usar algún producto de soporte de los que se encuentran descritos en múltiples libros de medicina relativos al cerebro, a los que me he referido antes, y que se encuentran en la bibliografía.

Tal vez la razón sea que muchos de estos medicamentos o compuestos, que en multitud de casos ni tan siquiera están considerados medicamentos, sino suplementos alimentarios, no están cubiertos por el Sistema Nacional de Salud (SNS), o tal vez porque no está probada su eficacia plena en el 100% de los casos, aunque es cierto que en su mayor parte existen múltiples estudios que los avalan, tal como puede constatarse en los diversos estudios y libros que aparecen en la bibliografía. O tal vez incluso sea también en algún caso olvido profesional, o desconocimiento, y, ante la duda, se prefiera no prescribirlos por el juramento hipocrático: "*primun non nocere*" (ante todo no hacer daño).

---

cuerpo ha descansado mínimamente se despierta (Say Good Night To Insomnia, Dr. Gregg D. Jacobs, pág. 22, Ed. Owl Books).

Entiendo que es difícil que las personas acepten correr riesgos teóricamente innecesarios en su trabajo, sea cual sea éste, y ponerse a estudiar otras alternativas que no son las que están en sus protocolos habituales de actuación. No obstante, como he dicho, ni el apalancamiento "en lo que se ha hecho toda la vida", ni el conservadurismo excesivo, son la solución óptima. Igual que el riesgo excesivo o la temeridad tampoco lo es. Por eso hay que ser más audaces. Para ello, para poder tomar decisiones que optimicen la solución a un problema, es preciso estudiar y documentarse bien.

Tengo que decir, además, que es posible comprender que los médicos también puedan tener ciertos reparos a la hora de prescribirlos, debido a los problemas y quejas potenciales de los pacientes si los medicamentos que prescriben no son financiados por la Seguridad Social, habida cuenta de que incluso algunos de ellos ni tan siquiera se comercializan en España, porque fueron dados de baja por la Seguridad Social, no se sabe muy bien con qué criterio, como por ejemplo el piritinol (Encephabol), que se comercializa en toda Europa, incluidas nuestras vecinas Portugal y Francia, no en cambio en España (dado de baja en 1995).

Este tema debiera ser considerado con seriedad por los médicos. En el peor de los casos, siempre será mejor proporcionar a los padres de un niño accidentado o a las personas necesitadas la información de aquellos productos que pueden ser potencialmente beneficiosos para su salud, aunque no los financie la Seguridad Social. Probablemente puedan ellos buscar dichos medicamentos de alguna manera –como fue mi caso– o conseguir los recursos necesarios para tal fin.

• • •

No tratéis de guiar al que pretende elegir por sí mismo su propio camino.

–William Shakespeare.

En la plaza del Hospital La Paz, compraba zumos de naranja envasados, porque los polvos de mi fórmula saben fatal y tienen un intenso olor a azufre proveniente de diversos aminoácidos, y en ellos los mezclaba y se los llevaba a Luis, que de manera inocente se los tomaba pensando que eran los zumos que anuncian en la tele y que a los niños les encantan.

De esta forma, también las enfermeras, cuando venían a la habitación, sólo veían los botes de zumo vacíos, dado que tampoco quería yo tener que ir dando explicaciones ni convencer a nadie de los beneficios potenciales que son múltiples y están probados.

La habitación de la planta de pediatría estaba bien. No era grande, pero sí individual; era lo que me hacía falta para continuar con la rehabilitación, dando pasos más allá de los que podía dar en la UCI.

Ya podíamos quedarnos a dormir con Luis. Él dormía atado. Sufría por las vías que tenía puestas en las venas y por las noches, al moverse, gritaba. Como yo estaba a su lado, se las colocaba para que no le hicieran daño. Intentaba darle un poco de paz. Eso lo consolaba. Me sentía impotente por no poder ayudarle más, y lo escuchaba gritar dormido. Sólo podía abrazarle fuerte y tenerle entre mis brazos para transmitirle mi amor y mi energía. Le ponía música suave de Tai Chi para que se tranquilizara. La escuchábamos juntos mientras nos dormíamos. Antes de dormirnos le hacía una promesa: haría todo lo que pudiera para que mi Luisillo se recuperara.

También había empezado de nuevo a hacer ejercicio físico. Con las pequeñas mancuernas de medio kilogramo hacíamos repeticiones de bíceps y tríceps, sentadillas al borde de la cama y abdominales, sentándose sin reclinarse en el borde del sillón. No obstante, necesitaba hacer más ejercicio aeróbico y en el hospital no era posible.

Igualmente empezamos con el ejercicio neurológico continuo: cuando no eran las películas que él conocía, era el cubo de Rubik para que lo moviera solamente, puesto que no podía reconocer los colores; otras veces utilizaba cualquier otra cosa de la multitud de objetos que me había llevado a la habitación para estimularle, pero especialmente con la Wii, la cual utilizaba Luis con las gafas multimedia.

No soy partidario de las consolas de videojuegos, y no porque en sí no produzcan efectos neurológicos positivos, que sí los producen, sino porque habitualmente los niños abusan de ellas y muchos padres no controlan el tiempo de juego, y lo que en sí puede producir efectos positivos, acaba teniendo, por su abuso, efectos negativos: los niños dejan de hacer otras actividades muy necesarias, como leer, hacer puzzles, construcciones, mecanos, juegos en grupo, etc., que les permiten desarrollar su creatividad. Cualidad ésta que será extremadamente valiosa en su trabajo cuando sean mayores y otras aptitudes fundamentales para su desarrollo.

Luis era bastante bueno con la Wii. Para empezar en el hospital, en ese estado neurológico en el que se encontraba, le busqué un juego de coches que es muy fácil, en el que nada más tenía que conducir girando el volante hacia un lado u otro y seguir la carretera. No podía siquiera sujetar el volante con el brazo izquierdo y se le caía. Yo intentaba ayudarle a conducir, o conducíamos juntos (puesto que yo tenía mi monitor), aunque me daba cuenta de que él no sabía siquiera cuando iba en sentido contrario, porque no enderezaba el volante ni para esquivar una valla. El pobre me dijo: "¡Soy muy malo!" Había perdido su habilidad por completo. No quería jugar con su querida Wii. Yo, poco a poco, iba descubriendo todas las habilidades que había perdido. Algo que cuesta ver al principio, y que se va descubriendo y duramente aceptando sobre la marcha.

Así que, en la medida de lo posible, ya había puesto en marcha los tres ejes de mi rehabilitación, aunque todavía fuera insuficiente.

Un día mi hija Elena quiso hacerle reír y buscó en Internet, en *YouTube*, un vídeo de "Su_Morenito_19 Soy Cani", que repite cien veces: "soy el Cani, Cani, Cani, Cani….", y les hizo mucha gracia. Se rieron mucho juntos. Eso también formaba parte de la rehabilitación. Su madre y yo también nos reímos mucho: de alegría, claro, al verles así nuevamente. Uno de los días que yo estaba pasando la noche en el hospital, mientras vigilaba a Luis para que no se hiciera daño con los tubos, dormido, empezó a cantar: "soy el Cani Cani Cani Cani". Esto me provocó una tierna sonrisa, porque en esta situación tan dramática, parecía que algo mejoraba en su cerebro. Se acordaba de la canción que le había puesto su hermana y cantaba dormido.

También mi hija, en otro momento, encontró otra perla en Internet: los diferentes tipos de pedos que hay, y son muchísimos. En esta Web explican cómo es cada tipo y ofrecen una descripción en detalle de las categorías. También de los tipos de cacas que existen, por ejemplo la caca iceberg "porque lo que está hundido es mucho mayor que lo que aparece flotando". Cada una con su descripción concreta. Eso les hizo mucha gracia. A los niños estas cosas les encantan y los hacen reír. Yo también me reía con la iniciativa de Elena, que siempre conseguía encontrar algo para hacer reír a su hermano.

• • •

En cualquier momento de decisión lo mejor es hacer lo correcto, luego lo incorrecto; lo peor es no hacer nada.

–Theodore Roosevelt.

Pasaron tres días desde la subida a planta, y, si bien en las primeras horas de estar en la habitación, su madre y yo confiábamos en que a partir de ese momento se iniciaría un ambicioso plan de rehabilitación para Luis, con el paso de las horas comenzamos a desconfiar de que tal plan existiera, o se estuviera siquiera preparando en algún servicio de ese hospital grande y con tanta fama.

No existía una rehabilitación adecuada en La Paz. Entonces entendí una frase que me había explicado días antes uno de los doctores en la UCI: "José Manuel, en rehabilitación la Seguridad Social no dispone de suficientes recursos". Yo no había captado esa verdad en toda su dimensión, porque con ese comentario no se estaba refiriendo a la UCI, sino al hospital en su conjunto. Al mismo tiempo, comprendí días más tarde las palabras del Dr. López cuando me señaló: "La rehabilitación más importante la vais a hacer vosotros".

Me iba quedando claro que no parecía que a Luis le fueran a aplicar la rehabilitación que necesitaba un niño de 12 años, con toda la vida por delante. Me resistía a pensar que un gran hospital como éste, catalogado como uno de los mejores en pediatría, no ofreciera a los niños un servicio tan importante con la calidad requerida. Y así era.

Por ello, y viendo el estado de Luis y toda la rehabilitación que necesitaría, escribí una carta al Dr. Alvarado y a los médicos de la UCI, en la que les daba las gracias por salvar la vida de Luis. Igualmente les pedía ayuda y guía para llevar a cabo su rehabilitación de una manera más profesional, que aquella que había iniciado yo en la UCI, basada en una combinación de lo que había leído durante años acerca de cómo conservar y mejorar el cerebro: mi propia intuición y energía, así como el trabajo continuo, y el ferviente deseo de mejora para Luis. La carta contenía un grito de ayuda. Me daba cuenta de que mi niño necesitaba una rehabilitación intensiva y urgente.

Esta carta de agradecimiento y socorro de un padre, hizo su efecto entre los médicos que habían atendido a Luis; también en los que estaban ahora a cargo de él. Quizás no sea habitual recibir este tipo de cartas. No lo sé. Entendí, sin embargo, que causó buen impacto: inmediatamente se empezó a ver bastante movimiento alrededor de Luis.

Uno de los médicos que lo visitó fue el Dr. López y una rehabilitadora, quienes luego continuaron con Luis como paciente de rehabilitación tras el alta en el hospital. El Dr. López comenzó la visita diciendo: "¡Vamos a ver este desastre!" Era en lo que realmente se había convertido Luis, sentado en la silla, sin mover el lado izquierdo, ciego, hablando como un robot de 1ª generación, es decir, de los antiguos. Su informe de esa visita fue aterrador, con un diagnóstico repleto de términos médicos, todos gravísimos.

Esta reacción tan positiva de atención hacía Luis fue decayendo en pocos días, como la luz de una linterna cuya pila se agota. Pienso que su mucho interés en ayudar a los pacientes, no podía luchar contra un sistema tan masificado, y donde casi no existe la rehabilitación, dada la cantidad de pacientes que tienen que atender los médicos. Se les dedica mucho menos tiempo del que desearían. Saben que la rehabilitación que pueden ofrecerles es insuficiente en la mayor parte de casos severos.

La carta también provocó que una amable doctora del servicio de pediatría fuera visitando servicio médico por servicio médico, de los diversos que tenían que hacer el seguimiento a Luis, para citarle en todos ellos: neurología, pediatría, logopedia y fisioterapia, con objeto de darle el alta lo antes posible, y pudiéramos así seguir rehabilitándole fuera del hospital, luego de comprender que la estimulación fundamental la tendríamos que hacer nosotros mismos, y que no íbamos a contar con una rehabilitación completa por parte del hospital.

El martes 22 de mayo regresaron las musicoterapeutas del Máster de Musicoterapia de la Universidad Autónoma a visitar a Luis, que se encontraba bastante mejor que en la primera visita, y cantamos juntos y tocamos música en la habitación.

Finalmente, uno de los últimos días de permanencia en la planta, el pediatra de Luis decidió quitarle por fin la sonda nasogástrica de alimentación para que empezara a comer sólo. Yo había anhelado ese momento, porque sabía que, mientras Luis tuviera la sonda, no le mandarían a casa, y necesitaba salir de allí para iniciar mi plan de rehabilitación.

Cada hora que pasaba disminuían las posibilidades de una recuperación máxima. Al mismo tiempo, me daba miedo el momento de quitarle la sonda; Luis no podía mover apenas la boca y se le había olvidado el reflejo de tragar. Lo único que podía hacer era mojarse los labios con la lengua de vez en cuando.

Tras quitarle la sonda, el primer alimento que le dieron fue un yogur, que se deshace en la boca, y recuerdo como "respiré" de alivio cuando vi que poco a poco Luis empezó con dificultad a recordar cómo se tragaba, inicialmente con susto porque parecía que se ahogaba mientras su madre con cariño le daba el yogur. Gradualmente Luis empezó a coordinar el movimiento de tragar.

Tras haber enviado la carta de socorro a los doctores de la UCI, en las diversas visitas que tuvo Luis, subieron, entre otros, el Dr. Alvarado y el Dr. Goded para interesarse por la evolución de su sorprendente despertar y recuperación, y no recuerdo a cuál de los dos fue que le dije: "Doctor, hay que salir de aquí". Necesitaba que le dieran el alta para poder continuar con la *Rehabilitación de 3 Ejes* en casa. Ellos coincidían en que la rehabilitación tenía que continuar allí cuanto antes.

Dicho y hecho. Al día siguiente, dieron el alta a Luis. Nos íbamos contentos tras los dieciocho días que habían transcurrido desde el accidente.

Ya tenía yo un plan en la cabeza. En cuanto llegara Luis a casa le iba a poner un programa exhaustivo, exigente y constante de rehabilitación. Pensaba empezar corriendo porque, en comparación con otros deportes habituales, correr es un ejercicio aeróbico que requiere mayor esfuerzo en menor tiempo. Además no exige ninguna habilidad especial, y su rehabilitación física, la más necesaria al principio para posibilitar luego hacer otras cosas, había sido allí muy limitada por razones de espacio.

Ahora continuaríamos el duro camino de largos meses que nos llevó a este *milagro explicable por la ciencia*.

PARTE II.
SIEMPRE HAY UNA SALIDA

CAPÍTULO 7

ESTRATEGIAS PARA LA RECUPERACIÓN EN CASA

Siempre que te pregunten si puedes hacer un trabajo, contesta que sí y ponte enseguida a aprender cómo se hace.

–Franklin D. Roosevelt.

Si todo lo descrito anteriormente aconteció en 17 días, y por ello sigue una secuencia temporal clara y rica en detalles, lo que les narraré a continuación ocurrió a lo largo de once meses. En este caso he preferido agrupar los hechos en capítulos temáticos, en cada uno de los cuales el hilo conductor de la narración es la temática del propio capítulo; dentro de él utilizo saltos temporales para exponer cual fue la evolución de Luis.

No se sorprendan pues si como Flash Gordon, el héroe de los comics del género de la *Space Opera*, o como Seth Brundle, el protagonista de la película *La mosca*, se sienten transportados a través del tiempo entre mayo de 2012 y abril de 2013: "*flash-back*", "*flash-forward*".

Cuando llegamos a casa, tras darle de alta en el hospital el 24 de mayo de 2012, y con todo el ímpetu que había mostrado días atrás, me di de cara con la realidad. A pesar de que Luis afirmaba que veía, lo que hacía era tumbarse en el sofá mirando al infinito sin fijar la vista en nada. Tampoco quería moverse ni comer. Entonces no lo sabía; más tarde lo averigüé: estaba prácticamente ciego. Con posterioridad, he pensado que quizás esa apatía, que en nada reflejaba al niño de 12 años, podría deberse a que en ese momento él también fuera consciente de su realidad: una cosa es estar enfermo en el hospital recuperándose y otra diferente ser dado de alta sin estar bien del todo.

De la herida, estaba curado. Del resto, muy dañado. Ya no sufría ese dolor que le provocaban las vías, no lloraba de noche. Su madre y yo acordamos que durmiera a mi lado, poniéndole una barrera por su lado de la cama para que no pudiera caerse. Recuerdo que dormía tranquilo; yo, en cambio, me hallaba en estado de permanente vigilancia, por si se levantaba, porque dado su estado cognitivo y de visión, si deambulaba por la casa podía caerse por las escaleras.

En esos primeros momentos, y en los pocos ratos en que yo estaba solo y sin hacer algo que me obligara a concentrarme, lloraba a solas. Pensaba en lo que había pasado. Al rato, no obstante, me secaba las lágrimas y pensaba en seguir adelante. Desde que ocurriera el accidente, no ha habido un día en que no haya llorado en soledad.

Una semana después de salir del hospital, fui de nuevo a estar con mi padre en el cementerio como solía hacer los domingos. Allí, recordaba siempre las cosas que hacíamos juntos, los hermosos momentos de mi vida y de mi niñez a su lado. Fue él quien me aficionó de pequeño a la electrónica y a la música; y, de mayor, viendo su pasión investigadora, se despertó en mí el interés por la lectura de medicina divulgativa. Ese día le pedí ayuda como médico para que me guiara, me diera sabiduría y fuerza para ayudar a su nieto.

Cuando era niño y estaba enfermo de alguna cosa de poca importancia, como un catarro o algo similar, mi padre me decía que a los microbios rebeldes había que atacarlos por diferentes flancos y con diferentes armas para ser más efectivos. Se refería entonces a diferentes medicamentos, porque algunos microbios eran muy resistentes, como por ejemplo, recuerdo que me decía, los de las infecciones de orina. E inspirándome en esas ideas de mi padre adopté esta misma estrategia. Si el cerebro es un órgano que controla múltiples funciones (movimiento, equilibrio, atención, comprensión, planificación de tareas, ejecución, y otras muchas), pensé que había que atacarlo por todos los flancos por los que se pudiera: así activaríamos sus diferentes zonas a la vez, o consecutivamente, y generaría mayor actividad y más continua y extendida por todo él.

Un día, todavía en la UCI, hablando con la afectuosa Dra. Dorao, también cercana a Luis, ella me reveló: "Habrá que esperar y ver si quedan secuelas en la vista". Portaba en su mano la placa del TAC que mostraba las manchas negras en la cabecita de Luis en la zona occipital. Quizá por eso yo había decidido, desde la estancia en la UCI, que para optimizar y acelerar la rehabilitación de Luis al máximo, para que sus secuelas en el futuro, en caso de existir, fueran las mínimas posibles, había que actuar rápidamente, según los *"3 Ejes de la Rehabilitación"*.

El ejercicio físico cambia el cuerpo drásticamente; proporciona un tratamiento inmediato para síntomas físicos o emocionales (por ejemplo los asociados al estrés) y tiene su explicación biofisiológica en las necesidades de nuestra especie desde los albores de la Humanidad, antes incluso de las sociedades de cazadores-recolectores. Cambia el cuerpo a todas las edades y lo hace "despertar". No es sano no hacer ejercicio. Nuestro cuerpo no está hecho para el sedentarismo: necesita cierta actividad para mantener su salud física y psíquica.

El tiempo del ejercicio físico óptimo está entre la media hora y la hora diaria, cinco o seis horas semanales, con un día de descanso para mantener el buen funcionamiento del cuerpo. Y en él hay también tres vertientes: ejercicio aeróbico, ejercicio anaeróbico de pesas y los estiramientos para que el cuerpo se mantenga en situación óptima.

Con esto se mueven los músculos, circula la sangre por los diferentes órganos, se eliminan toxinas; todos los ejercicios llevan aparejada la intervención del cerebro; aunque no seamos conscientes de ello, algunos, en un gran número de tareas complejas, como el equilibrio, la coordinación ojo-mano, el cálculo de velocidades y ángulos de rebote, el seguimiento de objetos en movimiento, los reflejos, etc. en deportes como el tenis o el hockey sobre hielo. No obstante, se puede empezar por ejercicios más sencillos, como andar o correr hasta que se pueda hacer algo más complejo. Esta combinación de ejercicio físico y neurológico es de suma importancia. Oxigena, aumenta el metabolismo, circula la sangre por los capilares y exige que participe la función cerebral cognitiva y de ejecución.

Sería esto lo que haríamos Luis y yo: empezar por los deportes más sencillos, para ir luego incrementando la dificultad. Patinar fomentaría el equilibrio, igual que la bici, el monopatín (*longboard*) y la natación. Gradualmente le incorporaría a su actividad todos aquellos deportes que hacía bien antes del accidente. Incluso alguno nuevo que estimulara aún más su cerebro y fomentara a la vez su autoestima. Algo muy necesario tras el "duro" despertar a la realidad que tuvo en la UCI, y, posteriormente, cuando se dio cuenta de que había perdido la mayor parte de sus capacidades básicas. En cuanto a mí, me reafirmaba en el convencimiento de que el ejercicio vigoroso le haría mucho bien.

Para cualquier persona, aunque inicialmente cueste un poco, porque requiere de nuestro esfuerzo, el ejercicio es una distracción de las preocupaciones, reduce la tensión muscular, produce neuroplasticidad, aumenta los neurotransmisores serotonina y GABA, mejora el poder de recuperación y el autodominio, y moviliza recursos sensoriales para la acción. Junto con el físico es también necesario el ejercicio mental. Aprender cosas y adquirir habilidades nuevas es importantísimo: supone ejercicio fortalecedor para el cerebro.

Se ha acumulado gran cantidad de evidencia científica en los últimos 50 años sobre los muchos beneficios del ejercicio para la salud. No es necesario estar entrenando como un tenista o como un ciclista profesional 5 ó 6 horas al día o más. Como he mencionado, basta con que sea en el entorno de los 45 minutos al día, pues los extremos no suponen una buena "medicina"; lo que sí debe tener es una cierta intensidad, y debe practicase de forma regular. Debe ser algo vigoroso y constante.

Para una persona joven no es suficiente con darse un paseíto de veinte minutos al quiosco de periódicos, tomarse entre medias un café, y otra vez de vuelta. Eso no es ejercicio vigoroso. Y aunque andar es bueno, y menos es nada, lo cierto es que con un ritmo demasiado bajo no se obtienen los verdaderos beneficios del ejercicio, sino tan sólo una fracción limitada de ellos.

Un ejercicio vigoroso supone que el cuerpo debe esforzarse, estar sometido a un cierto estrés o exigencia. Como dije anteriormente, no hace falta batir a Usain Bolt, realizar ejercicios extremos y someter al cuerpo a esfuerzos excesivos, para los cuales no está preparado; eso sí es perjudicial y puede, además, ser peligroso en algunos casos. Por supuesto, entre batir a Usain Bolt e ir a "paso de tortuga" hay un margen excesivamente amplio. Cada uno debe buscar el nivel de intensidad que le requiera un cierto esfuerzo: ese nivel es dependiente de la edad, y lo que a un joven de 20 años le puede resultarle "paso de tortuga", y en su caso no sea efectivo como ejercicio vigoroso, a una persona mayor le puede resultar la marcha de un legionario.

Tampoco debe ser siempre el mismo ejercicio o actividad. Hay que intentar alternar para hacerlo más ameno y divertido, para "cambiarle el paso al cuerpo". En primer lugar, porque si uno no cambia al final ese ejercicio se torna en algo monótono, uno lo acaba aborreciendo. En segundo lugar, y más importante, porque el cuerpo se acomoda a la rutina tras un cierto entrenamiento. Una vez que el cuerpo interpreta el ejercicio como rutina, es decir, una vez que le deja de suponer cierto estrés o exigencia, automáticamente se pierden muchos de los efectos que tenía.

El cuerpo tiene una capacidad enorme de aprender y de adaptarse. Cuando aprende, se hace extremadamente eficiente en esa tarea si ésta se repite. Como dice Fernando Sartorius en su excelente libro *Tu entrenador personal*, si el cuerpo no se acostumbrase a hacer siempre lo mismo con bajo nivel de exigencia, los trabajadores de la construcción (por poner un ejemplo típico de rutina laboral donde hay actividad física) estarían en plena forma física y hechos unos "figurines". Sin embargo, en muchos casos no es así; el cuerpo se ha habituado a hacer la misma actividad y deja de suponerle la exigencia requerida para obtener los beneficios del ejercicio. Trabajo físico no es sinónimo de ejercicio físico.

Lo trascendental es que lo hagamos con cierto nivel de exigencia y regularidad; tampoco vale hacer un día un montón de horas y no hacer nada los quince siguientes días. Con eso lo único que se consigue es darle una paliza al cuerpo, lesionarse o algo peor.

Por consiguiente, el mejor ejercicio rehabilitador posible para Luis, y en general para cualquiera, sería la combinación del trabajo cardiovascular y el aprendizaje o reaprendizaje de nuevas u olvidadas destrezas. No se puede aprender nada sin esforzarse y prestar atención. Esto para Luis era extraordinariamente difícil al principio.

Además, está demostrado que el ejercicio físico produce ramificaciones neuronales, y el estudio y aprendizaje las interconecta prolongando su vida (neuroplasticidad). Incluso se ha comprobado con experimentos en animales que el ejercicio vigoroso permite y fomenta el nacimiento de neuronas nuevas[20], lo que hasta hace unos años era impensable.

La neuroplasticidad es la capacidad que tiene el cerebro para formar nuevas conexiones nerviosas a lo largo de la vida. Ahora se sabe lo que hace no muchos años se ignoraba: las neuronas sí se replican en respuesta a la información nueva, a la estimulación sensorial, al desarrollo y a la disfunción o daño cerebral. Es como una renovación del cableado cerebral, y valga la comparación.

El cerebro cambia de forma según las áreas que más utilicemos en respuesta a nuestra actividad mental (por ejemplo el desarrollo de la circunvolución de Heschl en los músicos, un área cortical importante para procesar la música).

A lo largo del capítulo, veremos que ya en los seres humanos se pueden conectar e incluso crear más neuronas, que el ejercicio vigoroso incrementa esta capacidad, y que los efectos son específicos dependiendo de la actividad mental realizada. De modo que yo iba seleccionando las actividades que Luis debía hacer en casa para recuperar las facultades perdidas. Sabía, estaba absolutamente convencido, que la actividad física de cierta intensidad, combinada y en

20. Arden, John B., Rewire Your Brain. Think your way to a better life, Wiley, 2010.

coordinación con actividad mental continua, cambiante, exigente y diversificada podría rehabilitar muchas capacidades en mi hijo.

Por esa razón, la comunidad científica coincide en afirmar que una vida mental intensa desempeña un papel esencial en el bienestar cognitivo en las etapas avanzadas de la vida. La investigación científica en este campo sugiere, en efecto, que la neuroplasticidad puede ser clave para el desarrollo de tratamientos nuevos y más eficaces para el daño cerebral de todo origen.

El Dr. Arden sintetiza en su libro *Rewire Your Brain* los siete mecanismos de acción del ejercicio y su impacto en el cerebro[21]. Todo ello lo explico más adelante con mayor detalle en la parte III del libro.

Otro eje de mi estrategia de rehabilitación, también de gran importancia, eran las medicinas potenciadoras y de soporte, que aportarían al cerebro los nutrientes que facilitarían la mejoría, ayudándole a cumplir sus funciones y a responder

---

21. Mecanismo genético y neuroplasticidad (Cotman y Berchtold, 2002).

- BDNF (factor cerebral neurotrófico derivado) de la familia de las proteínas que ayuda al circuito cerebral a su construcción, crecimiento y mantenimiento. Neuroplasticidad (Adlard, Perreau y Cotman, 2005).
- Factor de crecimiento nervioso. Neuroplasticidad (Neeper, Gómez-Pinilla, Choi y Cotman, 1996).
- VEGF (factor de crecimiento endotelial vascular). Neurogénesis (Fabel, Fabel, Tam, Kaufer, Baiker, Simmons y cols., 2003).
- Hipocampo. Neurogénesis (Van Prag, Shubert, Zhao y Gage, 2005).
- LTP (potenciación a largo plazo). Mejora duradera de la transmisión de señales entre dos neuronas, que resulta de su estimulación sincrónica. Plasticidad de las sinapsis (zonas donde una neurona establece un contacto con otra para comunicarse de forma bioquímica), para cambiar su fuerza (en el aprendizaje y la memoria, es importante la fuerza de esta comunicación por la mayor o menor intensidad del recuerdo). Conectividad (Farmer, Zhao, van Praag, Wodtke, Gere y Chistie, 2004).
- Crecimiento de los vasos sanguíneos. Mayor aporte de oxígeno y glucosa (Swain, Harris, Wiener, Dutka, Morris, Theien y cols., 2003).

adecuadamente frente a la demanda exigente impuesta por el ejercicio mental y físico al que estaba empezando a someterle, puesto que la bioquímica del cerebro depende de la obtención de determinados nutrientes que adquirimos generalmente en la dieta. En ese momento, no obstante, yo intuía que se necesitaba un suplemento adicional.

Igual que un deportista extremo necesita mantenerse especialmente alimentado al exigir a su cuerpo un esfuerzo continuado, como cuando el archicampeón mundial David Meca cruzó a nado el Mediterráneo hasta las Islas Baleares y se iba alimentando de plátanos, y en las últimas millas casi no podía mover el brazo derecho, yo intuía que el cerebro, y, en general, el cuerpo de Luis estaría necesitado de nutrientes potenciadores y de soporte, que le ayudaran a recuperarse rápidamente del trauma causado por el grave accidente, así como a resistir el enorme esfuerzo al que iba a someter a su cuerpo y a su cerebro durante la rehabilitación. Y determinados aminoácidos, minerales y vitaminas son los "ladrillos de la construcción" de los neurotransmisores, y tienen un efecto directo en la bioquímica cerebral y en la producción o reducción de éstos. No olvidemos que, por sorprendente que pueda parecer, el cerebro consume aproximadamente el 20% de toda la energía que consume el cuerpo[22].

Esa "*Rehabilitación de 3 Ejes*", y en particular el ejercicio neurológico continuo y diversificado, haría recuperar a Luis, o al menos en ello confiaba yo –y así ha sido meses después de haber iniciado este duro plan–, su capacidad de pensar, de entender, de escribir, de prestar atención, de planificar, de programar y otras muchas cosas al mismo nivel que otros niños de su edad.

22. Proceedings of the National Academy of Sciences, 6 de agosto de 2002, vol. 99, nº16, 10237-10239: "Appraising the brain's energy budget".

Ahora bien, para poder hacer algo, lo primero es pensar qué queremos conseguir; luego, analizar cómo hacerlo. Necesitábamos desarrollar un plan de acción que hiciera trabajar al cerebro de Luis en todos los frentes. A él le decía, para que lo entendiera, que entre los dos teníamos que "agitar" su cerebro para que se reordenara.

En opinión del Dr. Tegenthoff, jefe de Neurología del Hospital Bergmannscheil en Bochum, Alemania, y de otros neurólogos y especialistas cuyos nombres no es preciso mencionar, fueron las múltiples tareas, continuas y diversificadas, iniciadas en un momento muy temprano tras el accidente, una de las claves de esta recuperación "milagrosa" de Luis.

En mi opinión, recalcando el admirable éxito de las maniobras de RCP realizadas por los dos médicos anónimos del SUMMA que permitieron a Luis vivir, e igualmente el indudable éxito en el tratamiento del edema cerebral administrado en la UCI de La Paz, Luis consiguió que esa extraordinaria mejoría se produjera desde el principio, y que continuara, asimismo, en el tiempo a lo largo de meses, gracias a la combinación íntima de los "*3 ejes de la rehabilitación*", y a que perseveramos en ese plan de acción, sin desfallecer en los múltiples momentos de cansancio o desánimo que surgieron, y poniéndonos nosotros mismos objetivos de mejora continua, y, en cuanto los conseguíamos, nos proponíamos los siguientes aún más ambiciosos. Como cuando en un videojuego se consiguen los objetivos de un nivel y la máquina automáticamente te asciende a un nivel superior con nuevos objetivos más difíciles.

Digo esto, y lo recalco a lo largo del libro, porque algunos de los rehabilitadores y especialistas que han visto a Luis en todo este tiempo, nos sugerían un plan menos ambicioso y más dilatado en el tiempo. Me decían que no debía cansar a Luis, que era un niño, que tenía que ser feliz, o que era demasiado pronto para ponerle a patinar, o para ir al colegio, o que dejara de agobiarle con el saxofón…

Por mi parte, sabía dos cosas incontestables:

- Que el cerebro, igual que el resto del cuerpo, responde frente a la exigencia, y cuanto más se le exige más responde. He mencionado en otra parte del libro que el cerebro es como un músculo, que está constituido por carne y sangre, y cuanto más se le exige más da[23]. Y cuando se consigue una meta hay que poner otra más ambiciosa para forzarle a seguir recuperándose: el cerebro también se acomoda y se vuelve perezoso con aquello que le requiere un esfuerzo.
- Que la rapidez de acción constituía un factor clave para la recuperación de Luis, porque aumentaba la probabilidad de que pudiera recuperar sus facultades perdidas, o lo que es lo mismo aumentaba la probabilidad de que se reactivasen los caminos o circuitos neuronales que habían quedado dañados en el accidente: la celeridad en recorrerlos de nuevo impediría que el tiempo los fuera degradando aún más.

Esto se entiende con el siguiente ejemplo. Si hacemos un surco con un dedo en la arena de la playa, el efecto del paso del tiempo y la brisa marina irán haciendo que ese surco cada vez sea menos profundo, y acabará por no existir. Y no sabremos dónde lo hubimos de pintar. Además, si volvemos a pasar el dedo cada cierto tiempo por ese mismo surco, en primer lugar lo haremos más profundo, tardará pues más

23. Khalsa, Dharma Singh, Stauth, Cameron, Brain Longevity. The Breakthrough Medical Program that Improves Your Mind and Memory, 1999, pág. 9.

tiempo en borrarse por sí sólo. Por otra parte si, de vez en cuando, seguimos repasando el surco con el dedo, seguirá estando ahí de por vida. Así funcionan los caminos neuronales. Si se ejercitan no se pierden. Cuanto más se ejerciten más difícil es olvidar una habilidad aprendida. Por eso cuando uno aprende un idioma, o cualquier otra habilidad, y no la utiliza, acaba por olvidarla con el paso de los años. Y si pasa el tiempo suficiente, cuando quiera volver a ejercitarla se encontrará con que casi tendrá que aprenderla desde cero. Justo lo que yo pretendía evitar con Luis.

Por eso era trascendental empezar pronto. Y por tal motivo Luis, a pesar de su mortal accidente, pudo reincorporarse a su clase de 1º de la ESO a los cuatro meses y medio. Y aunque sus profesores y nosotros, le estuvimos apoyando en su reincorporación, no creo que todo esto hubiera sucedido sin los *3 Ejes de la Rehabilitación y e*l esfuerzo continuado de Luis, como un Titán.

Adelantándonos brevemente a los siguientes capítulos, a los diez meses Luis sacaba exactamente las mismas calificaciones que antes del accidente. En aquel entonces, cuando hacía un examen o terminaba los deberes de clase y le ponían buena nota, venía orgulloso y contento a enseñárnosla, tal vez para demostrarnos que el esfuerzo no había sido en balde.

Hoy pienso que cada uno de los elementos que pusimos en juego con esta *"Rehabilitación de 3 Ejes"* desempeñó su papel y contribuyó a que el cerebro pudiera recuperarse rápido y de manera científicamente milagrosa. Por tal motivo estoy convencido, y esto probablemente nunca lo sabremos con certeza, que las medicinas también jugaron un papel apreciable en la recuperación de Luis.

En la primera revisión oftalmológica a inicios de junio 2012 a Luis le diagnosticaron una ceguera cortical pura. En ese primer momento miraba al techo mientras escuchaba la tele. Dos meses después, veía objetos, aunque muchas zonas del campo visual las tenía ciegas. Tenía manchas de ceguera muy grandes, según dice el primer informe, y sin embargo en la revisión que le hicieron tres meses más tarde, en septiembre, se ve que las manchas se habían reducido enormemente de tamaño. Y siguieron reduciéndose en cada revisión.

Y la mejoría fue constante y prácticamente diaria mientras escribía este libro.

Por esta razón, este método puede ser usado por personas de cualquier edad que tengan que enfrentarse a rehabilitación neurológica o que, sin tener que enfrentarse a ella, quieran mantener y mejorar las capacidades cognitivas y cerebrales con el paso de los años, adaptando el método lógicamente en sus 3 ejes a las circunstancias de cada uno.

Como decía al inicio del capítulo, tras ser dado de alta, durante semanas estuvimos en la duda de lo que Luis veía efectivamente. No sabíamos si enfocaba, ni el campo visual que tenía, o si era diferente lo que veía por cada ojo. De todo esto nos fuimos enterando paulatinamente, porque la ocultación que hacía el propio Luis, y el Síndrome de Antón que describo más adelante, desempeñaban su papel.

Al moverse por la casa en un entorno conocido, casi nos convencía de que veía. Con el tiempo y con sus respuestas taxativas de que efectivamente veía, llegamos a pensar que en verdad era así. Incluso un día dijo que había visto a nuestra perra Maya hacer pis cuando estaba lejos e iba caminando con Yola de paseo.

El accidente le dejó prácticamente ciego; con el paso de las semanas y su rehabilitación múltiple empezó a recuperar el campo de visión perdido, y posteriormente el enfoque. En efecto, debió ver a la perrita hacer pis en aquel momento en que nos los dijo. Con estos detalles, a pesar del despiste continuo a que nos tenía sometidos, pensábamos que iba mejorando de la vista, igual que lo hacía con lo demás. No obstante, la vista fue una de las cosas que más lentamente se recuperó.

Por todo lo anterior, **el mensaje para otros padres y cuidadores sería: "hay que tener paciencia y no desfallecer ni dar todo por perdido: el cuerpo, y el cerebro en particular, tiene una capacidad inmensa de recuperación"**.

A finales de mayo, tras regresar a casa, si poníamos la tele, o un juego en la Wii, él aceptaba verla o jugar, y seguía la historia, decía que veía. Y nos dábamos cuenta de que no era verdad. Su mirada estaba siempre dirigida al techo y no movía la cabeza. O como mucho la movía para orientar las orejas al sonido, como lo hace un ciego. Seguía afirmando que veía; hasta nos decía colores a lo loco en respuesta a nuestras preguntas. A veces incluso acertaba, por lo que la confusión duró bastante. Luis seguía el método de ensayo-error, ya fuera por su agnosia con los colores, o porque él mismo creía que veía, o tal vez porque no quería que supiéramos su verdad. O por todo ello a la vez.

Durante julio, observé además que Luis al comer dejaba mucha comida en el plato formando una media luna, marcando una frontera entre lo que veía y lo que no. Me percaté porque es el síntoma típico de una lesión que había leído en uno de los diversos libros de neurología y oftalmología[24] que compré tras el accidente, y que estaba estudiando sin descanso.

---

24. Gillen, Glen, Cognitive and Perceptual Rehabilitation. Optimizing Function. Editorial Mosby Elsevier, 2009, pág. 138.

Ello podía deberse a que no veía esa zona del plato, o a que tenía una heminegligencia izquierda (fallo para orientarse, actuar o responder a un estímulo que se presenta contralateral a una lesión cerebral), o a ambas cosas; los libros de neurología explican que, en efecto, es habitual que entre ellas se confundan, puesto que el resultado final es el mismo. El cerebro ignora lo que tiene delante, sea porque realmente no lo ve, o porque, aunque lo vea, no lo procesa. El resultado es, pues, el mismo.

En los casos de heminegligencia, los manuales de oftalmología y neurología, que estudiaba, recomendaban poner a trabajar los miembros de la parte del cuerpo más afectada, que corresponden al hemisferio cerebral contrario. Es decir, que si la media luna de comida se quedaba en el lado izquierdo del plato, como era el caso de Luis, era porque la heminegligencia derivaba del hemisferio cerebral opuesto, el derecho, que en mi hijo fue ciertamente el más dañado; eso explicaba que en poco tiempo el habla –que corresponde al hemisferio izquierdo– se hubiera recuperado bastante, y, en cambio, la construcción visioespacial –que corresponde al hemisferio derecho– siguiera afectada.

De la misma manera, se notaba su deficiencia cerebral porque en ese momento no podía siquiera coger la cuchara, y porque cojeaba de la pierna izquierda, que es controlada también por el hemisferio derecho. Esto no ocurría con las extremidades derechas. Por eso le forzábamos a hacer todo con la parte izquierda del cuerpo, para que rehabilitara su hemisferio derecho.

Por el principio de contra lateralidad cerebral, le sujetábamos la mano derecha y lo poníamos a comer con la izquierda. También le tapábamos el ojo derecho durante una o dos horas. Esta última medida sería discutible para resolver la heminegligencia, pero en todo caso le ayudaba a mejorar el enfoque izquierdo y no le producía mal, ninguna descompensación, porque era un periodo de tiempo corto y también porque luego hacíamos lo mismo con el ojo derecho, para que su enfoque mejorara igualmente en éste. Como veremos con más detalle en el siguiente capítulo, hasta su entrenador, Diego, le ponía ejercicios bien planificados en los que los objetos que tenía que rodear, coger o esquivar estaban a la izquierda. Con el tiempo, todo fue dando resultado.

Aunque exista una dominancia, los dos hemisferios trabajan siempre juntos, y están unidos por el cuerpo calloso, conjunto de fibras que los une y conecta. La visioconstrucción y la información espacial pertenecen al hemisferio derecho, igual que los aprendizajes nuevos, antes de que se conviertan en rutinas[25].

Como sabía que el hemisferio más dañado de mi hijo era el derecho, aplicando el sentido común, concluí que mejorar la comunicación entre ambos hemisferios probablemente ayudaría a que el derecho se recuperase con mayor facilidad, al potenciar la interacción con el izquierdo a través del cuerpo calloso. Asimismo, sabía de la existencia de un medicamento denominado Piracetam, mundialmente conocido, inofensivo, cuya eficacia en potenciar y facilitar la comunicación entre ambos hemisferios está demostrada[26]. Por ello, decidí administrárselo con regularidad, de acuerdo con la dosis terapéutica que había leído en diversos libros de medicina.

En otro orden de cosas, y con el objetivo de "ponerle en marcha", en cuanto Luis hubo vuelto a casa empecé a establecer una serie de normas, entre ellas, la de prohibirle

25. Arden, John B., Rewire Your Brain. Think your way to a better life, Wiley, 2010.

26. Khalsa, Dharma Singh, Stauth, Cameron, Brain Longevity. The Breakthrough Medical Program that Improves Your Mind and Memory, 1999, p. 61.

estar tumbado perdiendo el tiempo. Su hermana Elena nos ayudaba a ello; era lista inventando trucos para que Luis tomara cada día las medicinas, que sabían y olían fatal.

Elena le "administraba" el uso de la videoconsola PSP y le compraba juegos nuevos, aunque sólo se los dejaba como premio por hacer los ejercicios de rehabilitación. No le permitía dormir en su cuarto si no se había tomado antes las medicinas y el "zumo" cargado de medicamentos, o si no había hecho los ejercicios oculares diarios, que veremos más adelante.

Luis no soportaba "el zumo"; suponía tomarse un líquido con textura bastante asquerosa y una mezcla entre sabor a pescado y a bomba fétida (debido al olor de los aminoácidos azufrados). Todos los días era una tarea de tres horas hasta que se lo tomaba. Probamos de todo: hasta darle dos gritos o una torta para que no protestara; sin mucho éxito en aquel tiempo. Al día siguiente se volvía a quejar y había que estar encima de él hasta que finalmente se lo bebía. A título anecdótico, un día a finales de agosto, en que habíamos quedado sobre las nueve de la mañana con su instructor de buceo para reaprender el submarinismo, Luis me agotó la paciencia. El muy pollino se plantó y dijo: "Papa, ¡hoy no me tomo el zumo!, me da igual lo que hagas". Ante tal panorama, como tampoco me iba a liar a tortazos con este "cenutrio", por cierto no por falta de ganas, le tiré "el zumo" encima, como cuando uno vacía el cubo de fregar tomando impulso. Ello no lo podía permitir bajo ningún concepto, porque si un día se negaba a tomar las medicinas y yo cedía, al día siguiente seguramente volvería a hacer lo mismo y así sucesivamente. Pobrecillo, como íbamos con prisa no pudo ni ducharse, y se fue al submarinismo oliendo a pescado (de los ácidos Omega).

Más adelante, hacia el mes de noviembre de 2012, cuando Luis estaba muy bien tras seis meses de rehabilitación e iba al cole, todavía seguía siendo difícil que se tomara el "zumo" sin protestar. Eso fue así hasta la Navidad 2012, cuando en casa observamos que Luis se estaba volviendo más responsable y maduro. Creo que él mismo fue consciente de lo mucho que había mejorado gracias al trabajo hecho desde el accidente, y por ello cada vez aceptaba de mejor grado tener que tomárselo sin pelear.

• • •

Acepta los riesgos; la vida no es sino una oportunidad. El hombre que llega más lejos es, generalmente, el que quiere y se atreve a serlo.

–Dale Carnegie.

A finales de mayo, tras ser dado de alta en el hospital, yo tenía claro que lo primero que tenía que hacer Luis era "ponerse en marcha"; en particular: correr. ¡Así como suena! ¡Correr todos los días al menos media hora!

Luis estaba debilitado y hacer ejercicio requiere un esfuerzo al que un enfermo habitualmente no está dispuesto, porque en general el enfermo es más complaciente consigo mismo, y supone que tiene derecho a no cumplir con la obligación. Ahora bien, precisamente porque Luis estaba afectado, era por lo que tenía que correr. No cabían los paños calientes. Por ello, en cuanto salíamos por la puerta de casa con las zapatillas puestas, le pedía a su hermana que lo cogiera de un brazo; yo lo cogía del otro, y corriendo tirábamos de él como dos máquinas del AVE. Los primeros días le costaba muchísimo, y corría cojeando de la pierna izquierda con protestas y lloriqueos. Casi gritando, pedía que le soltásemos, que no podía correr más.

Le íbamos animando: "Vamos Luisi, venga Luisi, que tú puedes". A medida que pasaban los días, y que el cuerpo se habituaba a la tarea, empezaba a producir endorfinas. Cada vez tardaba más en protestar y cada vez cojeaba menos. Poco a poco iba haciendo las cosas que hacía antes del accidente.

Otro rasgo que caracterizó a Luis desde que salió del hospital y hasta finales de agosto, es decir, hasta tres meses más tarde de iniciar la "*Rehabilitación de 3 Ejes*", es que notoriamente había retrocedido en edad mental. Estaba bastante infantil, lo cual fue indudablemente una ventaja para muchas cosas: los niños más pequeños suelen obedecer con mayor facilidad, y, a la vez, podíamos "disfrazar" como *juego* muchas de las tareas de rehabilitación. Según el doctor el niño estaba frontalizado[27].

---

27. Tras intentar averiguar el significado de ese término, consultando en libros y enciclopedias información sobre lo que hace el lóbulo cerebral frontal –en esa necesidad imperiosa de saber, para uno poder formarse una opinión que le ayude a comprender y a decidir correctamente–, entendí que quizás lo que quería decir el doctor era que el lóbulo frontal de Luis no estaba operando adecuadamente, y que su papel director del comportamiento del niño estaba infraponderado, y por ello Luisillo mostraba ese carácter aniñado. Dice el profesor Francisco López Restrepo, que el lóbulo prefrontal es la función directiva, gerencial y rectora del cerebro. Es el cerebro del cerebro. Son un conjunto de funciones directivas que incluyen aspectos muy variados de la programación y ejecución de las actividades cerebrales. Las lesiones de los lóbulos frontales, en especial de las regiones prefrontales, se asocian con alteraciones en las funciones ejecutivas, lo que ocurría en el caso de Luis. Es como el director de una orquesta, que conoce todos los instrumentos y que debe guiar, ordenar, dirigir, orientar y coordinar la acción conjunta de los músicos de la orquesta para lograr un fin o una meta. Sería como la instancia de la norma en el cerebro. Traza la línea sobre lo que se debe hacer o ejecutar, y es también la instancia que censura, corrige, sanciona o castiga. Es la ley social, moral y ética que guía nuestra vida. Es la instancia planificadora y organizadora de nuestras acciones. Es la función mental o cognitiva por excelencia. Coordina todas las habilidades y su acción conjunta.

Supongo que por esa causa Luis estaba aniñado. Tenía menos poder para oponerse. Eso a nosotros nos facilitaba ejecutar de manera espartana la dura tarea de la rehabilitación *non-stop* 14 horas al día. Nos obedecía porque se había vuelto *mucho más pequeño,* y por ello le implicábamos en "el juego" con mucha facilidad.

No obstante, y por contraposición, aunque lo veremos en detalle más adelante, cuatro meses después del accidente, tras su estancia en agosto en un campamento náutico, de manera sorprendente e inesperada Luis recuperó sus doce años mentales. Y yo he concluido que fue la exigencia a su cerebro, derivada de la interacción con otros niños de su edad y de la necesidad de comportarse como ellos, lo que forzó al cerebro a avanzar en edad en tan sólo diez días. Todos en casa lo percibimos porque fue un cambio de comportamiento demasiado patente. Incluso lo notó la Dra. García Ormaechea, quien, al verle en septiembre, exclamó: "Papa de Luis, este es el Luis de siempre ¿verdad?" Orgulloso por lo que comentaré posteriormente, contesté afirmativamente.

. . .

La Ilusión despierta el empeño y sólo la paciencia lo termina.

–Anónimo.

En mayo, cuando llegó a casa, mi hijo no sabía ni ponerse una camisa; no sabía por qué agujero debía meter el brazo, o de qué pie era cada zapato. Se ponía los pantalones por la cabeza. No exagero. Simplemente en ese momento había perdido casi todas las funciones neurológicas; no percibía la realidad. Era el recluta Patoso y así le hablaba yo para hacerlo reaccionar cuando estaba tan mal y para que se lo tomara a broma, y sobre todo para que obedeciera: "Recluta patoso a correr", le ordenaba. "Señor, sí, señor".

También teníamos nuestra canción. Ahora diría nuestro himno de lucha. Mi hija Elena había metido en la radio del coche una tarjeta con canciones actuales entre las cuales se encontraba *Gol*, de Cali & El Dandee. Escuchándola, me pareció una canción vibrante y animada; su pulso musical es rápido, y, a la vez, su letra nos identificaba con la meta que queríamos conseguir.

Como en la canción, nosotros estábamos corriendo en el campo de la rehabilitación para marcar cada día un nuevo "gol", encontrándonos con barreras y superándolas: "la pelota me grita, te toca, las piernas me ruegan que *no* pero el alma me ordena que *sí*…mis padres me dieron la raza y la vida… ¡Qué pasa no pienso perder en mi casa…. sube la mano y grita gol ooh ooh ooh!". Estoy convencido, como así lo expresó también el Dr. Tegenthoff, de que si no hubiéramos vivido la experiencia con este espíritu de lucha y altísimo nivel de exigencia, hoy no estaría Luis tan recuperado. **Ya he dicho que una de las pautas, que por decisión inquebrantable caracterizó este plan de rehabilitación, fue que desde sus inicios y durante muchos meses, contra viento y marea mantuvimos este alto nivel de exigencia y de constancia con Luis. Incluso su madre, a pesar de haber dudado de la estrategia en determinados momentos cuando Luis protestaba más, y a pesar de habernos costado más de una discusión en casa. Esto quiero que lo recuerden otros padres o personas que puedan encontrase en la misma situación.**

También comento que, igual que mantuve ese alto nivel de exigencia espartana de manera constante durante meses, también afirmo que de manera regular daba a Luis momentos de "descanso aparente para él". Y empleo esta frase porque en esos supuestos recesos, yo nuevamente planeaba actividades diferentes para que le pareciera "que parábamos de trabajar", aunque realmente de manera inconsciente su cerebro tuviera que seguir ejercitándose y esforzándose en esas otras tareas distintas, atacándole pues por "otros flancos" para recuperar cuanto hubiera olvidado.

Por ejemplo, como veremos en detalle más adelante, los fines de semana que nos íbamos a la playa a hacer la rehabilitación –sol, agua y brisa marina–, lo primero que hacíamos por la mañana era tomarnos el "zumo", después matemáticas dos o tres horas, y cuando Luis estaba cansado, entonces, "para descansar", le dejaba jugar con la consola PSP de videojuegos o con el iPad, pero sólo a determinados juegos que yo había seleccionado específicamente para que trabajara la atención, o la vista. O nos íbamos a reaprender a montar en bici, o con el *longboard*, o a reaprender *wakeboard*, etc. El caso era mantener su cerebro "en jaque" 14 horas al día.

En todo este proceso existen momentos duros; también otros de mucha alegría. Siempre es necesario transmitir energía e ímpetu, primero a uno mismo; luego, a los demás. Cuando Luis se cansaba o se desmoralizaba yo cantaba la canción *Gol*, para que se viniera arriba.

Otro mantra que utilicé mucho para animar a Luis, y transmitirle esa dosis de energía, fue el concepto inventado del "turbocerebro". Casi desde el principio, mi hijo entendía cuanto se le decía, aunque estuviera tan mal en otros aspectos, probablemente debido a que su hemisferio cerebral izquierdo había sufrido menos daño que el derecho. Y concebí la imagen de un cerebro "turbo", que era nuestra meta a alcanzar, y, con cada ejercicio nuevo que terminábamos con éxito, nos íbamos acercando más a ese cerebro *que va a mil revoluciones por minuto porque es turbo*.

Al principio de la rehabilitación le decía que nos estábamos acercando a él según conseguíamos nuevos logros. Meses más tarde, que ya casi lo estábamos tocando con la punta de los dedos. Y así poco a poco el “turbocerebro” estaba cada vez más cerca y al alcance de su mano. Mi hijo se mimetizó tanto con esa meta, que si yo me equivocaba y por error decía “megacerebro”, él me corregía: “Turbocerebro papá, turbocerebro”. Él había interiorizado el objetivo a alcanzar con toda esa lucha: un cerebro “turbo” que funcionase al cien por cien.

Mi hijo entendió también, casi desde el regreso a casa, que había que intentar volver a la vida normal y tratar de hacer lo mismo que antes del accidente. Era nuestro reto. Yo sabía que no podía tocar el saxo ni estudiar chino en ese momento, pero cuanto antes se volvieran a recorrer los caminos neuronales, antes se restablecerían las conexiones y quizás no desaparecerían. Imaginaba la huella mnésica como ese caminito escrito en la arena de la playa, que si no lo redibujaba acabaría por desaparecer, perdiendo los conocimientos que había adquirido antes del accidente.

En aquel entonces la memoria de Luis tenía las conexiones rotas y no tenía acceso a sus conocimientos. Por eso había que recorrer esas ramificaciones nuevamente, para que el paso del tiempo no borrara definitivamente también lo que no estaba dañado. Y los caminos que había que recorrer eran muchos. En ese momento no sabía coger el tenedor, ni abrocharse los botones. No sabía tan siquiera vestirse, ni muchas otras cosas como he dicho. Por eso, y cuanto antes, debía empezar a reaprender todo lo que sabía hacer con anterioridad al accidente.

De igual forma, con objeto de activar todas las regiones del cerebro con rapidez, en ese intento de atacar al cerebro por múltiples flancos, decidí devolverle a las actividades que él hacía antes del accidente, incluso le devolví al aprendizaje del chino, aunque no viera bien y no fuera del todo capaz de pensar. Hice eso, no porque recordar o volver a aprender chino fuera una prioridad para Luis, por supuesto, que por importante que vaya a ser el chino en el futuro no lo era en ese momento, sino porque ayudaría a atacar caminos neuronales diferentes, especialmente en el caso de este idioma a través de los *sinogramas*[28], o caracteres dibujados de su escritura.

Le pedí pues a Sung Wei, la profesora de chino, que bajara el nivel de la clase cuanto fuera necesario para que Luis se fuera reincorporando. Ella, que es creativa, hizo un bingo con las banderas de los diferentes países cuyos nombres sabíamos. Cada cartón tenía alrededor de diez banderas que Luis había aprendido antes del accidente. Jugamos a esto durante varias semanas, mirando el cartón de Luis porque la profesora cantaba las banderas que él tenía para que prestara atención, también para que ganara, puesto que se le notaba la ilusión que le hacía ganar. Y así participaba contento. Se fijaba en los cartones esforzándose con la vista y con la atención, en lugar de negarse a jugar, y observábamos como movía mucho la cabeza para poder distinguir a duras penas las banderas por las zonas que por su visión mal-veía en aquel momento.

El saxofón resultó más difícil. Cuando llegamos a casa, Luis no podía ni soplar ni mover los dedos para pulsar las llaves del instrumento. Al verlo me quedé otra vez muy

28. Un sinograma, o cualquier ideograma, es un dibujo que encierra un concepto. Eso haría trabajar varias funciones cerebrales que Luis tenía dañadas, como la visoconstrucción, pero añadiendo la comprensión del lenguaje. En el libro del Dr. Keneth A. Lane indicado en la bibliografía, encontré que también se usaba para la neurorehabilitación. Por esa razón no suprimí esa hora de chino que teníamos los martes, incluso cuando Luis volvió al colegio en septiembre de 2012, a pesar de la elevada carga de rehabilitación y trabajo que tenía. De hecho esa clase de chino era más bien, y a la vez, una hora de rehabilitación neurológica y de descanso, antes que una clase de idiomas.

afectado. Pensé que no podía soplar porque había perdido la fuerza muscular, y se me ocurrió comprarle globos de colores para que los hinchara.

Desde luego, no veía las notas, no podía descifrar una partitura. Se le había olvidado cuanto sabía antes del mortal accidente. Para restablecer los lugares dendríticos rotos, tuvimos que empezar enseñándole nuevamente las notas musicales con ejercicios que hubieran resultado sencillos para cualquiera que no hubiera tenido ese daño cerebral. Ahora recuerdo el dolor sordo que sentí cuando vi que no recordaba, que para tocar la nota *si*, sólo tenía que pulsar la llave de arriba. No se acordaba.

Durante meses trabajábamos con Luis constantemente con toda clase de ejercicios, desde los más accesibles, como comer o arreglarse, hasta los más complejos como hacer operaciones matemáticas sencillas o darle la vuelta a números de tres cifras para recuperar la memoria de corto plazo.

En efecto, también había perdido la memoria a corto plazo (MCP), que es la del trabajo y que interviene en tantísimos procesos y actividades diarias. Al decirle una serie corta de números no los recordaba un segundo después. Por tal motivo necesitábamos con toda urgencia trabajar sobre ella; sin ella no podría volver al colegio.

Recuerdo que el nivel de aprovechamiento temporal del día para rehabilitarlo era tal, que en junio, cuando íbamos a alguna revisión a La Paz o a las sesiones de rehabilitación diarias, en el camino de ida y de vuelta en el coche yo le iba diciendo a Luis números de 3 cifras, y él tenía que darles la vuelta. Me acuerdo del dolor silencioso que me invadía el alma mientras conducía, al darme cuenta de que un segundo después de decirle el número, él no sabía cuál era y debía repetirlo. Poco a poco, a base de perseverar, Luis también empezó a mejorar en esta tarea, y pasamos de las 3 a las 4 cifras. Y para las 4 cifras, bastante tiempo después, algo veía, le obligaba a esforzarse en leer las matrículas de los coches y a darle la vuelta. Y así trabajábamos a la vez varias facetas perdidas.

Paulatinamente, íbamos añadiendo ejercicios y nuevos entornos de estimulación. Se me ocurrió que el agua sería una buena herramienta para la rehabilitación, por sus cualidades terapéuticas y por la facilidad con la que uno se mueve en ella. Le puse a nadar y a jugar en la piscina. Buscaba, como he dicho, incorporar al ejercicio físico el ejercicio neurológico, y que a su vez ejercitara la vista.

Más tarde, compré un tentempié hinchable que tenía una cestita para encestar la pelota. Y con mi hija Elena nos "echábamos" unos partidos acuáticos muy divertidos, mientras yo los "radiaba" gritando como si estuviera ante el micrófono de Joaquín Prat en Carrusel Deportivo de la Cadena COPE un domingo por la tarde.

En casa no somos muy aficionados al fútbol, pero mientras estaba en el hospital, como viera el Dr. López unas zapatillas que llevaba Luis del Atlético de Madrid, le preguntó si recordaba algún jugador de futbol, y Luis contestó: "Falcao", al yo recordar que este jugador era su estrella, radiaba con todo detalle los pases entre Elena y Falcao.

Luis ponía una carita de mucha ilusión. Se estaba divirtiendo. La pelota era bastante grande para que la siguiera con la vista, porque con una del tamaño de las del tenis no hubiera podido. Tampoco la tirábamos demasiado rápido para que no perdiera la trayectoria.

Ya veía cosas: no sabíamos ni cuanto ni cómo. Esto ha sido un proceso de aprendizaje para todos. Se suele pensar en que ves o no ves; sin embargo, hay muchas situaciones intermedias entre los umbrales máximo y mínimo[29].

Igualmente aprovechábamos estos partidos para rehabilitarle la función motora del lado izquierdo, y por ello, en determinados momentos, instaurábamos la regla de que sólo se podía coger y lanzar la pelota con la mano izquierda. Ello le obligaba a él, en el "fragor" del partido, a esforzarse en moverla, y, aunque al principio la movía mal, con el paso de los días también recuperó este movimiento.

Se sentía contento al ver a su padre "radiar" el partido. Ello hacía que quisiera continuar. Precisamente lo que necesitábamos: ilusión en la tarea. Mi hija y yo nos alternábamos en tirarle la pelota y nos reíamos mucho los tres jugando a este *piscifútbol* improvisado.

También compré una diana y un arco con flechas de ventosas para fijar la atención y la vista, y una petanca de dos colores, naranja y azul. Al principio Luis cogía las bolas mezcladas, o cogía las del otro jugador, así que estaba claro que no las diferenciaba por su color, aunque él decía que veía bien. Quizás nos decía esto por no ser consciente de ello, o por miedo a decirnos y reconocer su discapacidad.

Paulatinamente, probablemente debido a la precoz e intensiva "*Rehabilitación de 3 Ejes*" y al paso del tiempo, a juzgar por lo que nos decían todos los doctores y rehabilitadores que habían conocido el devastador informe médico

29. Como he mencionado, al volver a casa debía ver algo de luz en blanco y negro, pero sin enfoque, y no en todo el campo visual. Eso le permitía seguir objetos en movimiento, y por eso no se chocaba al moverse. Ello es típico en la ceguera cortical. En ese momento de los partidos "radiados" no podíamos saber cómo veía la pelota. Por ello se la tirábamos flojita, para que forzara la vista, y también para que cogiera la pelota alternando las manos, si bien Luis entonces no las distinguía.

de la UCI, Luis fue mejorando sustancialmente y con rapidez en prácticamente todas las áreas que el cerebro controla.

La rehabilitación de mi hijo me tuvo completamente absorto durante meses, desde sus inicios. Entre llevarle a las sesiones de rehabilitación, a los diversos médicos, buscar libros especializados, leérmelos, investigar sobre medicinas que pudieran ayudar a Luis, buscar juegos del iPad, PSP, Wii, etc., jugar con él, hacer ejercicio con él, prepararle el zumo y sus pastillas diarias, etc., estaba absolutamente dedicado a él desde que me levantaba, hasta que me acostaba. Y aun así por la noche mientras dormía, se me ocurrían nuevas estrategias y ejercicios; me despertaba y las anotaba en una libreta para ponerlas en práctica al día siguiente, y me volvía a dormir.

Teníamos tantas cosas que hacer, él para rehabilitarse de forma continua y multifacética, sin desatender cualquier aspecto que fuera crítico; yo, para diseñar, organizar, dirigir y coordinar la rehabilitación, que necesitábamos establecer un plan fijo para cada tarea y delegar parcialmente su ejecución en profesores y profesionales que nos ayudaran a hacerlo. Yo necesitaba más tiempo para leer más libros de neuropsicología y de rehabilitación de la visión que me había comprado, casi todos ellos localizados en librerías de Internet.

A primeros de junio hicimos una agenda con todas las horas de la semana, desde que Luis se levantaba y hasta que se acostaba. Organizamos todas sus actividades.

Puesto que antes del accidente Luis iba a clases de hockey sobre hielo, le pedí a su profesor Diego, que se ocupara de entrenarle en ese momento de rehabilitación; lo podía ayudar de una forma más profesional y planificar mejor los ejercicios que yo mismo. Yo, por mi parte, ganaría tiempo para otras tareas necesarias que me requerían dedicación y estudio.

Además sabía que Luis tenía gran respeto a Diego, algo fundamental para que aceptara seguir esforzándose al máximo, puesto que no iba a ser su padre quien le exigiera trabajar duramente. Diego también es entrenador de natación, con lo cual podíamos seguir "atacando" la rehabilitación de Luis por múltiples vertientes.

Le indicaba a Diego qué deficiencias tenía Luis (atención, heminegligencia, movimiento, equilibrio) y le informaba qué necesitábamos trabajar. Diego planeaba ejercicios para que Luis ejercitara la parte afectada. Como es un buen profesor y tiene cariño a Luis, de inmediato se ponía a pensar en ejercicios que le hicieran trabajar la atención y el lado izquierdo. Por ejemplo, mientras Luis nadaba, él arrojaba aros que Luis tenía que recuperar en el agua en el lado correcto. Y pronto empezó Luis a recuperar la movilidad en el brazo izquierdo y el "conocimiento" de cómo nadar.

HORARIO DE LUIS : JUNIO 2012

	L	M	X	J	V
9.00-9.15	NEUROPSICOLOGIA		TRASLADO EN COCHE	TRASLADO EN COCHE	CLASE DE SAXO
9.15-9.45	NEUROPSICOLOGIA		TRASLADO EN COCHE	TRASLADO EN COCHE	CLASE DE SAXO
9.45-10.00	NEUROPSICOLOGIA	LIBRE PARA JUGAR Y	LOGOPEDIA	TRASLADO EN COCHE	CLASE DE SAXO
10.00-10.15	LOGOPEDIA	CONSOLAS DE VIDEOJUEGOS	LOGOPEDIA	NEUROPSICOLOGIA	CLASE DE SAXO
10.15-10.30	LOGOPEDIA		LOGOPEDIA	NEUROPSICOLOGIA	CLASE DE SAXO
10.30-10.45	LIBRE PARA JUGAR Y	TRASLADO EN COCHE	TERAPIA OCUPACIONAL	NEUROPSICOLOGIA	CLASE DE SAXO
10.45-11.00	CONSOLAS DE VIDEOJUEGOS	TRASLADO EN COCHE	TERAPIA OCUPACIONAL	TERAPIA OCUPACIONAL	CLASE DE SAXO
11.00-11.15		TRASLADO EN COCHE	TERAPIA OCUPACIONAL	TERAPIA OCUPACIONAL	TRASLADO EN COCHE
11.15-11.30	TRASLADO EN COCHE	TRASLADO EN COCHE	NEUROPSICOLOGIA	TERAPIA OCUPACIONAL	TRASLADO EN COCHE
11.30-11.45	TRASLADO EN COCHE	LOGOPEDIA	NEUROPSICOLOGIA	LOGOPEDIA	TRASLADO EN COCHE
11.45-12.00	TRASLADO EN COCHE	LOGOPEDIA	NEUROPSICOLOGIA	LOGOPEDIA	TRASLADO EN COCHE
12.00-12.15	LOGOPEDIA EN H. LA PAZ	LOGOPEDIA	NEUROPSICOLOGIA	LOGOPEDIA	LOGOPEDIA EN H. LA PAZ
12.15-12.30	LOGOPEDIA EN H. LA PAZ	TERAPIA OCUPACIONAL	NEUROPSICOLOGIA	TRASLADO EN COCHE	LOGOPEDIA EN H. LA PAZ
12.30-12.45	TRASLADO EN COCHE	TERAPIA OCUPACIONAL	NEUROPSICOLOGIA	TRASLADO EN COCHE	TRASLADO EN COCHE
12.45-13.00	TRASLADO EN COCHE	TERAPIA OCUPACIONAL	TRASLADO EN COCHE	TRASLADO EN COCHE	TRASLADO EN COCHE
13.00-13.15	TRASLADO EN COCHE	NEUROPSICOLOGIA	TRASLADO EN COCHE	TRASLADO EN COCHE	VIAJE A LA PLAYA
13.15-13.30	CLASE DE SAXO	NEUROPSICOLOGIA	TRASLADO EN COCHE	CLASE DE SAXO	VIAJE A LA PLAYA
13.30-13.45	CLASE DE SAXO	NEUROPSICOLOGIA	LIBRE PARA JUGAR Y	CLASE DE SAXO	VIAJE A LA PLAYA
13.45-14.00	CLASE DE SAXO	TRASLADO EN COCHE	CONSOLAS DE VIDEOJUEGOS	CLASE DE SAXO	VIAJE A LA PLAYA
14.00-14.15	CLASE DE SAXO	TRASLADO EN COCHE		CLASE DE SAXO	VIAJE A LA PLAYA
14.15-14.30		TRASLADO EN COCHE			VIAJE A LA PLAYA
14.30-14.45	COMER	COMER	COMER	COMER	VIAJE A LA PLAYA
14.45-15.00	COMER	COMER	COMER	COMER	VIAJE A LA PLAYA
15.00-15.15	DESCANSO DE MEDIODIA	DESCANSO DE MEDIODIA	DESCANSO DE MEDIODIA	DESCANSO DE MEDIODIA	VIAJE A LA PLAYA
15.15-15.30	DESCANSO DE MEDIODIA	DESCANSO DE MEDIODIA	DESCANSO DE MEDIODIA	DESCANSO DE MEDIODIA	VIAJE A LA PLAYA
15.30-15.45	DESCANSO DE MEDIODIA	LIBRE PARA JUGAR Y	DESCANSO DE MEDIODIA	DESCANSO DE MEDIODIA	VIAJE A LA PLAYA
15.45-16.00	DESCANSO DE MEDIODIA	CONSOLAS DE VIDEOJUEGOS	DESCANSO DE MEDIODIA	DESCANSO DE MEDIODIA	VIAJE A LA PLAYA
16.00-16.15	LIBRE PARA JUGAR Y	LOGOPEDIA EN LA PAZ	LIBRE PARA JUGAR Y	LIBRE PARA JUGAR Y	VIAJE A LA PLAYA
16.15-16.30	CONSOLAS DE VIDEOJUEGOS	LOGOPEDIA EN LA PAZ	CONSOLAS DE VIDEOJUEGOS	CONSOLAS DE VIDEOJUEGOS	VIAJE A LA PLAYA
16.30-16.45		TRASLADO EN COCHE			VIAJE A LA PLAYA
16.45-17.00		TRASLADO EN COCHE			VIAJE A LA PLAYA
17.00-17.15	REAPRENDER EL COLEGIO	TRASLADO EN COCHE	REAPRENDER EL COLEGIO	REAPRENDER EL COLEGIO	VIAJE A LA PLAYA
17.15-17.30	MATEMATICAS	TRASLADO EN COCHE	MATEMATICAS	MATEMATICAS	VIAJE A LA PLAYA
17.30-17.45	LEER	CHINO	LEER	LEER	VIAJE A LA PLAYA
17.30-18.00	ESCRIBIR	CHINO	ESCRIBIR	ESCRIBIR	VIAJE A LA PLAYA
18.00-18.30	DIBUJAR, ETC.		DIBUJAR, ETC.	DIBUJAR, ETC.	VIAJE A LA PLAYA
18.30-19.00		CLASE DE SAXO			VIAJE A LA PLAYA
19.00-19.30	EJERCICIO FISICO VIGOROSO	CLASE DE SAXO	EJERCICIO FISICO VIGOROSO	EJERCICIO FISICO VIGOROSO	VIAJE A LA PLAYA
19.30-20.00		CLASE DE SAXO			VIAJE A LA PLAYA
20.00-20.30		CLASE DE SAXO			VIAJE A LA PLAYA

Puesto que Luis tenía el patinaje interiorizado y automatizado, un día de junio, por fin cumplimos lo que inicialmente había pensado poner en práctica en la UCI y luego descarté. Nos pusimos los patines de ruedas y empezamos a hacer ejercicios en la pista. Y los días que Luis y yo patinábamos juntos, Diego nos ponía juegos con los conos a la izquierda y se preocupaba de que tuviera que fijarse en ellos para sortearlos y cumplir las reglas del juego. Más adelante en julio nos atrevimos incluso a meternos en una sesión pública de patinaje sobre hielo.

A Diego le hacía bastante caso, tal y como yo había previsto, aunque es verdad que Luis muchas veces protestaba, e incluso alguna vez hizo ademán de desobedecer. En tales momentos, le decía a Luis que en esa disciplina Diego, el profe, era la autoridad y por tanto había que hacer lo que él decía. Yo mismo daba el ejemplo que iba buscando, y me ponía a hacer lo que Diego me indicaba, y al final Luis acababa haciendo lo que Diego le mandaba aunque le costase.

Si esas pequeñas rabietas eran el precio (psicológico) que teníamos que pagar porque Luis no se quedara con secuelas, barato nos iba a salir este proceso rehabilitador intensivo. Hoy puedo decirlo con orgullo: así fue.

De esta forma pasábamos los días, leyendo, aprendiendo, y trabajando constantemente. Cuando no era el saxo era el deporte o los números. En esos meses, hicimos más kilómetros que el baúl de la Piquer, con el inevitable cansancio, porque todos los fines de semana lo llevaba a la playa para estimularle en el agua y con el sol. Y aunque él lo percibía como un descanso, para mí no lo era: en realidad seguíamos trabajando 14 horas *non-stop*. Al final del día nos íbamos a jugar a los bolos, a las máquinas tragaperras, que también exigen atención y coordinación ojo-mano, y de paso nos divertíamos los dos juntos en el Centro Comercial Dos Mares en San Pedro del Pinatar en Murcia.

• • •

El dolor es inevitable pero el sufrimiento es opcional.

–Buda.

Para no preocupar a mi madre, le había ocultado el accidente. Es mayor y me daba miedo y pena revelarle algo tan duro. Se lo fui ocultando durante semanas, porque la gravedad del accidente me hacía temer su reacción, por si le pudiera dar un ataque de ansiedad o algo peor. Aunque el resto de la familia insistía en que se lo debía haber dicho cuando realmente ocurrió, yo sabía que le hubiera producido un gran dolor, y que nada hubiéramos ganado anunciándoselo en ese momento. Por ello opté por contárselo cuando se viera con más claridad la evolución del niño, y nuevamente, en contra de esas opiniones, preferí esperar a que evolucionara Luis.

Si Luis mejoraba, que era mi esperanza tras haber sobrevivido la primera noche en la UCI, sólo podíamos ganar diciéndoselo a mi madre cuando Luis estuviera mejor y ella misma pudiera verle. Y si Luis hubiera ido a peor tras la primera noche, no hubiera habido mucha diferencia entre decírselo en aquel momento o unas horas más tarde.

En mi familia es costumbre ir a comer con mi madre los sábados. Yo me llevaba siempre a uno de los niños a ver a su abuela. Durante semanas sólo fue Elena conmigo. Cuando mi madre me preguntaba la razón por la que desde hacía semanas sólo venía Elena y no Luis, le contestaba: "Mamá, es que Eleni tenía tantas ganas de ver a su abuela que le ha cambiado el día a Luis". Ella quedaba tan contenta al escuchar una explicación tan cariñosa. Sin embargo, cuando Luis hubo sido dado de alta en La Paz y estaba en casa, y por tanto estaba fuera de peligro, consideré que había llegado el momento de que lo supiera. Un día pues fuimos a recoger a mi madre a su casa. Cuando bajó al portal, la abracé con fuerza y le dije: "Mama, no te asustes. Luis ha tenido un accidente; está mucho mejor, en el coche con Eleni". Y continué la explicación de lo ocurrido.

Ella empezó a llorar; no podía asimilar que Luis estuviera mal. Entonces fue deprisa al coche y abrió la puerta para ver a Luis. Y como al abrirla le vio ahí sentado, en el asiento de detrás, aparentemente bien junto con su hermana, se tranquilizó. No obstante de camino a casa notó que Luis no hablaba normalmente. Y lo que aún no sabía era que su nieto no veía. De esta manera el gran susto y sufrimiento repentino de mi madre al conocer el accidente estuvo, afortunadamente, muy controlado y duró muy poco tiempo. Ello me ha reafirmado en que fue una decisión acertada.

A partir del momento en que mi madre conoció la situación real de Luis, le pedí que nos acompañara a la playa los fines de semana. También ella nos ayudaba en su rehabilitación.

Como farmacéutica me ayudaba a buscar y comparar medicamentos que pudieran contribuir a que el cerebro de Luis se recuperase mejor y más rápidamente. Ella tenía un Vademécum antiguo en el que figuraban muchos medicamentos de soporte cerebral que hace años se comercializaban en España, como el Acinetil (piritinol y otros), dado de baja en 1983, como el Plenumil (piritionol y otros), dado de baja en 1995. Y otros tantos que recuerdo que incluso mi padre nos daba en época de exámenes cuando estudiábamos la carrera.

Consultábamos dicho Vademécum para localizar equivalencias de esos medicamentos en otros países, y ello al menos nos dio la oportunidad de buscar fuera de España los medicamentos que en España no se comercializan por motivos "administrativos" o "económicos", y que en la mayoría de países de la UE siguen vendiéndose, como es el caso del Encephabol (piritinol) que Luis empezó a tomar poco después del accidente.

Por supuesto, no sólo atacábamos el cerebro de Luis por múltiples flancos, a la vez también trabajábamos su vista a través de las consolas de videojuegos, que era algo que a Luis siempre le había gustado y que se le daba bien (como a casi todos los niños) Por tanto era presumible que Luis estuviera dispuesto a esforzarse con ellos y a jugar (trabajar para mí) durante muchas horas.

Además, la Dra. García Ormaechea, en la primera visita en junio 2012, me confirmó que efectivamente los videojuegos le venían bien, tanto para forzar la vista y su recuperación, como el resto de funciones cerebrales. Me puse manos a la obra con ellos. Busqué programas y juegos que me sirvieran para estos fines de entrenamiento visual, y le hacía trabajar la vista con juegos de la PSP, el iPad y la Wii que yo le seleccionaba.

Inicialmente, busqué algún juego muy sencillo para que Luis se sintiera motivado y le ayudara a esforzarse. La PSP y el iPad los usaba para trabajar la vista de cerca, y la Wii para trabajar el enfoque de lejos, porque proyectaba la pantalla de la Wii utilizando un videoproyector y no directamente en la televisión como es habitual.

Al margen de los videojuegos, en esa primera visita, una vez que la Dra. Ormaechea hubo diagnosticado a Luis la ceguera cortical, nos dijo que lo primero que teníamos que hacer era enseñar a Luis a ser autónomo, y en esos primeros días, y dentro de la autonomía que puede tener un ciego reciente, le íbamos enseñando a tantear con las manos, a coger el pan, a hacerse un bocadillo, a ir al servicio, cosas de supervivencia diaria.

Ese día, de vuelta a casa con el diagnóstico de esta doctora confirmando que efectivamente Luis estaba casi ciego, al margen de algunas luces y sombras en blanco y negro que le servían para guiarse, y habiéndome ella explicado que la vista probablemente podría mejorar mucho, y que también podría no recuperarse, puesto que hablando en la jerga de las telecomunicaciones, las conexiones neuronales con el nervio óptico eran *hardware*, y por tanto era posible que nunca se "recableasen" si las neuronas que recogían los impulsos del nervio estaban muertas o muy dañadas, me puse a pensar en el futuro de Luis, en qué sería de él y como se ganaría la vida, si es que se la iba a poder ganar de alguna manera si se quedaba ciego definitivamente.

Ese pensamiento, lleno de incertidumbre y temor, fue una imagen recurrente que me acompañó durante muchos meses después, como la de un jugador empedernido que, con una mezcla entre esperanza y temor, tira los dados incesantemente sobre el tapete una y otra vez en busca de la mejor jugada.

Esta pésima noticia la tomé bastante bien, lo que sorprendió tanto a la propia doctora que me dijo: "¡Papa de Luis te veo fuerte!".

La realidad es que tras el gravísimo accidente y haber visto a Luis muerto en vida en la UCI, como se ve en el vídeo que conservo, y por todo ese sufrimiento del mes de mayo, yo encajaba cualquier cosa: ninguna podría ser peor que haber visto a mi niño en ese estado y, sobre todo, porque en mi interior sabía que el motor de la "*Rehabilitación de 3 Ejes*" ya se había puesto en marcha diariamente con Luis, y estaba convencido de que ese motor nos iba a llevar aún más lejos que la sonda interestelar Voyager 2 en su viaje pasados los confines del Sistema Solar.

Como he comentado, desde que Luis llegó a casa iba consiguiendo hacer cosas porque veía algo de luz, esas luces y sombras en blanco y negro que le permitían esquivar obstáculos. Mi hijo nos engañaba sobre lo que veía, porque, al margen del Síndrome de Antón que explico más adelante, no quería que sus padres supieran que estaba ciego, de la misma forma que quiso ocultar que se había clavado la navajita.

Con toda clase de triquiñuelas, pretendía simular que veía. Le enseñábamos, por ejemplo, una fruta y como no la veía contestaba la primera que se le ocurría con el método de prueba y error. Se equivocaba con mucha frecuencia; sólo que, como también en algunas ocasiones por alguna razón acertaba a la primera, nos hacía pensar que era cierto lo que nos decía y eso nos daba esperanzas.

Le observábamos mucho. Pudimos comprobar cómo cada día conseguía hacer algo nuevo. Un día era capaz de coger el tenedor aunque el día anterior no pudiera, o ponerse la camisa o un zapato.

No olvidemos que Luis empezó su "*Rehabilitación de 3 Ejes*" en el mismo hospital, y más aún en la propia UCI, por lo que desde el primer día que volvió a casa la mejoría se percibió de inmediato. La recuperación inicial fue espectacular, probablemente debido a esa rápida intervención, como posteriormente nos fueron confirmando los doctores que conocieron su caso.

En este periodo inicial hasta finales de julio, al estar muy infantilizado, Luis protestaba poco y hacía todo lo que le pedíamos, tal vez debido a que al tenerle semi militarizado, tampoco tenía excesiva oportunidad de protestar; lo cierto es que conseguíamos que hiciera lo que se le decía.

Tiempo más tarde, debido tal vez a ser más consciente de su propia mejoría, o tal vez en ocasiones por conformarse con ésta, o probablemente por el cansancio acumulado, o quizás por ir recuperando poco a poco su propia personalidad, lo cierto es que aproximadamente a los seis meses de estar trabajando continuamente tuvo una temporada de rebeldía. Ello también pudo obedecer a esa época complicada de la vida que supone la pubertad y más aún al coincidir con todo lo anterior.

Lo que es innegable es que algunas veces Luis se ponía peor que un toro bravo de Osborne. Casi llegaba a agotarme la paciencia. En esos momentos me venía a la cabeza la imagen viva de Luis encarnado en aquel otro animal, en ocasiones tan entrañable, Platero, el burro del libro de Juan Ramón Jiménez, pero que en aquellos instantes se asemejaba más al rucio de Sancho Panza.

En las Navidades de 2012, tras finalizar la "inmersión" en matemáticas a la que sometí a Luis con 4 horas de clase al día, éste experimentó tal mejoría, que él mismo se dio cuenta y se volvió más responsable que nunca, y abandonó la rebeldía.

Nuevamente, el tiempo había confirmado que, aunque hubiera sido duro para él y para todos en casa someterle a ese ritmo de trabajo endiablado, la recompensa había sido de enorme valor para su calidad de vida, para su futuro.

La "*Rehabilitación de 3 Ejes*" y el esfuerzo continuado durante siete meses (de junio a diciembre) habían marcado los dados de aquel jugador empedernido que meses antes los tiraba incesantemente sobre el tapete; pero que ahora ya no los lanzaba temeroso: sabía que cualquier jugada que saliera, aunque no fuera un *repoker*, sería una jugada ganadora. Pero, en aquel momento a él ni tan siquiera esa jugada le conformaba; iba en busca de una "escalera", y no una "de color", sino aquella que conduciría a Luis a la segunda planta de su cole, donde se impartían las clases de 2º de la ESO.

Volviendo a mayo de 2012, desde por la mañana le poníamos a hacer cosas. Siempre había algo que ejercitar. He contado cómo cuando íbamos en el coche de camino a las sesiones de rehabilitación neuropsicológica, aprovechábamos para hacer ejercicios de series de números que él tenía que decirme al revés, o para leer las matrículas de los coches, o para recordar y decirme los significados de las señales de tráfico cuando pudo verlas.

Si llegábamos pronto al centro de rehabilitación, mientras yo me tomaba un café, le ponía a jugar con el iPad a algún juego de atención o destreza que le había preseleccionado.

Cuando volvíamos a casa, comíamos. En general, Luis dormía después una siesta. El sueño es fundamental para los procesos de regeneración del cuerpo. Luego, nos poníamos a hacer el ejercicio físico diario, correr, algo de pesas, nadar y hacer ejercicios de pelota en el agua, patinar y hacer ejercicios de esquivar conos, botar y tirar la pelota en el baloncesto, o a jugar al tenis, cuando estuvo mejor y pudo ver. El caso era hacer deporte vigoroso todos los días, y así estuvimos durante bastantes meses sin fallar, como quien dice, ningún día.

Después del ejercicio, cuando su mente estaba descansada, nos volvíamos a poner a trabajar con ella. Hacíamos ejercicios de atención, o fichas de lectoescritura para recuperar la escritura, o bien operaciones matemáticas sencillas; o venía una profe de inglés llamada Iraida, o bien tareas de visioconstrucción, por ejemplo los Legos o los Bionicle[30],

30. "Bionicle" fue una serie de juguetes de construcción fabricados por Lego Group que está dirigida a una franja de edad comprendida entre los 7 y los 16 años de edad.

o bien el chino y luego la música, etc. Y los videojuegos de la Wii o la PSP al final del duro día, como premio y para "descansar".

Lo importante era trabajar 14 horas al día en diferentes tareas que supusieran al cerebro un trabajo continuo y variado, con cambios múltiples, como recuerdo de las habilidades que Luis tenía antes del accidente.

Hasta comiendo le hacíamos trabajar el brazo y la mano afectada. Comíamos en casa los cuatro con la mano izquierda para convertirlo en juego. Mi hijo se esforzaba y, por ejemplo, se servía la *Coca-Cola* también con la izquierda. Buscábamos infatigablemente cosas nuevas que hacer para ejercitar su lado izquierdo.

Decidí también que no se podían escatimar recursos económicos para su rehabilitación, incluso a sabiendas de que tantas horas de trabajo diarias provocarían una cierta pérdida de eficiencia en la relación "euros invertidos-rehabilitación conseguida". Sin embargo, incluso las horas en las que el rendimiento de Luis bajaba por cansancio, mientras no fuera un cansancio extremo, suponían a la postre y en términos absolutos seguir sumando minutos de rehabilitación multitarea, aunque algunos de ellos se aprovecharan menos. Además, para combatir esa pérdida de eficiencia por cansancio, lo que hacíamos era alternar tareas, incluyendo el deporte y los juegos de videoconsola, que para mi hijo suponían un descanso.

Por tal motivo puse a Luis profesores particulares para múltiples actividades. Necesitaba delegar en ellos, para poder seguir leyendo y estudiando libros de neurología y oftalmología que pudieran ayudarme. Además, debía ocuparme de la planificación, organización y coordinación de todos los agentes que estábamos interviniendo en su rehabilitación y, a la vez, estaba en la obligación de continuar atendiendo mi propio trabajo.

Trabajábamos de manera paralela o complementaria a las horas de rehabilitación neuropsicológica privada que hacía Luis en un centro privado, incluso en contra de la opinión de algunos rehabilitadores, que nos insistían en que, en su opinión, era demasiado esfuerzo para él. Con todo, ello nos permitió hacer muchas más horas de rehabilitación en casa, de manera más cómoda, divertida y llevadera. Y, por qué no decirlo, acotando ciertamente el coste total de ésta.

Ello será habitualmente así, considerando que el precio de una hora de neurorehabilitación privada no es bajo[31], que el sistema nacional de salud proporciona un número de horas de rehabilitación insuficiente –al menos así fue con mi hijo–, y que pueden ser cientos[32] las horas de neurorehabilitación, que deba contratar una persona en un estado similar para recuperarse todo lo posible.

Peor sería retrasar y limitar la rehabilitación del paciente por tener éste que acomodarse a los horarios y disponibilidades del centro privado, en lugar de avanzar en casa con los innumerables ejercicios y mecanismos de rehabilitación que, de manera sencilla y eficaz, se pueden desarrollar allí. Ello limitaría la rehabilitación en su conjunto a las horas que uno, en función de su capacidad económica y en función del horario del centro de rehabilitación, pudiera contratar.

31. En el 2012 los precios por hora de neurorehabilitación en un centro privado se encontraban en el entorno de los 40-60 euros.

32. Si hiciéramos el cálculo aproximado de las horas invertidas en la rehabilitación de Luis, durante los doce meses que duró ésta, incluyendo la rehabilitación privada y la que hizo en casa, y considerando por ejemplo 8 horas al día, obtendríamos tres mil horas aproximadamente ejecutadas en doce meses.

Reitero: es imprescindible escuchar las opiniones e indicaciones de los profesionales; a la vez, es importante estudiar y leer libros especializados con objeto de formarse una opinión fundamentada, analizando todo ello, aplicando el sentido común, para finalmente tomar una decisión que optimice la rehabilitación del enfermo.

Me recomendaban que no cansara a Luis, que no le hiciera trabajar tantas horas: el sentido común y el estudio decían justo lo contrario. El descanso es sin duda necesario para el buen funcionamiento del organismo, para obtener nuevas fuerzas y permitir los procesos de regeneración del cuerpo. No obstante, había que trabajar mucho y pronto, descansar sólo lo necesario, para recuperar cuanto antes los caminos neuronales. Recuperar lo aprendido era urgente. Cuanto más tiempo pasara, más difícil sería luchar contra el olvido. Luis tenía que trabajar, pues, en las diferentes áreas: escribir, hablar, ejercicio, idiomas, música. Todo alternativamente y formando parte del mismo plan de acción para atacar su cerebro en todas sus vertientes.

Elena, en su papel protector de madre, en determinados momentos tuvo dudas acerca de si no estaríamos exigiendo a Luis demasiado, y si no sería mejor seguir la opinión de algunos rehabilitadores que insistían en que no debíamos cansarle. Pero el tiempo y la espectacular recuperación de Luis, disiparon esas dudas que en diversos momentos pudieron cuestionar el método, e incluso poner en riesgo la continuidad de la estrategia.

También he comentado como muchos meses después, en septiembre 2012, el Dr. Tegenthoff confirmó que, en su opinión, la clave de este éxito estuvo en trabajar tan duro y tan rápido. Otros médicos y rehabilitadores me dijeron lo mismo. Además, había leído en varios libros que lo que no se rehabilitara en el primer año sería difícil recuperarlo. Por eso, no me podía arriesgar a dejarle descansar más de lo justo: del cansancio se recuperaría perfectamente un niño de 12 años; de las lesiones neurológicas, no, si no se rehabilitaban a tiempo. De manera que no había alternativa.

• • •

La muerte para los jóvenes es naufragio y para los viejos es llegar a puerto.

–Baltasar Gracián.

Aun cuando yo era una persona habituada al estrés, por los continuos y múltiples problemas que generaba la empresa y los varios cientos de personas que trabajaban en ella, acostumbrado además a combatirlo mediante ejercicio y otras técnicas contra el estrés[33], lo cierto es que los primeros seis meses de rehabilitación de Luis fueron extremadamente estresantes para mí. Desde que me levantaba hasta que me acostaba vivía con la constante sensación de que no corría lo suficiente con su rehabilitación; me exigía constantemente "más y más" en su consecución.

Igualmente, y como en tantas otras ocasiones ocurriera en la empresa, tuve que priorizar los recursos escasos, que en este momento eran el tiempo de Luis y el mío propio, y decidí, creo que con razón, que lo más importante de todo era mi hijo y su rehabilitación. Aunque tal decisión, en ese momento, me granjeara críticas en casa y fuera de ella. En efecto, el inicio de la rehabilitación de Luis coincidió con el

33. Khalsa, Dharma Singh, Stauth, Cameron, Brain Longevity. The Breakthrough Medical Program that Improves.

duro momento por el que atravesaba su madre, Elena, debido a su tratamiento de quimioterapia, en respuesta a un cáncer de mama. En esos difíciles momentos para todos, no pude ocuparme de ella.

Recuerdo que con gran frialdad de cabeza en junio de 2012 mi razonamiento, que posteriormente en diversas ocasiones expliqué a Elena fue el siguiente: ella, igual que yo, estábamos casi en los 50 años, y habíamos, por tanto, vivido 2/3 de nuestra vida. Habíamos cumplido gran parte de nuestro ciclo de vida; sólo nos restaba morir, antes o después. Luis, en cambio, estaba en los inicios de su ciclo, tenía toda la vida por delante, necesitaba recuperarse al máximo para poder vivir una vida normal. Por esta razón concluí dos cosas, que luego guiaron mi actuación durante los meses posteriores:

- Lo único que se podía considerar una tragedia en casa era el accidente de Luis, que le podría condicionar toda su vida. La enfermedad de Elena madre formaba parte de su ciclo de vida, como persona en fase madura, era una más de las múltiples mujeres afectadas por cáncer de mama. Las expectativas de recuperación eran además muy buenas dado que sus tumores se habían detectado en un estado incipiente, y se los habían extirpado rápidamente y con éxito.
- A la hora de asignar mis horas disponibles a lo largo del día, mi prioridad la situé por encima de cualquier otra cosa en la rehabilitación de Luis; durante meses estuve dedicado prácticamente en cuerpo y alma a él.

La consecuencia de ese análisis fue que, gracias a él, Luis tuvo una recuperación desconocida.

En definitiva en aquel momento, se hizo preciso decidir lo que creí más importante; concluí que no había nada más importante, ni de tanto impacto en el mañana, que la futura calidad de vida de Luis.

Eleni y él eran el futuro, y, se mirara como se mirara, su madre y yo representábamos el pasado.

Como he mencionado, durante la rehabilitación, Luis tuvo la agenda de un ministro. Aunque no era frecuente, alguna vez hasta se encaró conmigo para que le dejara en paz. Un día exclamó: "Que sepas que cuando seas mayor y no te puedas defender te voy a pegar, que no te va a querer nadie, ni tan siquiera *Socks*" (*Socks* es nuestro perro). Y yo, bastante inmune a esos ataques psicológicos, le contestaba: "Que sí Luis, vale, mejor que no me quiera nadie, no me importa; de momento, tú te pones a dar la clase".

Y me iba riendo; sabía que Luis quería ponerse a jugar, como cualquier niño, y que sus rabietas eran fruto del esfuerzo, del cansancio; aunque tampoco estaba sufriendo una tortura, y cuando fuera mayor realmente se daría cuenta del incalculable valor del trabajo hecho.

Como veremos más adelante, tras las vacaciones de Navidades de 2012, cuando por las noches Luis hacía a oscuras los ejercicios de los ojos frente al ordenador, muchas veces empezaba a cantar él sólo. Al oírle yo le decía que no se distrajese y que se concentrara, porque está demostrado que la "concentración en querer conseguir algo" es un elemento fundamental para que el cerebro establezca las nuevas conexiones neuronales que lo permitan[34]. Escucharle canturrear me indicaba que, incluso con el cansancio acumulado de 8 meses de trabajo, estaba muy feliz con su progreso y la reincorporación a su vida normal.

---

34. Arden, John B., Rewire Your Brain. Think your way to a better life, Wiley, 2010.

En ese momento, pasados los primeros meses tan difíciles de reincorporación al cole en septiembre, cuando aún no se había rehabilitado totalmente, iba contento a clase, y en diciembre, tras su espectacular mejoría, fruto de la inmersión en las matemáticas, se le notó aún más feliz, y hasta empezó a tomarse el zumo sin protestar. De hecho empezó a decir que le gustaban las matemáticas al ver "que le salían".

Antes de ello a su hermana en algunas ocasiones le decía que no se tomaba "el zumo" hasta que no se fuera de la cocina, y así alguna vez se "deshacía" de él por el fregadero; no obstante, cuando fue consciente de lo mucho que hubo mejorado gracias a las "torturas", aceptó de buen grado estos sacrificios que hubo que hacer para ponerse bien del todo.

Luis nunca estuvo *tiranizado* ni mucho menos. Fue imprescindible no ser "blando" en la rehabilitación, porque la mal entendida "compasión" sólo podía lograr que perdiera la oportunidad de rehabilitarse. Gran esfuerzo y sacrificio por parte de todos: sin duda lo mejor para él. Y por mucho que se enfadara –o mejor dicho– que pretendiera hacer que se enfadaba, todas las noches subía a darme un beso de buenas noches antes de dormirse. Así que no me guardaba "rencor" por no haberle permitido no hacer la rehabilitación y adoptar una postura más cómoda para él y para todos.

A título informativo para los padres que se encuentren en esta situación y tengan miedo de que su hijo les pueda guardar rencor, les diré que existen múltiples estudios que demuestran que los padres que han sido firmes con sus hijos, para darles una educación y para que salgan adelante en su futuro, son mucho más queridos por ellos, que aquellos que han sido "blandos" y permisivos, en muchas ocasiones por la propia comodidad[35].

---

35. Dr. Townsend, John, y Dr. Henry Cloud, Límites para sus hijos, Ed. Zondervan.

También me doy cuenta del valor que tuvo Luis. Soy consciente del esfuerzo que hizo en esos meses en que luchó como un Titán de los Doce de la Mitología Griega. Y a pesar del miedo e inseguridad que debió provocarle el accidente, fue capaz de superarlo. Consiguió recuperarse con enorme trabajo y en tantos frentes a la vez. Por ello hoy le veo como un héroe, como ese al que canta Mariah Carey en su canción *Hero* que tocamos juntos en nuestro repertorio.

CAPÍTULO 8

LUIS ESTÁ CIEGO

En dos palabras puedo resumir cuanto he aprendido acerca de la vida: Sigue adelante.

–Robert Lee Frost.

He comentado que cuando llegamos a casa a finales de mayo, tras darle de alta en el hospital, Luis afirmaba que veía, y que, sin embargo, se tumbaba en el sofá y miraba al infinito, sin fijar la vista. Tampoco quería moverse. Su madre y yo nos hallábamos totalmente despistados acerca de si veía o no. Parte de este despiste obedecía a que realmente daba muchas muestras de no ver. Parte se debía a la esperanza que ambos guardábamos que no fuera así. Interpretábamos cualquier signo positivo como que Luis veía. Y cuando le preguntábamos, él decía convencido que sí, que veía.

En aquel momento ignorábamos la existencia del Síndrome de Antón. Este síndrome explica las respuestas afirmativas que nos daba Luis cuando le preguntábamos insistentemente acerca de ello. Más tarde supimos que estaba prácticamente ciego. En rigor, lo único que distinguía era algo de luz en determinadas zonas.

Nuestra casa algunas veces es algo ruidosa. Sea porque Luis y yo tocábamos el saxofón, o porque habituados a ello en ocasiones hablamos alto, o porque cuando ensayamos ponemos la música de los CD *play along* de acompañamiento a cierto volumen. El caso es que cuando Luis volvió a casa me di cuenta de que había desarrollado una gran sensibilidad en el oído (parte no dañada del cerebro).

Para nuestra sorpresa, cualquier sonido un poco fuerte le molestaba. Observé que esa hipersensibilidad la había desarrollado en poco tiempo, probablemente como consecuencia de la ceguera adquirida tras el accidente. Eso me hizo comprender la hipersensibilidad del ciego frente al sonido como mecanismo auto-adquirido para compensar la carencia del sentido de la vista. He mencionado que Luis tiene oído absoluto, que es capaz de identificar el nombre de las notas al escucharlas. Así que Luis, con un oído bastante perfeccionado, pudo desarrollarlo todavía más durante este periodo de ceguera.

Cuando empezó a recuperar la vista, fue perdiendo poco a poco esa hipersensibilidad; su oído volvió a ser el de cualquier vidente. En ese tiempo algunas personas, en su intento de consolarme, me decían que era una suerte que Luis hubiera perdido la vista y no el oído, porque la comunicación es una necesidad fundamental en el ser humano, y el oído permite hacer una vida integrada en sociedad sin quedarse aislado. El ciego sigue integrado en el mundo y se comunica. Sin embargo el sordo, en general, se siente aislado. Esto era un consuelo relativo.

Todavía en el hospital, el primer día que vino el pediatra nos dio una gran alegría. La mejoría de Luis en los últimos días era patente y yo le iba contando al médico cuanto hacíamos en la habitación. El médico pidió a Luis que cogiera un bolígrafo que le mostró frente a los ojos, y nuestro hijo lo hizo moviendo la mano derecha hasta agarrarlo. El doctor dijo "este niño ve" y, aunque con dudas, me quedé reconfortado.

Sin embargo, en la primera revisión oftalmológica en junio en la consulta de la Dra. García Ormaechea, ésta le diagnosticó ceguera cortical pura.

Yo en aquel entonces no conocía a esta doctora. Llegué a ella a través de la ONCE. Luego he sabido que esta oftalmóloga es conocida y afamada, y, a tenor de lo bien que atendió a Luis, debo decir que bien merecido lo tiene.

Gracias a ella Luis obtuvo el primer diagnóstico acertado sobre sus lesiones de la vista.

En el mes de junio Luis estaba prácticamente ciego. Como mucho, debía ver un poco de luz en las zonas no dañadas y se guiaba por ella, aunque él decía que veía perfectamente. Dos meses después del accidente, veía objetos, aunque con enormes manchas de ceguera y sin enfoque, según dice el primer informe de la doctora. Sin embargo, en la revisión que ésta le hizo en septiembre de 2012, casi tres meses después, se veía que éstas se habían reducido.

Estas manchas se llaman escotomas y son zonas de pérdida de visión del campo visual. Manchas ciegas más o menos extensas que cubren una porción del campo visual, y en ellas la vista disminuye o se pierde.

En mayo, cuando todavía estábamos en el hospital, nos tranquilizó mucho la opinión del pediatra cuando afirmó: "Este niño ve". Luego nos percatamos de que era un diagnóstico grosero, que realmente existe una considerable complejidad y un campo mucho más grande de posibilidades intermedias que la contenida en la simple expresión "ve o no ve".

Hasta que la Dra. García Ormaechea le diagnosticó no supimos en realidad qué veía Luis, si veía.

Su visión debía parecerse a mirar a través de un tubo: algo de visión central semiborrosa, puesto que era capaz de seguirme por los pasillos, evitando las sombras y siguiendo la luz. Por otra parte, Luis tenía Síndrome de Antón, típico en la ceguera cortical según pude estudiar. Se caracteriza por la negación psíquica de la ceguera cortical orgánica y verdadera; el paciente afirma que ve, no porque pretenda engañar, sino porque él mismo cree que ve, imagina cosas que cree ver.

Tenía asimismo agnosia visual; esta se define como incapacidad cerebral para reconocer o comprender estímulos visuales. La persona con agnosia visual puede ver con normalidad, puesto que el funcionamiento de su sistema visual puede ser correcto, pero es incapaz de interpretar o reconocer lo que está viendo. Tampoco tiene por qué presentar déficit alguno en sus capacidades mentales generales, aunque ese no era el caso de mi hijo.

Son casos raros, que se dan con poca frecuencia; aunque en estos meses he leído en los periódicos casos de personas, como el caso de Esther Chumacillas, que siguen teniendo esta agnosia visual después de muchos años de haber sufrido el accidente o la enfermedad que la provocó. La agnosia visual suele estar provocada por una lesión bilateral del lóbulo occipital o temporal del cerebro.

En tercer lugar, Luis también estaba afectado de una heminegligencia, que con frecuencia se confunde con la ceguera. Aunque el cerebro "ve" las cosas, las ignora; por eso se confunde con la ceguera; no se sabe por qué no ve. El cerebro "hace como si no las viese", porque normalmente un hemisferio queda más afectado que el otro, y el hemisferio menos afectado empieza a prevalecer y a asumir las funciones del otro (en un individuo sano los dos hemisferios compiten en equilibrio y asumen sus funciones cada uno).

Esto sobreviene de tal manera que el sujeto ignora lo que ve. En el caso de Luis, en el lado izquierdo porque su cerebro estaba más dañado en el hemisferio derecho. Por eso concluí que debía hacerle trabajar su lado izquierdo en todos los ejercicios que le pusiera[36].

• • •

La experiencia es el bastón de los ciegos.

–Jacques Roumain.

Durante el proceso que seguimos con el Equipo de Orientación Educativa Especial de Discapacidad Visual de la ONCE-Comunidad Autónoma de Madrid comprendí que es una gran organización y, al menos en el trato que le dieron a Luis –y no creo que haya razón para considerarlo una excepción–, ciertamente bien coordinada.

Es sabido que la ONCE es una organización única en el mundo. Su trabajo a favor de las personas con graves problemas de visión es extraordinariamente valioso. Al principio no podía suponer la forma en que me facilitarían todo, y ello junto con su profesionalidad, me dejaron gratamente sorprendido; debo decir que estamos enormemente agradecidos a los profesionales de la ONCE por su ayuda y altruismo.

---

36. En los libros de neurología, de oftalmología, otros sobre terapias de rehabilitación, que leí para entender las lesiones de Luis, encontraba respuestas y soluciones, y me iba formando un criterio para ayudar a la rehabilitación de su vista. En todos ellos aprendí la necesidad de la intervención temprana y los ejercicios recomendados. A la Dra. Ormaechea le contaba todo ello, y con su aprobación, iba haciendo en casa lo necesario para que Luis volviera a ver, ajustando el plan de acción a sus necesidades de recuperación.

En julio, tras la primera visita a la Dra. Ormaechea, de acuerdo con la ONCE, y dado que las vacaciones del personal del centro eran inminentes, ésta decidió que Luis empezara a asistir a la ONCE en septiembre para evitar comenzar un tratamiento que se interrumpiera enseguida. Me dieron cita a inicios de mes. Fuimos al CRE, que es el centro de la ONCE donde atienden a niños que han sufrido accidentes o enfermedades causantes de ceguera o sordera. Acudí a la cita con el diagnóstico sobrecogedor que me habían proporcionado en el hospital. Aunque en los cuatro meses transcurridos, Luis había mejorado tanto que era difícil identificarle con el niño descrito en ese informe, a pesar de que todavía tenía escotomas grandes y mucho que rehabilitar.

Para ellos nuestro caso era casi desconocido por la fulgurante recuperación. Le hicieron las pruebas necesarias para un diagnóstico correcto y aplicaron el sentido común en todo momento para encontrarla solución mediante el tratamiento que necesitaba. Y de forma gratuita.

La oftalmóloga Dra. María Antonia Ramos y la técnico de rehabilitación convinieron, a la vista de lo mucho que había mejorado Luis, en que su problema de lectura era debido a la situación lateral de los escotomas en los dos ojos. Pero que había una vía central por la que veía, y consideraron la posibilidad de enseñarlo a leer verticalmente girando los libros 90 grados aprovechando ese canal central. Al ver cuánto había mejorado desde el primer examen en el que le diagnosticaron la ceguera cortical, decidieron darle un tiempo adicional para observar cómo evolucionaba antes de enseñarle cosas que entrañasen cierta dificultad y mucha práctica, postergando así el inicio de esa actividad.

Sin embargo, sí comenzaron a entrenarle en diversas estrategias para leer mejor, como ayudarse con una regla para marcar las líneas, ir siguiendo las letras con el dedo o utilizar un atril. Yo pensaba que, aunque eran técnicas sencillas, como muchas otras cosas que me he ido encontrando en la rehabilitación de Luis, podrían facilitarle mucho la lectura. Saber esto ayudaba a la rehabilitación desde casa.

En otra visita al CRE, en octubre de 2012, cuando Luis ya iba al cole, el técnico de rehabilitación le hizo unas pruebas de velocidad en lectura para valorar la influencia de los escotomas. Luis cada vez leía mejor, aunque todavía despacio y mal. Su diagnóstico fue que con esa velocidad lectora no podría escolarizarse adecuadamente en el medio plazo, con independencia de que en ese momento pudiera con esfuerzo seguir las clases. Había pues que enseñarle además estrategias para que pudiera leer más rápido y de esa manera, a medio plazo, pudiera mantener el mismo ritmo escolar que el resto de niños.

En julio yo tenía a la vista, y nunca mejor dicho, el objetivo de que Luis se pudiera incorporar al colegio en septiembre, lo que indudablemente supondría subir otro peldaño más en su rehabilitación, si lo lograba. Para ello era necesario que Luis leyera con una mínima velocidad y comprensión. Por esa razón, antes de visitar la ONCE, había comprado en Internet unos sets oftalmológicos de ejercicios de movimientos sacádicos, que son los que hacen los ojos al leer, para que Luis mejorara la lectura. Y los estuvimos haciendo durante el verano, para que así consiguiera mover los ojos adecuadamente evitando parcialmente los escotomas: esos movimientos los tenía también afectados.

No obstante, el técnico de rehabilitación, tras valorar la velocidad de lectura de Luis, y detectar que efectivamente tenía dificultades, nos recomendó el programa EFILECT de optimización de la eficiencia lectora en alumnos con baja visión, e igualmente el programa de optimización de la lectura denominado ACEREADER, que también había adquirido yo antes por consejo de la Dra. Ormaechea, aunque no lo había usado mucho todavía, dado que Luis tenía tantas facetas que rehabilitar, que materialmente no teníamos tiempo para acometer todas a la vez y debíamos priorizarlas.

Con la ayuda de la ONCE, Luis empezaría a hacer esos ejercicios de velocidad de lectura con ficheros específicos que me entregó el técnico. No obstante, le dije que tendríamos que retrasar algo su comienzo, dado que Luis tenía muchos deberes y neurorehabilitación que hacer, y no le daba tiempo a todo. Seguíamos teniendo que priorizar actividades.

Como se puede observar en el horario incluido en el capítulo de la vuelta al cole, en septiembre, Luis tenía que hacer a diario, además de todos los deberes de 1º de la ESO que le mandaban en el cole y que eran muchos, los ejercicios de rehabilitación neuropsicológica, las clases específicas de matemáticas para rehabilitarse en el cálculo, ejercicio físico día sí y día no (tuve que reducirlo por imposibilidad de sacar tiempo para todo), los ejercicios de los ojos que hacía en el ordenador por las noches.

Con posterioridad, en la visita el 19 de diciembre, la Dra. G. Ormaechea nos dijo que los escotomas se habían reducido aún más, aunque seguían perturbando la lectura, que los colores los percibía perfectamente, incluso los tonos más pálidos (en la revisión anterior aún mostraba unas pequeñas deficiencias al discriminar colores), y que su agudeza visual de cerca y de lejos era la normal de cualquier niño de su edad. Había mejorado mucho en todo, en particular en la reducción de los escotomas, una de las cosas que más costó rehabilitar.

Meses más tarde, en enero de 2013, como consecuencia de la reducción progresiva de los escotomas y de la mejoría general, Luis había incrementado enormemente su velocidad de lectura.

En ese momento también empecé a tratar de devolverle ese hábito que había perdido tras el accidente. Los Reyes Magos de 2013 le trajeron un libro de zombis, un tema de lectura que a Luis le gustaba mucho y que yo había elegido con la esperanza de que se "enganchara" y retomara el hábito de la lectura a pesar de los escotomas. Acordamos que, al acostarse, leería siete páginas al día (con viñetas), y que al día siguiente me contaría en el coche de camino al colegio lo que había leído. Debo aclarar que el pobre se acostaba cansado todos los días, y se quedaba dormido casi antes de abrir el libro.

El 9 de enero de 2013 estuvimos nuevamente en la ONCE haciendo pruebas a Luis para que evaluaran cuáles eran las tareas relacionadas con la vista que seguían afectadas. Aunque en casi todo había mejorado mucho, había actividades en las que seguía teniendo problemas, como hacer sencillos puzles, por su problema en el hemisferio cerebral derecho con la construcción visioespacial. Todavía no "giraba" mentalmente las piezas, y fallaba también algo en reconocimiento de patrones visuales, a pesar de que esta prueba le salió bastante bien. En atención había mejorado mucho; gracias a eso las tareas de identificación de figuras que antes hacía mal, las reconocía bien. Igualmente, en percepción había mejorado mucho.

En su conjunto la mejoría era impresionante. Necesitaba, de todos modos, seguir trabajando el cálculo mental y las tareas relacionadas con la interpretación visual.

La orientadora escolar y la trabajadora social de la ONCE-CAM, se interesaron por su rendimiento en el colegio, y se ofrecieron para llamar a los profesores y psicóloga del colegio en nombre de la ONCE-CAM, para orientarles en la forma de ayudar a Luis para recuperar con rapidez el mejor nivel académico: al costarle tanto leer y las operaciones matemáticas, tenía que esforzarse mucho todavía.

Tras realizar a Luis otro día diversas pruebas de tareas ejecutivas, fuimos felicitados por el trabajo y el esfuerzo hecho, y por lo que Luis había conseguido. A su vez, fuimos animados a terminar este libro, para que pudiera ayudar a otras personas, tanto niños como adultos, que pudieran sufrir algún accidente en el futuro o que tuvieran la necesidad y la ambición de recuperar, mantener y mejorar sus capacidades visuales y cognitivas.

CAPÍTULO 9

INFORMACIÓN QUE SE NECESITA PARA UNA REHABILITACIÓN EFICAZ

Lo que sabemos es una gota de agua; lo que ignoramos, el océano.

–Isaac Newton.

Estoy convencido, de que la Rehabilitación de 3 Ejes que pusimos en práctica podrá ser de interés para otros padres y otras personas que se encuentren en una situación similar al caso de Luis, porque él se recuperó mucho en tan sólo cuatro meses después del accidente, y tras diez meses de intenso trabajo, su recuperación ya había sido prácticamente completa. Algo casi desconocido a juicio de muchas voces autorizadas en la materia. Por todo ello, fui alentado a escribir este libro.

Mi primer consejo: recalco la necesidad de leer, leer mucho, documentarse lo más posible, incluso aunque no se entienda en toda su magnitud cuanto se lee.

Si un niño o cualquier persona adulta lee en un libro, por ejemplo, acerca de cómo funciona una calculadora internamente (sus algoritmos) probablemente no lo entenderá. Si además explica cómo se usa, lo más probable es que el niño sepa utilizarla, porque algo que es complejo en algunas circunstancias puede ser sencillo en otras. No hace falta entender o saber cómo funciona una calculadora para operar con ella.

Es algo que recalcaría a padres o familiares cercanos: que lean e intenten comprender bien lo que le pasa a su hijo o ser querido. Les ayudará mucho para poder interpretar la información que reciban de los médicos. Así podrán entender mejor su consejo y si en casa u otros lugares se puede hacer más, aunque sea fuera del sistema nacional de salud. Esto les será útil para formarse una opinión y comprender la jerga científica, buscando la información o preguntando a los médicos.

Aunque he mencionado antes algún ejemplo, comentaré nuevamente la heminegligencia de Luis, quien no era consciente de lo que procesaba por el lado derecho, por eso no comía el alimento de ese lado del plato. No veía o no procesaba ese campo y no podía mover apenas los miembros de ese lado. Leí diversos libros sobre la ceguera cortical y su rehabilitación, sobre los escotomas y sobre los aspectos que debía rehabilitar. Todo ello me ayudó mucho a dar con los ejercicios adecuados, aplicando las técnicas que leía y que luego contrastaba en muchos casos consultando a la Dra. Ormaechea.

En particular me valió para dar instrucciones en casa a su madre, a mi hija y a Yola sobre lo que tenían que hacer. Luis debía comer únicamente con la mano izquierda, que depende del hemisferio derecho, incluso sujetándole la otra mano si era preciso. Cuando nadábamos y jugábamos a la pelota, tenía que utilizar el brazo izquierdo. Lo mismo hacíamos en la playa cuando montábamos en bici: tenía que conducir con el brazo izquierdo. Y de esto, que es algo casi de sentido común y de lo que hablan los departamentos de neurología de todas las universidades (es decir: forzar a trabajar al hemisferio cerebral más dañado), nadie nos informó. Por ello, cuando nosotros lo poníamos a hacer esto sabíamos que era lo correcto: antes lo habíamos leído. Nadie nos lo había dicho, quizás por exceso de conservadurismo.

Además cuanto había leído me permitía preguntar e instruir a Yola cuando se quedaba sola con Luis en busca de determinadas observaciones y síntomas que me indicaran elementos de su evolución, como por ejemplo cuando nos contó que Luis había dicho que había visto a la perrita Maya hacer pis. Fue ella quien me dijo que Luis se dejaba la comida en el plato en forma de media luna, síntoma típico de hemi-negligencia. Y yo, que lo había leído previamente, supe de inmediato de qué me estaba hablando.

En otro orden de cosas, he contado que los médicos de la UCI se portaron maravillosamente haciendo posible que Luis saliera del hospital en las mejores condiciones posibles, para seguir con la rehabilitación que ellos no le podían dar, la cual nosotros tendríamos que hacer, con una única indicación: debíamos estimularle.

Y digo esto por lo que quiero transmitir a continuación a otros padres y personas, para que entiendan en qué deben pensar para ayudar en la rehabilitación de su hijo o ser querido.

Un segundo consejo, desde mi punto de vista también de gran importancia, es contrastar las opiniones de diferentes médicos, porque la medicina no es una ciencia exacta, como lo son las matemáticas.

Cierto, no en todas las ocasiones, y más aún cuando existe notable incertidumbre, son todos los doctores de la misma opinión, como es lógico por otra parte, y a veces se pueden tomar decisiones diferentes según sea el diagnóstico o la apreciación del médico, que insisto, ni es una máquina, ni la medicina es una ciencia exacta.

Siendo lógicamente así, es necesario asegurarse de que el diagnóstico ha sido plenamente acertado para poder tomar la decisión conveniente y proceder con el tratamiento adecuado en ese momento, en ese caso concreto. Si se sabe bien qué le sucede al enfermo, a través de un diagnóstico acertado, y con la orientación idónea, los padres o cuidadores podrán encontrar la manera eficaz de ayudar a sus seres queridos. Lo demostraré con un ejemplo.

Como en cualquier profesión, algunos profesionales, médicos o no, tienen mayor aversión al riesgo que otros. Esa aversión al riesgo es en parte inherente a nuestro carácter. Hay gente que prefiere arriesgar más en pos de conseguir algo valioso; otras, más conservadoras y conformistas, se conforman con no comprometer un éxito relativo. En parte también está relacionada con los conocimientos sobre el tema de que se trate. A título de ejemplo, no tiene exactamente igual importancia que un veterinario se arriesgue con la enfermedad o la vida de un animal, a que lo haga un médico con una vida humana.

Por esa razón sencilla de entender, y por otras muchas de tipo legal, organizativo, económico, etc., de las que los profesionales de la medicina no son siempre responsables, o no controlan al trabajar en una organización, sea el SNS o en un centro privado, y al estar sometidos a otros condicionantes externos, se tiene que intentar discernir cuándo un juicio profesional es demasiado conservador y cuando no y, sobre todo, si se puede hacer algo más por el enfermo, aun asumiendo mayor riesgo, siempre con control y sin caer en la temeridad. En muchos casos las indicaciones profesionales demasiado conservadoras, o simplemente las "no" indicaciones (no hacer nada), pueden no sólo no ser la estrategia óptima posible, sino, por el contrario, la más perjudicial.

En el caso de Luis, en el ejemplo al que me refería antes, había que ejercitar el cerebro, hacer ejercicio físico, intentar recuperar cuanto antes lo que él sabía, y, sin embargo, en más de una ocasión una neuropsicóloga de un centro privado me decía, y me insistía además con cierto tono de reproche, que no debía cansarle, que era mucho esfuerzo para él. No obstante, si Luis se hubiera limitado a la rehabilitación privada y del SNS, con toda seguridad, y lo repito, ¡con toda seguridad!, no estaría hoy yendo al cole. Me gustaría que recordaran este segundo consejo.

Dicho esto, debo agregar que esta neuropsicóloga se portó extraordinariamente bien con Luis y consiguió que recuperara muchas de sus facultades. Pero en ese momento ese era su criterio profesional y lo defendía. Me parece bien. Yo, como padre, tenía otro diferente, formado en la lectura múltiple años atrás; decidí de otra manera precisamente porque tenía un criterio formado.

Igualmente, como describo más adelante, en un primer momento desaconsejó que Luis se incorporara al colegio en septiembre. En este caso concreto, bastante ilustrativo, recuerdo cómo el Dr. López de La Paz, en contra del criterio anterior, dijo: "Este niño tiene que ir al colegio".

Sopesé ambas opiniones totalmente contrarias, y sin desdeñar en ningún momento el criterio quizás más conservador de la neuropsicóloga, analicé la decisión desde diversos puntos de vista para llegar a la conclusión de que Luis debía incorporarse al colegio por las siguientes razones (entre otras):

- Por la mayor exigencia que supondría para su cerebro estar en el colegio con otros niños de su edad.
- Por el mayor número de horas que trabajaría Luis rehabilitándose allí.
- Porque incorporarse en enero, con el curso empezado, sería dificultoso para Luis al haberse perdido tres meses de clase.

- Porque incorporarse a la clase fuera del comienzo escolar, podría provocar que cuando él llegara, los grupos de amigos estuvieran formados, y le costara reintegrarse con otros niños, máxime tras el accidente y sabiendo que era una clase nueva.

El ejemplo es sencillo y nada intrascendente. El colegio es todo para un niño. En este ejemplo se ve cómo, gracias a disponer al menos de dos opiniones autorizadas, pudimos contrastarlas nosotros y tomar la decisión óptima.

No olvidemos que fuimos capaces de tomar esta decisión "blanco o negro" por cuanto habíamos leído y estudiado y por lo involucrados que estábamos en la rehabilitación de Luis. Imagínense como hubiéramos podido decidir con dos opiniones totalmente contrapuestas, sin tener todo el *background* de información y experiencia previa adquirida en esos meses acerca del estado de Luis, de sus capacidades, de sus deficiencias, de cómo se sucedía la rehabilitación... En efecto, el conocimiento nos permitió ponderar los riesgos y beneficios de cada una de esas dos opciones.

También puedo contar otro ejemplo de mayor trascendencia, si cabe.

Tras conocer por primera vez que Luis tenía escotomas, en mi afán de saber más, aparte de visitar a la Dra. Ormaechea y leer libros, una amiga mía con intención de ayudarme me concertó una visita con un oftalmólogo español amigo suyo, de renombre, con largos estudios en el extranjero. La conclusión de ese oftalmólogo fue que Luis no tenía escotomas, que las dificultades de visión obedecían a un síndrome conversivo que se producía con mucha frecuencia en niños con traumas. Su juicio fue: "Luis manifiesta dificultades visuales funcionales no propias de lesiones orgánicas, sino conversivas postraumáticas". Ese síndrome, que efectivamente existe, podría haber sido quizás una explicación para los escotomas, aunque yo en ese caso, y por diferentes motivos y argumentos que no expongo para no extenderme, llegué a la conclusión de que no parecía el escenario de mayor probabilidad.

Es evidente, cualquier persona puede llegar a una conclusión diversa: he dicho que la medicina no es una ciencia exacta. Existen síntomas que a veces se confunden, como la ceguera real y la heminegligencia. Para detectar semejantes anomalías, hay que asegurarse, gracias a varios juicios autorizados, antes de tomar decisiones de calado sobre cómo rehabilitar a un ser querido.

Posteriormente en las sucesivas visitas, tanto la Dra. Ramos de la ONCE, como el Dr. Wiiddig del Hospital Bergmanscheill, confirmaron efectivamente los escotomas que la Dra. Ormaechea había diagnosticado desde el primer momento.

• • •

Haz lo necesario para lograr tu más ardiente deseo, y acabarás lográndolo.

–Ludwig van Beethoven.

Retornando a poco tiempo después del accidente en mayo, durante esos días tan duros, pensé que un cambio de ambiente, el mar, el sol, le podrían sentar muy bien a Luis, como a cualquiera, y que podríamos variar los ejercicios de rehabilitación para estimularle más y de forma diversa. Así también él descansaría un poco.

Además la playa quizás contribuiría a hacerle recordar. Entonces no sabíamos lo que había olvidado de su vida. En las sesiones de logopedia le iban preguntando si reconocía a las personas de la familia cuyas fotos le mostraban, y, como empezaron la rehabilitación por estos recuerdos familiares, pensé que Murcia y el Mar Menor, donde íbamos con mucha frecuencia desde hacía años, le podría evocar cosas bonitas de su infancia y quizá le haría trabajarla memoria.

Un día en la playa se me ocurrió que, para ganar potencial y tiempo de recuperación, debía combinar el ejercicio físico con el neurológico.

He aquí un tercer consejo que considero importante transmitir a los padres: que, de manera creativa, encuentren actividades que combinen estas dos necesidades y hacer tareas múltiples a la vez. Así ganarán tiempo y velocidad de recuperación.

Por ejemplo, una de las cosas que Luis y yo hacíamos en la playa era montar en bicicleta, un ejercicio aeróbico y muscular, con la particularidad de que le hacía conducir la bici únicamente con el brazo izquierdo, lo que le obligaba a un ejercicio adicional de equilibrio y de atención, a la vez que trabajaba el hemisferio cerebral derecho, el más dañado, y con el ojo derecho a su vez tapado, para hacer trabajar ese mismo hemisferio y el ojo izquierdo, el más perjudicado. Y eso le hacía esforzarse muchísimo y en varias funciones diferentes que necesitaba rehabilitar. Probé a hacerlo un día y debo reconocer que el ejercicio tenía más de acrobacia circense que de deporte propiamente dicho: ¡La Virgen! ¡que "miga" tenía la ocurrencia!¡ Pobrecillo Luis: ¡Que pruebas tan difíciles tuvo que superar¡

Otro fin de semana en la playa se me ocurrió un juego mediante el cual Luis tenía que ir diciéndome las señales de tráfico que veía y reconocía. En ese momento él veía un poco y las señales son grandes, así que podía hacerlo. Con eso ejercitaba la vista, la atención y el reconocimiento de patrones y su significado. Con este sencillo ejercicio, y a modo de juego, se ejercitaban varias áreas de su problema a la vez.

Uno de esos fines de semana en la playa lo llevé en la moto de agua para que recordara más sensaciones. Me percaté de que estaba recuperando la visión en zonas de su campo visual que antes estaban ciegas cuando en un momento dado me dijo que acabábamos de cruzar nuestra propia estela dibujada en el agua, que estaba en la parte inferior del campo visual. De estas cosas te vas enterando poco a poco, sobre la marcha.

Otro domingo, con objeto de rehabilitar sus reflejos y coordinación, le dejé que se diera una vuelta en los karts de gasolina; lógicamente, lo hice con prudencia. En primer lugar, cogimos un kart biplaza de poca potencia y fui a su lado. El movía el volante; yo tenía el pie en el freno por si acaso. Como vi que lo hacía bien, dimos más vueltas, esta vez yo a su lado pero él con el control del volante y el freno; atento yo a su conducción. Finalmente, cuando estuve convencido de que lo hacía bien y coordinaba lo suficiente, le dejé sólo en el kart. Como colofón, nos echamos una carrera, pudiendo comprobar ambos, con enorme alegría, cómo había recuperado más facultades.

Estas actividades las iba eligiendo pensando en que no corriera riesgo; aun así, yo estaba vigilando en todo momento.

En ese proceso de reaprendizaje, en el que quise que recordara cuánto sabía antes del accidente, nos atrevimos también con el buceo. Era otra estimulación más y muy diferente; el sentido común me indicaba que podría ser buena actividad para él. Además, Luis tenía el carnet de buceador con botella (hasta doce metros) y había bajado en diversas ocasiones. Y yo tenía la graduación mayor como buceador de recreo, rescate y emergencias.

La neuropsicóloga de la rehabilitación lo desaconsejó nuevamente, por el posible efecto de la presión sobre el cerebro. Pero a cinco o máximo diez metros a los que íbamos a bajar, siempre acompañados por Alejandro, un instructor extremadamente experimentado, la presión es sólo de media o una atmósfera más y no requiere descompresión en ningún caso.

No obstante, ante su indicación, y por prudencia, me puse a buscar información por si hubiera algún caso relacionado con una profundidad tan pequeña, y como no encontré nada sobre el efecto de la presión en el cerebro a tan poca profundidad, ignoré esta sugerencia que quizás nuevamente me pareció conservadora frente a los posibles beneficios de esa estimulación. Le dije al instructor de buceo que Luis estaba bajo recuperación para que, en todo caso, estuviera advertido y para que le ayudara si hacía falta.

La primera vez no salió bien; le entró agua en las gafas, se puso nervioso y subió rápido a la superficie. El instructor me sugirió volver a intentarlo. Ese día rehusé la sugerencia para que Luis no lo considerara una imposición. Yo mismo tampoco lo vi claro.

En ese momento era mejor esperar a intentarlo otro día y que no se cerrara en banda. La presión nada tuvo que ver con que Luis lo dejara. Semanas más tarde, repetimos el mismo ejercicio, y, esta segunda vez, con éxito, tras practicarlo en privado en piscina y sin que sintiera miedo al fracaso.

A lo largo del mes de agosto, Luis estuvo buceando regularmente como antes del accidente, siempre conmigo a su lado.

No obstante, pospuse por prudencia algunas cosas que quise que Luis recordara, como por ejemplo el *kitesurf*. Este deporte extremo, en el que uno va literalmente enganchado a una enorme cometa, que con viento te impulsa sobre el agua de manera endiablada, de pie, encima de una tabla, exigía dejarle sólo si quería que lo practicara, y no me pareció apropiado ni seguro que lo intentara, dado el estado poco atento de Luis. Por consiguiente, lo aplacé hasta que estuvo bien en septiembre de 2012, poco antes de ir al colegio. No hubiera sido la primera vez que, tanto él como yo, nos habíamos llevado un buen susto al salir volando de manera descontrolada con alguna racha de viento fuerte cuando estábamos aprendiendo, y, con la situación cognitiva de Luis en ese momento, no lo vi prudente.

No pospuse, sin embargo, los deportes que consideraba seguros o aquellos arriesgados en los que podía estar a su lado protegiéndole. Todo ello, sin duda, ayudaría a activar su cerebro en las diferentes áreas y vertientes funcionales, como sucedió.

Me gustaría que recordaran también esta cuarta lección acerca de la importancia de un inicio rápido, continuo y por diferentes vertientes de la rehabilitación de su hijo o ser querido. Es probable que en muchos centros que visiten, por prudencia o limitaciones de horarios, no lo expongan con tanta claridad o en toda su dimensión.

Otra anécdota. Un fin de semana de diciembre fuimos a la playa, y, como el agua estaba un poco fría, decidimos correr. Cuando llevábamos aproximadamente 5 km corriendo y Luis empezaba a estar cansado, le dije que en vez de seguir corriendo de manera constante íbamos a hacer cambios de ritmo (un ejercicio para mejorar la capacidad aeróbica). Me contestó: "Paso, papá". Para que siguiera corriendo, hice de la carrera un juego, le "pinché" para que intentara ganarme haciendo sprint. Sabía que le motivaba ganarme, o más bien intentar ganarme, y se esforzaba para lograrlo.

Momentos más tarde esta táctica del sprint dejó de funcionar también, y, como yo iba por delante de él, le empecé a gritar ¡corre, Forrest, corre! y agité mis piernas hacia fuera como si me estuviera soltando las muletas. Le volví a gritar en alto ¡tira las muletas, Forrest!, y se animó a seguir esprintando como en la película de *Forrest Gump*, en esa escena en la que Forrest empieza a correr de verdad y se le caen las ayudas mecánicas que lleva en las piernas. ¡Luis era un niño todavía y se le engatusaba con chiquilladas!

En ocasiones también aprovechaba esos momentos que tenía con mi hijo, mientras, para recuperar sus capacidades, hacíamos ejercicio vigoroso juntos, para transmitirle aquellos valores y experiencias que le harían falta a lo largo de su vida, igual lo hago con mi hija siempre que surge la oportunidad; lo mismo que mi padre hizo conmigo, como el valor del esfuerzo, no desfallecer, no tirar la toalla, ante un objetivo valioso.

Y uno de los días de los que corríamos él y yo por el campo de Murcia en dirección al mar, recuerdo que comenzó a sonar entre las canciones de nuestro repertorio y que íbamos escuchando con un Mp3 para animarnos, el tema compuesto por ese teclista y compositor griego de música electrónica, Evángelos Odiseas Papathanassiou, más conocido como Vangelis, para la famosa película *Carros de Fuego*, en la que unos corredores, como éramos Luis y yo en ese momento, corrían en pos de conseguir un valioso objetivo, no tanto como el nuestro.

Al hilo de esa música tan hermosa, y corriendo, cantábamos los dos juntos al unísono las notas que Vangelis ideó: Sool, Doo, Re, Mi, Reeee, Sííií-Sool, Doo, Re, Mi, Reeeeeeee-Sool, Doo, Re, Mi, Reeee, Sííií-Síí, Doo, Sí, Sol, Soooooool… Luis se las sabía de memoria. En esa disciplina, yo carecía desgraciadamente de ese don, iba a remolque suyo, y siempre las tenía que leer en las partituras, se lo expliqué visualizándole las imágenes de esos corredores que se esforzaban más y más sin desfallecer.

Finalmente, cuando Luis estuvo mejor, empezamos con el tenis, un ejercicio completo para la rehabilitación. Fomenta la atención y obliga a forzar los ojos. Exige un cálculo mental de la aproximación de la bola, y mucha atención visual, que es algo que necesitaba hacer. Es justo recalcar la importancia del ejercicio atencional y de concentración mental que requiere cálculo y planificación en el ejercicio físico.

Nadie nos dijo nunca que hiciéramos todo esto, lo cual me sorprende mucho.

He aquí un quinto consejo: no se limiten a lo que las personas y profesionales les digan, o se conformen con hacer lo que se haga en los centros de rehabilitación; sopesen constantemente riesgos y beneficios, busquen actividades adicionales, paralelas o alternativas, que, de forma creativa, contribuyan a rehabilitar a su hijo o ser querido todas las horas del día que le sean posibles, sin que el enfermo las perciba como tal.

• • •

Se podría definir la actividad creativa como un tipo de proceso de aprendizaje en el que el profesor y el alumno se hallan en el mismo individuo.

–Arthur Koestler.

En junio y julio, cuando llevaba a Luis diariamente a las sesiones de rehabilitación en un centro privado, aprovechaba el tiempo del viaje y le pedía a Luis que me fuera diciendo los colores de los coches, porque tenía agnosia y no recordaba los nombres de los colores, además de que probablemente tampoco los veía bien.

La Dra. G. Ormaechea me explicó que, debido a la ceguera cortical, Luis no tenía acceso a esas "librerías" o almacenes de la memoria de donde tomamos los datos para interpretar cuanto vemos. En efecto, en la ceguera cortical, con frecuencia la persona, ha perdido la capacidad de nombrar las cosas, como si la información estuviera en una librería y se hubiera perdido el acceso a la misma.

Hacíamos el ejercicio de reconocer los colores de los coches para reconectar los almacenes de la memoria. Al principio no acertaba. No sabía cómo se llamaban los colores. En especial, había colores con los que no acertaba nunca, como el blanco, totalmente "desconectado" de su recuerdo. También es posible que en ese momento estuviera viendo en blanco y negro o con poco color, y por eso fallara en la identificación de los colores, porque las marcas de los coches las decía todas, tal vez porque ese almacén de la memoria no estuviera dañado. Y todo esto hay que aprenderlo para entender de qué forma se le puede ayudar y qué es lo dañado para ejercitarlo.

Otro de los defectos que tenía Luis era el de visoconstrucción. Este defecto consiste en que uno no puede representar la imagen que ve, aunque no tiene dificultad para hacerlo si la imagen ya la tiene en la cabeza. En ese caso sí puede dibujarla. Por ello pensé en que construyera "Bionicles", puzles y en que dibujara y coloreara imágenes, además de los ejercicios específicos que le ponían en las sesiones de neurorehabilitación.

Para rehabilitar esta facultad perdida, además de colorear imágenes, hacer puzzles y los ejercicios específicos que le ponían en las sesiones de neurorehabilitación, se me ocurrió comprar unos mecanos y unos cuantos muñecos "Bionicle" de la marca Lego, que son construcciones predeterminadas para construir un muñeco futurista y que llevan los planos con los pasos de montaje. Para Luis era un gran esfuerzo interpretar esos planos y buscar la pieza que iba en el sitio que indicaba el dibujo. Tenía que poner mucha atención al plano, a las piezas, a la colocación. Esto le hacía trabajar el problema de visoconstrucción. Su hermana lo "chantajeaba" con no dejarlo jugar a cosas que le gustaban, como el escondite, y cada cosa que hacía Luis, como leer la página de un libro o construir un "Bionicle", le daba derecho a un juego con Elena. Luis lo iba haciendo y mejoraba día a día.

Mi niña Elena le ayudaba con los "Bionicle"; también con otras cosas, como "tangrams[37]", que hacíamos para trabajar también este mismo problema, el cual diez meses después del accidente todavía no se había corregido del todo, probablemente entre otras razones, porque fue una de las últimas prioridades para mí. Antes había que mejorar en matemáticas, lectura, atención, escritura, esto es: todo lo necesario para su incorporación al cole.

He comentado cómo, de camino en el coche, hacíamos ejercicios de retención e inversión de números de 3 o 4 cifras, para ejercitar su memoria a corto plazo. Esta es fundamental para hacer cualquier tarea, y a mí me preocupaba mucho la vuelta al cole y que no consiguiera seguir el curso escolar si no recuperaba sus funciones cerebrales. No obstante, los libros de neurología que había leído decían que la memoria de trabajo casi siempre se recuperaba. Ello me tranquilizaba.

---

37. El Tangram es un antiguo juego chino, que consiste en formar figuras con las siete piezas dadas sin solaparlas. Se utiliza en psicología, en diseño, en filosofía y particularmente en pedagogía. En las matemáticas se emplea para introducir conceptos de geometría plana, y para promover el desarrollo de capacidades psicomotrices e intelectuales de los niños.

Por eso insistía tanto en los ejercicios para trabajar la memoria. Yo le decía 853 y él tenía que decir 358. Durante semanas fue incapaz de hacerlo. Decía el 3 y olvidaba las otras dos cifras. Paulatinamente fue mejorando. De esta forma se nos ocurrieron muchos ejercicios que nadie nos explicó.

También jugaba con él a las cartas de parejas, para trabajar la memoria y la atención, además de hacer que forzara la vista. Igualmente, encontré por casa, bastante estropeado, el juego electrónico del Simón. Un juego que tiene cuatro luces de diferentes colores y hay que recordar el orden de la secuencia en la que han aparecido en cada jugada. Lo arreglé y así pudimos ejercitar los ojos, la atención, la percepción y la memoria, también durante un juego.

Y al hilo de los dos anteriores juegos, a título de ejemplo ilustrativo de lo que menciono en otro capítulo, quisiera recordarles lo siguiente: muchos de los materiales y ejercicios que se utilizan habitualmente en la rehabilitación neuropsicológica están al alcance de cualquiera, siempre que se sepa qué se debe rehabilitar y qué se debe buscar.

• • •

Las matemáticas son el alfabeto con el cual Dios ha escrito el Universo.

–Galileo Galilei.

Para recuperar la lógica matemática, en las vacaciones de Navidad 2012, decidí someter a Luis a una inmersión total en las matemáticas, el cálculo mental y la música. Contraté a un estudiante de último curso de Ingeniería Industrial, un inteligente universitario llamado Daniel Fraile, para que impartiera a Luis 4 ó 5 horas al día de matemáticas y cálculo mental. Yo me encargaba de enseñarle música leyendo partituras diariamente y tocando con él.

Volvimos al ejercicio vigoroso. Y, claro está, continuaba tomándose sus medicamentos y compuestos. Además, por motivos que explico más adelante, le incorporé un nuevo medicamento llamado Arcalión (sulbutiamina[38]), que yo había tomado años atrás por indicación de mi padre y que es un derivado de la vitamina B1 que cruza la barrera cerebral más fácilmente que la tiamina.

Aquello tuvo un resultado espectacular. Todas las personas que conocían a Luis lo notaron a la vuelta de Navidades: en el cole, su profe de música; y por supuesto todos en casa, porque no sólo mejoró en matemáticas, sino que mejoró en todo: atención, concentración, comprensión, lectura, construcción espacial...

Había saltado de repente a un nivel cognitivo superior, como cuando uno de los acróbatas del Gran Circo Mundial salta desde una plataforma, y va a caer sobre un trampolín, que catapulta, hacia otra plataforma situada en un nivel superior de altura, a otro de los acróbatas que en ese momento espera de pie en el extremo opuesto del mismo trampolín.

Le acabábamos de dar un buen tirón de orejas a su hemisferio cerebral derecho aplicando nuestra "Rehabilitación de 3 Ejes". Otro ejemplo de que sabiendo lo que hay que hacer es más fácil encontrar cómo hacerlo.

---

38. Está disponible como medicamento de venta libre en forma de complemento nutricional en algunos países, y como fármaco de venta en farmacia en otros. Varios estudios han demostrado que mejora el proceso de la memoria a través de la potenciación de la transmisión colinérgica, dopaminérgica, y glutamatérgica, y esto era fundamental para el cálculo mental.

• • •

Los juegos infantiles no son tales juegos, sino sus más serias actividades.

–Michel de Montaigne.

En una de las primeras visitas a la Dra. G. Ormaechea, esta cordial doctora me explicó que recuperar el enfoque era una de las cosas que habitualmente más tiempo requería. Luis no enfocaba aún; sí veía luz y sombras en movimiento. Circunstancia que aproveché para hacer que su vista progresara.

Yo nunca había apoyado que mis hijos pasaran tiempo jugando con los videojuegos; en esta situación, sin embargo, pensé que podrían servir de ayuda, porque además a Luis le gustaban mucho. Podía estar horas jugando sin quejarse, a la vez que se rehabilitaba, porque a él no le parecía tiempo de trabajo.

Por tal motivo compré una videoconsola PSP de segunda mano, para que ejercitara la vista de cerca, y la Wii la utilizaba para forzarle a enfocar de lejos, proyectando la imagen de ésta mediante un video proyector.

A pesar de que no soy partidario del abuso de los videojuegos, soy capaz de ver en ellos ventajas educativas, como muchos pedagogos. Hay opiniones de expertos que alientan a que los niños los utilicen: es una manera fácil de recibir una "educación informal" para acercarse con gusto a las nuevas tecnologías, e ir acostumbrándose al uso de los ordenadores. Así, ellos se "alfabetizan" por el interés que ponen en jugar. También se motivan con la competición y repiten voluntariamente las veces que haga falta para mejorar. Algo que no es tan habitual en la enseñanza tradicional.

Por eso mismo, se debe estar pendiente de que lean y realicen otras actividades, que no sólo sean videojuegos, que puedan desarrollar mucho más su creatividad. Sé de lo que hablo: yo mismo pasé mi niñez, apoyado y animado por mi padre, practicando toda clase de hobbies e inventos.

En definitiva, en la rehabilitación de Luis los videojuegos tenían utilidad: mejoraban su coordinación ojo-mano, potenciaban la mejora y el espíritu de superación, proporcionaban agilidad mental, estimulaban los reflejos, la vista, la memoria, etc. La propia Dra. Ormaechea me lo confirmó cuando le comenté cómo los estaba utilizando para rehabilitarle[39]. Por otra parte, juegos como el ajedrez contra la máquina requieren planificación y anticipación de las acciones, y obligan a buscar estrategias completas y cambiantes. Por ello, al igual que muchos psicólogos y pedagogos, entendí que podían ser una buena herramienta para el desarrollo y recuperación cerebral de Luis.

En las diferentes fases de rehabilitación escogí los juegos que podían ayudar a rehabilitar los problemas específicos que tenía, y, según iba mejorando, incrementaba yo el nivel de dificultad. Lógicamente, en los primeros momentos le puse los más sencillos.

El primer juego que le puse fue uno fácil de conducir, el CARS. Para Luis era demasiado simple antes del accidente; tras él, no veía ni la carretera ni el color del coche, y ello lo desmoralizaba.

---

39. Muchos pedagogos hablan de su gran poder educativo, y de que simplemente jugando se van haciendo estos "homo digitalis" del futuro. Ayudan a la resolución de problemas, a la atención, a la memoria, a la organización espacial y a la coordinación. Además mejoran la autoestima a través de la resolución de problemas y la superación. También pueden ser importantes para el futuro laboral cambiante que espera a nuestros niños, porque deberán estar preparados para desarrollar trabajos que ahora no existen, y en los que deberán usar tecnologías aún no inventadas. Los videojuegos les pueden "educar" en las habilidades que necesitaran cuando sean adultos para desenvolverse en ese mundo que viene (Pedro Pablo Gómez Marañón, 2000).

Busqué entonces uno más sencillo, el Mario Kart, un juego amable y sin violencia, en el que conducir es fácil y que también permite derrapar y hacer piruetas en carreras en las que pueden participar varios jugadores. Este amable súperfontanero también nos ayudó a encontrar la forma de ejercitar el cerebro de Luis. Todavía recuerdo lo alegre que me puse cuando me di cuenta de que mi niño estaba empezando a ver la carretera.

Cuando su vista mejoró aún más, empezamos a jugar juntos al juego The House of the Dead Overkill, en el que un agente se enfrenta a unos zombis, con la ventaja de que la diana central era luminosa. Con él, Luis poco a poco fue mejorando. Podía apuntar contra los zombis y controlaba el movimiento del arma.

Más tarde, cuando pudo distinguir objetos con claridad, permití a Luis jugar al Call of Duty, mucho más difícil y que le gustaba mucho, en el que tenía que cumplir misiones en la II Guerra Mundial. En éste la mira del rifle era mucho más pequeña; había que distinguir los objetivos para cumplir las misiones encomendadas. Se tenían que hacer invasiones o tomar playas con estrategias que le hacían pensar y planificar. Era más refinado; Luis tenía que hacer más esfuerzo, incluso para ver la mira.

Yo le ayudaba para subirle la moral, y él mismo lo iba consiguiendo poco a poco. Este juego obligaba a Luis a trabajar funciones más complejas, como la atención, los reflejos y la anticipación; no obstante a Luis le motivaba y se esforzaba para jugar. Con todos estos juegos Luis además practicaba el enfoque de media distancia; como he mencionado, utilizábamos videoproyector en vez de televisión para proyectarlos.

Uno de los juegos que a Luis le gustaba mucho era el Grand Theft Auto. A mis dos hijos les encantaba, y en cuanto podían jugaban a escondidas. Decidí sacarle provecho. Habitualmente yo no quería que lo utilizaran –como tampoco el Call of Duty– porque en mi opinión, es una escuela virtual para delincuentes. Dadas las circunstancias, me pareció más importante que Luis se esforzara con la vista para recuperarla.

Como ven, hice varias excepciones en su educación habitual para aprovechar aquellas cosas que Luis quería hacer y convertirlas en rehabilitación también.

En las últimas fases de la rehabilitación animé a Luis a jugar al Pinball Arcade con el iPad, reproducción exacta de las máquinas de bolas que solía haber hace años en los bares. En este juego, ejercitaba la vista por la rapidez con la que se mueve la bola, que además es pequeña, y cuyo brillo se confunde, en la pantalla, del iPad con todas las luces del tablero, y, para no perderla, Luis tenía que estar concentrado. Además, un día mientras corría se me ocurrió ponerle este juego a oscuras en el mismo entorno y formato con el que Luis todas las noches ejercitaba sus ojos con el programa CURAVIS de rehabilitación de escotomas del Dr. Widdig, con objeto de excitar durante mucho más tiempo las neuronas hiperactivas del perímetro de sus escotomas.

Igualmente, le di un teléfono móvil, no sólo para que pudiera llamarme si me necesitaba, sino también para que jugara con él: la pequeñez de pantalla lo obligaba a un mayor esfuerzo con la vista.

Finalmente, en las últimas fases de la rehabilitación neurológica, empecé a jugar con él al ajedrez. Necesitábamos que pensara cada vez más rápido. Y entre la música, el cálculo mental y el ajedrez estuvimos también trabajando su velocidad de procesamiento cerebral.

• • •

Si añades un poco a lo poco y lo haces con frecuencia, pronto llegará a ser mucho.

–Hesíodo.

Quise que el borrador de este libro fuera leído por la profesora Patricia Mateos, del departamento de Psicobiología (Facultad de Educación) de la Universidad Complutense de Madrid. Y que, como profesional y docente en materia de neurorehabilitación, considerase si hubiera algún aspecto esencial o punto clave del proceso de rehabilitación que se debiera especialmente reforzar.

Tras la lectura del libro, ella, en efecto, quiso destacar –como sexto consejo– uno que, si bien está implícito en cuanto con mucho esfuerzo hizo Luis para recuperarse durante doce meses, es de gran importancia. El aspecto esencial, que efectivamente está implícito en la Rehabilitación de 3 Ejes, y que merece la pena ser destacado, es la **constancia**.

Cuando hablé del ejercicio vigoroso como primer eje de la rehabilitación, he mencionado que ese ejercicio debía ser además diario, regular constante.

Esto mismo se aplica con igual valor, o mayor si cabe, a los ejercicios de rehabilitación neuropsicológica. Es decir, deben ser constantes. Como dijo el poeta Ovidio: "La gota horada la roca, no por su fuerza sino por su constancia".

No es de recibo, pues, trabajar muchas horas con el paciente durante una semana. Evidente: eso es mejor que nada. Por los resultados que finalmente se pueden obtener, lo óptimo es repartir la carga de trabajo de manera regular para que el ejercicio de recuperación neurológica se realice de manera constante a lo largo del tiempo, de ser posible preparando una agenda de trabajo bien pensada, organizada y planificada y no con altibajos o con periodos casi de inactividad.

. . .

El mundo entero se aparta cuando ve pasar a un hombre que sabe dónde va.

–Antoine de Saint-Exupery.

Séptimo consejo: deberán transmitir energía al enfermo y a las personas del entorno para que, no sólo uno mismo, sino los demás, y, principalmente el enfermo, estén convencidos de que los retos y objetivos que se vayan fijando día a día se deben –y pueden– conseguir cuando se lucha por algo valioso, como es recuperar las capacidades perdidas, poseer una calidad de vida adecuada y digna.

Trasmitir energía era importante para conseguir que Luis recibiera ánimo, esperanza, alegría, confianza. Imprescindible para subir su moral y que tuviera la fe y fortaleza inevitable en semejante reto.

Como se comprenderá, este consejo no es baladí. Y no sólo lo digo por Luis, que en ocasiones se sintió tentado a no perseverar, a desfallecer en el esfuerzo que los ejercicios requerían; conozco personas, que pudiendo haberse rehabilitado mucho más tras sufrir un accidente, no lo hicieron por no esforzarse y sacrificarse, ya fuera por su propia desmotivación, o porque no tuvieron a nadie a su lado que supiera infundirles el espíritu de lucha, de esfuerzo para la consecución del éxito.

Durante meses traté de transmitir a Luis el espíritu de lucha y esperanza. Le hacía ver que era una cuestión de tiempo y, sobre todo, de trabajo. Entretanto, pasábamos ese tiempo trabajando duro, empleaba la canción Gol y los otros lemas y gritos, como el "¡Vamos Rafa!", el "turbocerebro", o el "Luis ¡verás cómo lo vamos a conseguir¡", que repetía con frecuencia frotándole rápidamente el pelo cada vez que algo nuevo nos salía bien.

Más adelante, cuando se hubiera recuperado y se sintiera bien, orgulloso de haberlo conseguido, no sólo no tendría que hacer todo ese esfuerzo ímprobo, sino que tampoco se acordaría de él más que para decir: "¡Lo hemos conseguido!".

En muchas ocasiones creí percibir que los médicos me trataban especialmente bien por ese interés y energía que transmitía para sacar adelante a Luis. Ayudándome a mí mismo creo que hacía que ellos quisieran ayudarme más en la tarea. No sería nada raro por otra parte. Es probable que nos pase a todos cuando vemos que alguien se esfuerza mucho en conseguir un valioso objetivo humano como lo es rehabilitar a un hijo.

Tal vez Luis fue un caso poco común para algunos de ellos. Me parece que la Dra. Ormaechea lo consideró un caso especial, y, cuando fuimos a la ONCE, tuve la misma sensación. Por eso he querido insistir en que hay que transmitir esta energía al entorno.

Al hilo de esa preocupación acerca de cómo se ganaría la vida Luisillo, especialmente tras su salida del hospital cuando todavía estaba muy mal, y con la enorme incertidumbre que en aquel momento existía respecto a su estado neurológico futuro y a su visión, pensé, más que nunca, tenía que apoyar la empresa de patines y longboards, IN-GRAVITY que mi socio Juan Carlos y yo habíamos puesto en marcha un par de años atrás.

Si Luis no era capaz de recuperar la visión hasta un grado que le permitiera estudiar, al menos el día de mañana podría vivir y trabajar en la tienda de patines como uno más. Luis era bueno patinando y con el *longboard*, y sabía de ello, así que, si su condición neurológica final no le permitiera ser médico como su abuelo, como decía que quería ser, quizá podría ganarse la vida con los patines que también le gustaban. O con la música.

En otras ocasiones cuando estos pensamientos me invadían, recordaba como en la película *Ray*, cuando Ray Charles debía tener 12 ó 13 años y tenía que dejar su humilde casa para marcharse a un colegio para ciegos, su madre, antes de montarle en un autobús destartalado de esos típicos americanos School Bus, le pidió: “Ray, prométeme que nunca a vas a ser un matao”, y llorando, Ray la abrazó y lo prometió. Pensaba entonces que si Ray Charles, Steve Wonder o Andrea Bocelli, ciegos pero con un don musical, habían conseguido ganarse la vida con la música, dándome cuenta de la facilidad que tenía Luis para identificar las notas, tal vez ésta podría ser otra vía para que Luis pudiera labrarse su futuro.

CAPÍTULO 10

ESTAR PREPARADO PARA LAS CRÍTICAS

Los que dicen que es imposible… no deberían molestar a los que lo están haciendo.

–Albert Einstein.

Como en cualquier tarea de responsabilidad, al asumir la guía de la rehabilitación, se tiene que estar preparado para recibir críticas respecto a las decisiones que se halla en la obligación de tomar. Hay que saber discernir unas opiniones de otras, basándose en criterios científicos, no en criterios emotivos u otros que pueden ser interesados. Esto me gustaría que lo tuvieran en cuenta otros padres o quiénes se encuentren en situación similar.

A lo largo del proceso de rehabilitación de mi hijo, recibí diversas críticas: de familiares, de amigos, de médicos... Las críticas pueden ser más o menos fuertes; también pueden expresarse de manera velada o de manera directa.

Y no me refiero a simples sugerencias. Las sugerencias deben ser siempre bien acogidas y valoradas: es justo escuchar siempre la opinión de los demás, especialmente si es una opinión cualificada y más aún si está autorizada por sus conocimientos en la materia.

Un día en el que Luis y yo íbamos corriendo por la playa para cumplir con nuestra sesión aeróbica, le expliqué esto mismo mediante una de las escenas de la película Apollo XIII: “Luis, ¿Te acuerdas de la película Apollo XIII? ¿Te acuerdas de la escena donde el director de la misión en Houston, Ed Harris, tras conocer la explosión en el cohete, empieza a pedir a los diferentes especialistas del centro de control que le proporcionen los datos de la telemetría del cohete, el combustible, el oxígeno remanente en los tanques, los desperfectos ocasionados por la explosión, etc., y él, recogiendo los datos y la opinión cualificada de cada uno de ellos, es al final quien decide en cada momento qué es lo que hay que hacer?" Luis respondió que sí. Entonces contesté: "Pues en tú rehabilitación soy yo quien busca y recoge datos, pide juicios, valoraciones, y quién escucha los informes de los especialistas, pero también quién a la vista de todo lo anterior, tras su análisis y ponderación, decide el plan de acción y lo que finalmente se hace en cada momento".

Un día Elena señaló a su hermano: "Papá ha sido quien ha ido diciendo en todo momento qué hacer contigo para que te recuperaras". Me sentí reconfortado por el apoyo de mi niña, y emocionado por el pequeño reconocimiento que suponía.

Con quince años, mi hija Elena demostró madurez y sentido común en esos momentos difíciles que vivimos.

Volviendo al punto de partida, los familiares y otras muchas personas opinaban respecto a las decisiones que iba tomando sin tener en muchos casos una opinión formada sólidamente. Mucha gente opina "con el corazón". Otros, de forma interesada, como por ejemplo si se trata de generar más sesiones de rehabilitación, cuyo coste no es nada desdeñable para una familia normal. Algunos opinarán sobre las decisiones tomadas sin hacer un análisis profundo de la situación, algo que, y dicho sea de paso, en ocasiones resulta bastante difícil.

Voy a poner un ejemplo de algo que me generó muchas discusiones y contra lo que tuve que luchar continuamente, que se sumó al sufrimiento propio del accidente: la fatigosa agenda de Luis. A lo largo de su proceso de rehabilitación, muchos me criticaron por obligarlo a una agenda de trabajo casi continua.

Otros me animaron a seguir en el empeño. Entre estos, el Jefe de Neurología del Hospital Bergmannscheil declaró que, en su opinión, ésta había sido una de las claves de la fulgurante recuperación de Luis. Lo mismo comentó el Dr. Alvarado un día que Luis y yo fuimos a visitarle a La Paz.

Sin embargo, durante los meses en los que todavía no había resultados visibles, me encontré con que debí convivir constantemente con las críticas, algunas directas, otras soterradas. Sólo a título de ejemplo –debo reconocer que el colegio y los profesores de Luis se volcaron en ayudarle–, mencionar que cuando en el cole vieron la agenda de trabajo de Luis, comentaron que el niño debía descansar más y amablemente sugirieron que debíamos suprimir parte de su agenda rehabilitadora, en particular el saxofón, el ejercicio físico entre semana y la única hora de chino que daba los miércoles.

Un primer análisis superficial podría deducir que el saxofón no constituía algo esencial para Luis; sí lo era, en cambio, si consideramos que debíamos hacer trabajar el hemisferio derecho de su cerebro, el más afectado tras el accidente; es en éste donde tienen lugar gran parte de los procesos musicales.

Por algo la música ha sido a lo largo de todo este tiempo, en que hemos hablado con múltiples doctores y especialistas, la única materia que ningún doctor, absolutamente ninguno, ha criticado ni ha sugerido eliminar en ningún momento. Por otra parte, era preciso tener en cuenta que Luis sólo daba una hora de saxofón a la semana, que además la clase la tenía el viernes por la tarde (cuando al día siguiente no había cole), y que para Luis la música siempre había sido una diversión.

Igualmente, el colegio nos comentó que Luis físicamente estaba muy bien (lo cual efectivamente se notaba), y que por eso debía reducir el ejercicio físico. En lo que quizás no se detuvo el colegio en un primer análisis de la agenda de Luis, fue en que la gimnasia no tenía como finalidad hacerle más fuerte físicamente, ni para que estuviera más en forma, sino para apoyar la mejoría de su cerebro con la *"Rehabilitación de 3 Ejes"*. A su madre y a mí no nos pareció del todo acertada la sugerencia; a nuestro juicio, ni tan siquiera pertenecía a su ámbito de responsabilidad, tampoco estaba fundamentada.

No obstante, en ese momento decidí que lo más importante era que Luis contara con apoyo en las aulas. Preferí ser práctico y aceptar la propuesta del colegio, por lo que, considerando que los niños corren cada día en el recreo y que una vez a la semana tenía educación física en el cole, decidí reducir el número de sesiones de gimnasia entre semana y mantener el saxofón los fines de semana.

En todo caso, aun habiendo comentado lo anterior, tengo que reiterar que el colegio se portó de manera excepcional con Luis, que le estoy agradecido, porque salvando esa "sugerencia", derivada probablemente de una falta de experiencia en alentar a niños con discapacidad –normal por otra parte: no es algo habitual–, lo cierto es que el colegio se implicó decididamente en apoyo de Luis, y lo consiguió como el mejor de los colegios.

Es un buen ejemplo, en cambio, de que se deben tomar las decisiones de la rehabilitación basándose, en primer lugar, en un análisis profundo y propio de las alternativas que existen, escuchando a las personas que verdaderamente pueden aconsejar. Escuchar normalmente será bueno, sólo que uno no debe dejarse llevar por lo que le digan los demás sin hacer un análisis detallado y minucioso de las alternativas.

Por supuesto, también se deben ponderar los consejos y las opiniones recibidas en función de la autoridad de quien vengan, su grado de conocimiento de la materia y la razón o motivo que le haya llevado a emitir esa opinión. Hay que estar prevenidos, por si esconden un interés económico oculto, o tal vez un cariño blando y "sentimentaloide" hacia el enfermo, que no le ayudará en nada si se desconoce qué es necesario hacer para que mejore. La compasión no cura.

Al final, y viniendo de personas muy cualificadas, como el Dr. Tegenthoff, la Dra. Ormaechea o los profesionales que nos han ayudado en la ONCE, hemos recibido la confirmación de que hicimos lo correcto.

Ahora me siento más comprendido. Fue no obstante difícil, durante muchos meses, y me llegó al corazón como la navajita del accidente, porque como padre, yo también quería lo mejor para Luis. Ese dolor, que aún hoy tengo, pueda tal vez explicar algunos párrafos del libro llenos de satisfacción y orgullo, y otros con tintes reivindicativos, como medicina sanadora frente a esa lucha que fue preciso soportar.

CAPÍTULO 11

RECUPERAR LA SEGURIDAD

La sabiduría suprema es tener sueños bastante grandes para no perderlos de vista mientras se persiguen.

–William Faulkner.

Hay algo tan importante, o más, para el enfermo que recuperar las destrezas perdidas, y es que recupere la seguridad en sí mismo. Antes del accidente, Luis, en general, era bueno con los videojuegos como casi todos los niños. Igualmente, siempre había sido bueno practicando deportes. He comentado el gran desánimo y frustración que invadió a Luis uno de los últimos días de estancia en la planta infantil de La Paz, cuando me llevé la Wii y con las gafas multimedia nos pusimos a intentar jugar a un videojuego de coches de carreras. Recuerdo que inicialmente le hizo mucha ilusión volver a jugar, y que, tras intentarlo durante dos o tres minutos, tiró el volante, exclamó: "Soy malo conduciendo, no quiero jugar".

Se había percatado de que no era capaz. En ese momento, no podía mover el brazo izquierdo, tampoco veía las imágenes del videojuego, tan siquiera sabía cómo tenía que mover el volante: había perdido la función cognitiva de conducir, aunque esto yo no lo sabía en ese momento.

Tras el accidente, a lo largo de la rehabilitación, fue necesario fomentar esa asertividad, esa motivación de logro para que Luis recuperara la seguridad en sí mismo. De esto dependería también el éxito o el fracaso de la rehabilitación. Por esa razón, estuve muy atento a los mensajes de inseguridad y traté de ofrecerle actividades en las que las probabilidades de obtener el éxito acostumbrado fueran altas a mi juicio. Y cuando hacía algo bien y se sentía seguro, no antes, lo subía de nivel. Cuando algo no salía como él esperaba, le explicaba lo normal de que no saliera bien, que todavía estaba en periodo de rehabilitación; interrumpía esa actividad hasta que pudiera hacerla mejor.

Al principio, tras volver a casa, Luis tenía ese sentimiento de que todo lo hacía mal. Se hacía preciso, pues, valorar bien la dificultad del ejercicio frente al estado de Luis en cada momento, y el riesgo del mismo por su condición física y, sobre todo, cognitiva. Dependía de la habilidad que tuviera en cada momento. Semejantes decisiones las tenía que tomar a diario.

Para transmitirle seguridad en sí mismo le ponía a hacer cosas en las que fuera teniendo éxito, y esto lo administraba con detalle. Incluso, para evitarle fracasar en público, especialmente con otros niños, le hacía practicar antes conmigo, un ensayo de cualquier actividad que luego tuviera que hacer con ellos para que le transmitiera sentimiento de logro frente a ellos.

Así, por ejemplo, cómo veía que Luis había interiorizado ese sentimiento de haber perdido sus habilidades previas y su autoestima era baja, un fin de semana a finales de julio me lo llevé a la playa. Sabiendo que ambos habíamos hecho en muchas otras ocasiones antes del accidente un deporte que se llama *wakeboard* (muy similar al esquí acuático pero con una única tabla en vez de dos esquíes), y conociendo que es un deporte relativamente sencillo y que no entraña gran peligro si no se pretende hacer piruetas y se hace de manera prudente, decidí proponerle a Luis si quería intentar hacer *wakeboard* para elevarle la moral y la autoestima, y para que poco a poco empezara a ser el de antes, a recuperar sus capacidades anteriores al accidente.

Casi lo más difícil del *wakeboard* es el arranque, es decir, cuando la embarcación empieza a tirar, y uno, que está medio hundido, tiene que salir del agua planeando sobre la tabla. Desde luego ese arranque no es fácil, requiere fuerza, coordinación y equilibrio. Pensé que las piernas de Luis estaban bastante fuertes como resultado del ejercicio diario, e igualmente había recuperado mucho de su equilibrio, por lo que estimé que probablemente sería capaz de conseguirlo; entonces decidí correr el riesgo de intentarlo, frente al hipotético fracaso de que finalmente resultara no ser capaz de salir planeando encima de la tabla. Había que subir la autoestima de Luis superando retos, volviendo a hacer lo que hacía bien antes del accidente.

Al primer intento no fue capaz de salir planeando. Tuvo que soltar el cabo de remolque debido a la gran fuerza de tiro. Fallar una vez en la salida es frecuente, por lo que no "contabilizamos", ni él ni yo, ese fallo. Decidí volver a intentarlo. La segunda vez, arrancó planeando como antes del accidente y estuvo esquiando durante bastante rato con una cara y con una sonrisa de enorme satisfacción. Se lo veía radiante. Cuando acabó ese primer tramo, lo felicité con efusividad. Le señalé: "Ves como sí eres capaz de hacer muchas cosas de las que hacías antes". Sonrió. Yo sabía que arrancar una sola vez no era suficiente para que Luis se quedara realmente convencido de que volvía a ser el Luis de antes del accidente y que era capaz de hacer *wakeboard* muy bien.

Volvimos a intentarlo. La segunda arrancada salió incluso mejor que antes y estuvo haciendo *wake* otro buen rato. Llegados a este punto, no quise arriesgarme a que lo hiciera una tercera vez y le saliera mal. Había conseguido mi objetivo: subirle la autoestima. Una vez más, no era necesario continuar: nada añadía; en cambio, si fallaba, volvería a cuestionar su propia capacidad. Así que le dije que recogiera el cabo porque se nos había hecho tarde. Nos fuimos los dos contentos a casa. Luis con el sentimiento de logro al haber conseguido hacer "wakeboard" nuevamente. Yo por haber conseguido elevar su autoestima.

De modo que íbamos recuperando cuanto podía hacer antes del accidente, reforzando los logros y animándole mucho en todas las actividades que conseguía hacer bien y disculpando, por el efecto de la rehabilitación, aquellas en las que no lo conseguía.

Luis tenía miedo al fracaso, de eso me daba cuenta. Más adelante, otro fin de semana, nos fuimos a la playa en agosto. Le propuse que hiciéramos *windsurf*, que además suponía un salto cualitativo, un nuevo aprendizaje: ninguno de los dos lo habíamos hecho nunca.

Había que probar algo nuevo y escogí el *windsurf* porque no es peligroso aprenderlo; se enseña casi en la orilla de la playa y con vientos suaves. Luis lo intentó unas cuantas veces y se caía de la tabla en cuanto cazaba un poco de viento. Empezó a decir que no le gustaba el *windsurf*, y salía del agua. Yo sabía que en el fondo lo decía porque se veía a sí mismo fracasado; se veía incapaz de conseguirlo. Yo también me caía y le mostraba que era lo propio de un principiante. Primero, es necesario aprender antes de hacerlo bien. Tras insistirle mucho; volvía al agua otra vez, hasta que consiguió navegar en la tabla. Se marchó muy contento con el éxito y la "competición" con su padre. Yo, si cabe, aún más, porque él se fuera contento de sí mismo. Al mismo tiempo me sentí apenado y con dolor de alma, porque ese proceso de aprendizaje me volvió a recordar que, neurológicamente, seguía afectado a pesar de no ser tan aparente.

Porque cuando le decía que pusiera la tabla perpendicular al viento, con sorpresa descubrí que empezaba a girar la tabla en diferentes direcciones, en un proceso de prueba y error, hasta que yo le especificara: "Ahí". No sabía cómo ponerla tabla perpendicular a la dirección del viento, dada esa dificultad que tenía para el procesamiento espacial. También descubrí que para navegar a veces ponía la vela del lado del viento (barlovento), cuando había lógicamente que ponerla del lado contrario (sotavento). Esto me confirmaba que su lógica todavía estaba seriamente afectada y ello me causaba dolor.

Por eso recalco: hay que saber administrar el éxito. Para que su estado emocional sea alto y positivo. Su miedo al fracaso en presencia de otros niños podría ser un freno para la rehabilitación y para su reincorporación a la vida normal. Pensaba mucho en la vuelta al colegio porque estaba cercana y era una decisión que habría que tomar en breve. Temía enormemente que los niños se rieran de él por su famosa crueldad hacia aquel que es diferente.

Anteriormente, allá por el mes de mayo, su madre y yo también habíamos pensado en el efecto perjudicial que podría causarle la visita de sus compañeros de clase al hospital, porque este cariñoso gesto de los niños y de los profesores podría convertirse en una catástrofe. En aquel momento Luis estaba cognitivamente mal. Elena y yo, después de hablarlo, abandonamos la idea y cancelamos la visita programada de su clase del cole. Fue una pena porque sus compañeros le tenían preparada una camiseta con la foto impresa de todos ellos, que luego le enviaron, y otros regalos que le habían traído del viaje de fin de curso al que Luis no pudo ir. No quisimos arriesgarnos a que se la dieran en mano y que, al verle mal, se pudieran reír o hicieran comentarios más tarde en el colegio.

Tras ser dado de alta en el hospital, y estando en casa en un entorno más controlado, decidimos que le visitaran unos pocos niños. Pensamos en los tres o cuatro que eran más amigos de Luis, pero finalmente lo aplazamos nuevamente para cuando estuviera un poco mejor. En esos momentos teníamos en mente sucesos poco agradables que les habían ocurrido a otros niños. Había que tomar muchas precauciones con este paso tan crítico. También sabía que era importante que lo hiciéramos más adelante. Aislado, no podía quedarse mucho tiempo. Eso también estaba claro.

Pocas semanas después invitamos a un solo niño. Ese primer contacto social fuera de la familia resultó estupendo. Su amigo le visitó dos días y lo pasaron muy bien, sin problemas. Luis en general no era aficionado a traer niños a casa, a pesar de que en el colegio siempre había sido popular en todos los grupos en los que había estado. En aquel momento se relacionaba con sus primas y con pocos niños: eso lo cambiaríamos. Más adelante le iríamos introduciendo en la vida social de un niño de su edad y se enfrentaría a todo. Para eso, todavía era pronto.

En enero 2013, en las últimas fases de la recuperación, cuando Luis estaba asistiendo al cole, les propuse a Elena y a él si les apetecía aprender a hacer *snowboard*. Es un deporte extremo como lo es el *kitesurf*, sólo que, a diferencia de éste, no lo habíamos intentado nunca. Sin embargo, se puede aprender sin incurrir en grandes riesgos. Así que para que Luis volviera a adquirir un nuevo sentimiento de logro, que luego además pudiera contar a sus amigos de clase, contratamos a un monitor para que nos enseñase a los tres. El primer día lo conseguimos. A él se le veía especialmente ilusionado. De vuelta a casa nos iba advirtiendo "que había nacido para el snow".

CAPÍTULO 12

LA INTEGRACIÓN EN LA VIDA NORMAL: EL CAMPAMENTO

Si ya sabes lo que tienes que hacer y no lo haces, entonces estás peor que antes.

–Confucio.

Durante las vacaciones quise que Luis fuera a un campamento acuático en el Mar Menor que había reservado para mis dos hijos antes del accidente. Era para niños entre seis y quince años. Duraba diez días. En él, Elena y Luis aprenderían vela, *windsurf*, canoa y otras actividades. Lo había contratado para ambos en la primera decena de julio; en junio, a lo largo de la rehabilitación, la neuropsicóloga me desaconsejó que Luis fuera al campamento en julio, lo veía demasiado precipitado dado su estado cognitivo.

Escuché y valoré con respeto su recomendación, e igualmente el estado cognitivo de Luis que yo mismo percibía, y si sería posible retrasar el campamento, me interesaba que asistiera a este campamento por las razones que comentaré a continuación. Tras hablarlo con el director del campamento, decidí aplazar la asistencia de Luis hasta el último turno que hubiera en agosto, para cuando calculé que Luis estaría mucho mejor desde el punto de vista cognitivo, y le pedí a mi niña Elena que por favor, aparte de marcharse sola al campamento en julio, repitiera el campamento en agosto para acompañar a su hermano.

Al principio Elena protestó. Le dije que su turno para divertirse era en julio, que su repetición del campamento no era para divertirse nuevamente, con independencia de que pudiera hacerlo en determinados momentos, sino para ayudar y ocuparse de su hermano. A regañadientes, Elena aceptó: algunas veces le cuesta cambiar de opinión, pero cuando se da cuenta de que debe hacerlo, lo hace y cambia. Forma parte de la resistencia al cambio que inicialmente tenemos todas las personas.

Mi hija sabía ahora que su cometido no era divertirse, sino vigilar a su hermano y servirle de apoyo. Debía estar con él y no interferir en la medida de lo posible en sus actividades, para que pudiéramos ver su realización y su comportamiento ante los demás. Los organizadores del campamento fueron informados de algunas cosas, no de todos los detalles del accidente para no alarmarles innecesariamente. Les pedí que le prestaran atención y que le pusieran en el grupo de los pequeños, con su hermana siempre. Aceptaron amablemente mis "normas de seguridad".

Tenía mucho interés en la asistencia de Luis al campamento por varias razones, aparte de por el efecto rehabilitador del agua, la playa, el sol y el mar, la más importante era el contacto social con otros niños. Tarde o temprano, mi hijo iba a tener que pasar el examen de incorporarse al colegio con niños nuevos y con amigos antiguos. Y esa iba a ser una prueba dura y dolorosa para él sí la cosa no salía bien.

Por esa razón, decidí hacer una "prueba controlada" de la incorporación de Luis a una comunidad nueva de niños, acotando el riesgo de las posibles consecuencias adversas. Y el campamento era perfecto, ya que si Luis era capaz de incorporarse normalmente al campamento, sin que se autoexcluyera él mismo al verse disminuido frente a otros niños, o porque fuera excluido, apartado o insultado por los otros niños del campamento debido a sus posibles incapacidades en tareas diversas, entonces probablemente sería capaz también de incorporarse al cole. Otra cosa diferente sería si aprobaría o no, pero al menos conseguiría reincorporarse a la vida normal de cualquier niño. En ese caso, además, Luis iría con toda seguridad al cole con mucho menos miedo y más seguridad en sí mismo, al haber estado previamente conviviendo con otros niños nuevos en el campamento.

Si la prueba salía mal, y Luis se autoexcluía o era rechazado por los otros niños, la cosa no sería tan grave, en primer lugar porque no eran sus amigos habituales del cole ni de su comunidad de residencia. Por lo cual, en cuanto abandonara el campamento, el problema habría finalizado, no habría ni chismorreos ni continuidad en la relación con esos niños. En segundo lugar, el campamento duraba pocos días y podía sacarlo cuando quisiera, con la única consecuencia de haber perdido su coste.

No obstante, Luis se negaba a ir porque decía que no le gustaba. Yo sabía nuevamente que su razón real era el miedo al fracaso. Tenía mucho miedo a enfrentarse con la realidad. No quería saber nada de ir en canoa, windsurf, de nada, y cuando le anunciaba que iba a apuntarlo al campamento, me decía que solo quería ir a otro campamento al que había ido de pequeño y que por tanto le resultaría familiar. Era el campamento Las Encinas en Boadilla del Monte, donde él recordaba que las cosas le salían bien.

Unos días antes, Luis tenía revisión con el Dr. López, que le encontró bien con la excepción de los problemas en la vista. No estaba recuperado del todo, aunque la revisión tampoco fue exhaustiva. Según él, le veía aún algo “frontalizado”.

Yo lo veía aniñado y me preguntaba si volvería a recuperar su carácter. Habían pasado cuatro meses y empezaba a olvidar cómo era mi hijo antes del accidente. Yo mismo dudaba de si estaba bien o si seguía aniñado. O si sería siempre así.

Lo llevé por fin al campamento. Me quedé cerca de él, a unos 20 km. en una casa que tenía en una playa cercana, aunque dispuesto a no interferir con la vida del campamento. No iba a visitarles. Luis tenía que pasar sólo su prueba de fuego, sin adultos protectores a los que acudir para apoyarse. Aunque su hermana Elena estuviera también, él tendría que arreglárselas solo en el mundo infantil.

Y estando allí, el primer día me llamó Elena con voz alarmada; me dijo que Luis no se integraba y que estaba con ella todo el tiempo, que no se relacionaba con ningún otro niño ni con nadie. Le respondí que no hiciera nada, que le devolvería la llamada cuando hubiera pensado qué hacer. Esa llamada me dejó preocupado. Me preguntaba a mí mismo como solucionaría este problema, podía ser un síntoma de algo muy serio.

Tras unos minutos devolví la llamada. La estrategia fue la siguiente: "Elena, dije, introdúcete tú en un grupo de niños y hazte amiga de ellos, e inmediatamente les presentas a tu hermano, cosa que les va a parecer normal y no les extrañará. Y luego, sin que se note, te retiras del grupo poco a poco". Ella contestó: "Papá, ¿cómo me voy a introducirme en un grupo formado por niños que no conozco?" Contesté: "Elena, eres una niña lista y con desparpajo, y seguro que se te ocurre la manera de introducirte, ¡hazlo!".

Desde mi punto de vista con ese empujón inicial era probable que Luis empezara a jugar con ellos. Si no era así, indicaría que estaríamos ante un problema de magnitud superior. Elena, que es lista y quiere mucho a su hermano, lo hizo. Al día siguiente me llamó nuevamente, esta vez más tranquila y contenta, para decirme que Luis estaba jugando con otros niños. La estrategia había funcionado.

De los diez días que duraba el campamento, los primeros fueron los más difíciles. Luego, Luis se fue integrando. Al tercer día Luis me llamó misterioso, pronunciando las palabras muy bajo y diciéndome que hablaba así porque estaba escondido en una esquina para que no le oyeran los otros niños, y para contarme que le estaban preguntando por la herida del pecho. Se le notaba inseguro y no sabía qué hacer, si quizás debía ocultarla o por el contrario podía enseñar la cicatriz. Yo le dije que no pasaba nada por contar lo que le había pasado y que incluso enseñase la cicatriz para "presumir" de ella. Se sabe que los niños a estas edades son así, y entre ellos "presumen" de las "mataduras" que se hacen jugando y haciendo el burro. Al oír la indicación Luis quedó tranquilo y conforme. Nos dimos un beso por teléfono y colgamos.

Volví a quedarme preocupado. No era buen signo. Sin embargo, Elena no había reportado ningún otro incidente alarmante. Lo mejor era seguir con la prueba. Y, a las dos horas, Luis volvió a llamar; esta vez para una pequeñez. Así estuvo llamando cada dos horas ese día y el siguiente. Llamando por cualquier tontería a su madre o a mí. Cuando no era una cosa era otra, y lo hacía porque se sentía inseguro y necesitaba refuerzo escuchando a su padre o a su madre.

A partir del cuarto o quinto día dejó de llamar. Lo que antes había supuesto para mí acelerones continuados de adrenalina al corazón cada vez que en la pantalla de mi teléfono móvil aparecía "AAA Hijo mío Luis" se trasformó en prolongado silencio cósmico que tampoco me dejaba excesivamente tranquilo. Ahora era yo quien llamaba a su hermana al campamento. Hasta que me di cuenta de que el silencio estelar de ambos obedecía a que estaban en su mundo. ¡Hay que ver! Yo preocupado por cómo irían las cosas en aquel mundo y ellos actuando ya como si sus padres pertenecieran al más allá. ¡Esto es ley de vida!

Hablando pues con Elena, me decía que lo veía plenamente integrado jugando con otros niños y haciendo lo que los demás. Y los monitores también le veían bien y contento, supongo que porque tenía amigos y hacía las actividades con éxito.

Como he comentado en el capítulo anterior, me había anticipado a algunas cosas que tendría que hacer Luis en el campamento, para que, a la dificultad de incorporarse a él, no se sumaran otras, y en todo caso para controlar en la medida de lo posible que no hubiera pérdida de autoestima si algo nuevo –como el *windsurf*– no le salía bien y, al revés, si le salía bien que ganara autoestima frente a otros niños.

Ahora lo pienso y me doy cuenta de que procuraba "atar todos los cabos", aún dentro de los riesgos que fuimos asumiendo durante la rehabilitación y de las incógnitas existentes en cada momento con cada paso de mejora que Luis debía dar. Por ejemplo, haber aprendido a hacer *windsurf* días antes no había sido casual, porque yo sabía que era uno de los deportes del campamento, de tal forma que cuando Luis tuvo que hacerlo allí con otros niños, le resultó mucho más fácil y así se sintió mucho más seguro de sí mismo.

Como algo excepcional, porque yo no quería interferir con él ni parecer que estaba de "niñera vigilante", le dije a Luis que un día lo recogería para ir juntos al cine, y entonces me pidió permiso para llevarse a un amigo suyo. ¡Buena señal! En su grupo había tres niños, y uno decía que le caía de pena. Contaba, en cambio, que al otro amigo que trajo al cine le había llevado a la cama a cuestas algún día. Por el comentario se veía que se entendían y que su vida en el campamento El Arbolar era la de cualquier niño feliz. Luis quería ir en la canoa número 1, la primera, que era la que más le molaba. Parecía verdaderamente integrado.

Un día del campamento, haciendo prácticas de vela en el Mar Menor, sopló de repente una racha de viento y el monitor le dijo a Luis, que estaba al mando del timón gobernando un velero tipo "cadete", que virara y que se cambiara de lado para contrarrestar la fuerza del viento. Luis no reaccionó a tiempo y casi entró agua en el barco. Su hermana se lo recordaba para chincharle, y creo que en ese incidente Luis tuvo un sentimiento de fracaso porque los niños se rieron.

Eso debió ser casi hacia el final del campamento, el séptimo u octavo día, y, para que Luis no se fuera con ese "pesar" a casa, pedí a los organizadores que el siguiente día que salieran a navegar le dieran a Luis otra oportunidad de ponerse al timón y no quedarse con ese sentimiento. Esta vez consiguió gobernar él solo el barco y lo hizo perfectamente.

Además de la prueba de integración, lo más importante que conseguimos con el campamento fue que Luis volviera siendo el niño que era antes del accidente. No sabemos cómo sucedió; es evidente que nuevamente la exigencia que tuvo su cerebro de comportarse y convivir como un niño más, provocó semejante mejoría.

Éxito total. Nunca sabré en qué grado el Luis que fue al campamento era el Luis de antes; aunque sí sé que el Luis que volvió fue el Luis de siempre. Había dejado de ser un niño "infantilizado". La interacción con otros niños le había forzado a evolucionar, a readaptarse rápido a su entorno al ver el comportamiento normal de los otros chicos de su edad. Fue cómo las vagonetas de las montañas rusas, cuando se deslizan cuesta abajo fruto de la enorme pendiente, y al final hay una curva cerrada super peraltada, que los carricoches toman a toda velocidad con enormes vaivenes y traqueteo pero sin descarrilar, forzados por los raíles. Y recuperar el carácter es un signo de excepcional mejoría. Ese cambio de carácter se debe a que el cerebro está afectado, y configura cómo somos, qué habilidades físicas y emocionales tenemos.

Yo había previsto que esta prueba de fuego ayudaría a Luis al obligarle a interactuar con otros niños, y que al ser todos desconocidos entre sí sería más fácil la vuelta al cole. Y luego, el sol, el mar, el ejercicio náutico que él sabía hacer, su hermana y los otros niños se tenían que hacer amigos también, todo ello reforzaría ese sentimiento de autoestima que necesitábamos recuperar para el cole y que le daría alegría.

Sólo fueron diez días, pero supuso un antes y un después. A la vuelta en septiembre la propia Dra. Ormaechea lo observó ella misma cuando volvimos a su consulta, y sin revelarle nada me preguntó: "Papa de Luis, éste ya es Luis ¿verdad?" Y valoró muy positivamente su reincorporación al mundo.

Recomiendo fervientemente a los padres y cuidadores que sean creativos para encontrar estos ejercicios y estas actividades que combinan varios objetivos y que pueden poner de manifiesto circunstancias y les pueden dar valiosas pistas acerca de la evolución de su hijo o ser querido. Eso no lo van a decir en el hospital.

Estimularle es un término demasiado amplio para entender qué debes hacer en realidad, y por eso es preciso estudiar el problema.

Y hay que recordar que el periodo de intervención para la rehabilitación no es largo, y puede que lo que no haya recuperado en un año no se recupere nunca. Por eso hay que empezar pronto, para reducir las probabilidades de las secuelas posibles.

De todos los libros que leí sobre el cerebro, destacaría dos ideas:

- El cerebro es materia orgánica y funciona, en ciertos aspectos, igual que los músculos: cuanto más lo entrenas más fuerte se hace y más capaz se vuelve.
- Si dejas de utilizarlo, pierde sus capacidades. "Un órgano sin función, desaparece".

El aprendizaje hace que se creen nuevas conexiones neuronales, como sucede en los músculos con el entrenamiento. La repetición fortalece esas conexiones. En eso hay que incluir también la vida social, que forma parte de ese entrenamiento, y es de suma importancia para las personas de cualquier edad: los niños y los mayores. En su naturaleza, el hombre tiene grabada la necesidad de comunicarse, vivir e interactuar con los de su misma especie.

CAPÍTULO 13

EL FINAL DE LA REHABILITACIÓN

Pon un gramo de audacia en todo lo que hagas.

–Baltasar Gracián.

A finales de agosto, tras el campamento, su madre y yo nos encontrábamos ante una decisión difícil. Había que decidir, por fin, si Luis se incorporaría al colegio en septiembre o si debíamos esperar a que hubiera hecho muchas más sesiones de rehabilitación. En ese momento teníamos aún ciertas dudas. Las dos opciones tenían ventajas e inconvenientes.

Que se incorporara a principio de curso suponía cortar con la rehabilitación en el centro privado al que había asistido antes de vacaciones, y, en parte, con todo lo que estábamos haciendo hasta ese momento. Luis estaría casi todo el tiempo en el cole. Suponía además una carga adicional de trabajo para el niño, porque tendría que hacer los deberes, y aún tenía que rehabilitar la vista, la atención el cálculo y la visioconstrucción..

La neuropsicóloga pensaba que llevarle al cole era prematuro, que Luis debía seguir asistiendo a las sesiones de rehabilitación en el centro hasta enero del 2013. Nos decía que el niño no estaba preparado. Y esto tenía la ventaja de que el niño daría más sesiones de rehabilitación, por cierto con un considerable y adicional coste económico. Para mí tenía unas desventajas importantes: si Luis se incorporaba a mitad de curso, en enero en concreto, que era cuando proponía ella, lo más probable es que fracasara, porque si a cualquier niño incorporarse al colegio a mitad de curso suponía una dificultad enorme para recuperar los meses perdidos, para un niño que había sufrido un grave trauma cerebral sería muchísimo más difícil, aun cuando estuviera bastante recuperado.

Además, se incorporaría a una clase con los grupos de amigos ya hechos, lo cual supondría el riesgo de tener dificultades de reinserción con los otros niños, quienes, además, no serían sus compañeros del año anterior. Y aunque Luis es sociable, temíamos que no fuera capaz de asumir el ritmo y el nivel alcanzado por la clase. También pensaba en que si le apartaban de los grupos creados, o si lo tomaban por "el tonto" de la clase, el que está repitiendo, se reirían de él, podría ser duro por más explicaciones que le diéramos.

Por otra parte, que se incorporara al cole tenía notables ventajas. En primer lugar si veíamos que no estaba realmente listo para reincorporarse, podríamos apoyarle nosotros y los profesores; en el peor de los casos, podríamos sacarle del cole y seguir con la rehabilitación. Y si Luis empezaba a desenvolverse razonablemente bien, con apoyo, podríamos conseguir que poco a poco fuera adaptándose a la vida normal. Para un niño lo más importante y, sobre lo que gira toda su existencia, aparte de su propia casa, es el colegio.

El Dr. López de La Paz en cambio era absolutamente partidario de la reincorporación y que empezara el curso en septiembre, aunque nos advirtió: "Va a ser duro para él". También, en cambio, fue tajante: "Este niño tiene que ir al cole".

Estaba claro que la decisión era muy importante. Podría tener unas consecuencias nefastas si nos equivocábamos. Era difícil decidir el momento de incorporarle.

A la neuropsicóloga le dije que finalmente tomaría la decisión valorando todos los argumentos. Elena madre no lo tenía tan claro, y sopesaba su recomendación. Hablamos mucho sobre el tema, y, ciertamente, también discutimos. Lo innegable era que hasta la fecha las decisiones de rehabilitación que habíamos tomado con Luis, tan audaces e intensivas, muchas de ellas en contra incluso de opiniones autorizadas como la de la neuropsicóloga, habían dado resultados espectaculares.

Al final su madre, tras la evidencia de los resultados existentes, aceptó mi decisión. Optamos porque Luis se incorporara al cole en septiembre: ambos decidimos que repitiera curso. Repetir facilitaría las cosas a Luis, a pesar de que no estaría en clase con sus antiguos amigos, lo cual era una notable desventaja.

Lo razonamos con él, lo convencimos, le explicamos que podría seguir viendo a sus antiguos amigos en el recreo, y que estar en una clase nueva, lejos de ser una desventaja por no estar con sus antiguos compañeros, en realidad sería una ventaja, ya que tendría aún más amigos, los del año pasado y los nuevos. Y puesto que, al haber sufrido el accidente, no pudo terminar el curso, eso no sería ninguna deshonra para él; realmente, no suponía "repetir" curso, sino hacer un curso que nunca llegó a acabar. No había por qué avergonzarse.

Finalmente, se incorporó ilusionado al cole. Esa imagen del primer día, de su cara encendida camino del cole, no se me olvidará fácilmente. Su rostro reflejaba que para él reincorporarse al cole suponía volver a la vida de siempre, al mundo de antes. También recuerdo que ese primer día su madre y yo estuvimos ansiosos por verle de vuelta y saber cómo le había ido en clase. Le fue bien. Regresó contento. Respiramos con alivio y empezamos a tranquilizarnos, pensando quizá que finalmente habíamos tomado la decisión correcta.

Debo decir que agradezco profundamente al Dr. López el acierto de su juicio. Al margen de las notables ventajas que tenía esta opción, al margen del "seguro" que suponía que la prueba controlada del campamento hubiera sido un éxito, lo cierto es que su opinión fue para mí indudablemente importante.

En los siguientes días de curso, Elena y yo seguimos vigilantes preguntando a Luis sobre su reincorporación. Se le veía contento. No se nos olvidaba, en cambio, que podría tener dificultades de aprendizaje por las manchas de ceguera que aún sufría, y porque aún tenía que recuperar atención y capacidad de cálculo. Debido a los escotomas, tenía dificultad para ver la pizarra. Leía todavía bastante mal. De lo demás estaba prácticamente recuperado, pero de la vista no, y eso le podría afectar notablemente para ciertas tareas.

En el cole le acogieron bien. Sus profesores decidieron apoyarle. Le pusieron en la primera fila con dos niñas a su lado que le ayudarían si lo necesitaba. Le asignaron de tutora a una profesora que Luis había tenido en años anteriores y lo conocía.Cuando habían trascurrido diez meses del accidente, Luis continuaba contento. Es verdad, en esos meses tuvo dificultades serias con diversas asignaturas y tuvimos que volcarnos en apoyarle. No obstante, si recuerdan, esta circunstancia ya la habíamos previsto cuando tomamos la decisión.

En ese momento, aprobara o no el curso, estábamos seguros de que habíamos acertado en la decisión. El tiempo jugaba a nuestro favor: seguía mejorando notoriamente y en pocos meses habría terminado la rehabilitación.

Luis hoy está satisfecho e integrado perfectamente. Su madre y yo le ayudamos a hacer los deberes en casa, y en el cole le apoyan mucho. Todavía tiene a su profesor Daniel de matemáticas porque debido a la vista va un poco más despacio que los demás, y debe hacer en casa lo que no le da tiempo a hacer en el colegio.

Ha vuelto a tener su carácter. Continúa con la rehabilitación en casa, gracias a que Laura, la neuropsicóloga que contraté en Murcia en los meses de verano, viene por las tardes. También da clases de música y sigue entrenando con Diego. Hace los ejercicios de ojos que veremos en el capítulo siguiente.

La vida de Luis se normaliza. Estamos en la última fase del proceso.

Los padres y cuidadores que tengan que tomar una decisión tan dura, tendrán que sopesar los consejos que reciban y aprender a decidir tomando en consideración y ponderando todos los factores, las ventajas e inconvenientes, así como todas las opiniones. Por esto insisto en que hay que formarse una opinión para poder valorar y saber decidir lo mejor para su hijo o para ese ser querido que tuviera necesidad de rehabilitarse.

CAPÍTULO 14

LA VISITA A BOCHUM. EL ESPECIALISTA ALEMÁN

Si al franquear una montaña en la dirección de una estrella, el viajero se deja absorber demasiado por los problemas de la escalada, se arriesga a olvidar cual es la estrella que lo guía.

–Antoine de Saint-Exupery.

En la visita que hice a la Dra. Ormaechea en julio, me dijo que Luis tenía diversos escotomas muy grandes en los dos ojos y que no enfocaba. Le llevé unos cuantos libros que había comprado en internet y que estaba leyendo para entender los problemas de visión de Luis. Había encontrado en el libro del Dr. Josef Zihl–oftalmólogo que, luego lo supe, es muy famoso– que existía una terapia reciente para tratar los escotomas, basada en presentar al ciego, mediante la pantalla de un ordenador, estímulos luminosos en la frontera entre las zonas de visión y ceguera.

Como no sabía cómo iba a reaccionar la doctora, puesto que no la conocía bien todavía, recuerdo que, para que no quedará nada al azar, hasta le llevé las páginas de ese libro subrayadas en color amarillo y fotocopiadas, además de otro ejemplar para ella. La Dra. Ormaechea me vio tan interesado que me dijo: "Papa de Luis, me había prometido a mí misma que no te daría las fotocopias de un artículo que tengo, porque te veo muy lanzado; a pesar de ello te las voy a dar".Yo de esta frase he deducido que quizás esta amable y competente doctora me vio tan dispuesto a hacer lo que hiciera falta para recuperar la vista de mi niño, ¡que lo mismo pensaba que le iba a poner a Luis unos Rayos X en los ojos o algo similar, como los inventos que hacía de pequeño!

En honor a la verdad, debo reconocer que esta observadora profesional tampoco iba desencaminada. Incluso antes de visitarla, y dado que el libro del Dr. Zihl indicaba con cierto nivel de detalle cómo debían ser los impulsos luminosos que debían excitar los ojos del paciente mediante esa terapia, y puesto que yo mismo no podía ponerme a hacer un programa informático de estimulación visual, días antes había preguntado a mi amigo Javier, experto analista informático y programador, si podría ayudarme a desarrollar dicho programa, y me había contestado afirmativamente.

Las fotocopias eran del artículo de un oftalmólogo y neurólogo alemán, que había desarrollado recientemente un método mediante el cual, incluso las neuronas muertas, en las zonas del cerebro de la visión, podían ser sustituidas por otras neuronas en las zonas próximas a la lesión, mediante estimulación visual de todo el perímetro, estableciendo nuevas conexiones de visión.

En él se explicaba cómo este científico había observado que las neuronas limítrofes entre una zona de visión y una zona de ceguera tienen una hiperexcitabilidad, y había comprobado cómo excitando ese perímetro con estímulos luminosos concentrados en ellas, éstas neuronas generaban nuevas conexiones, haciendo que la visión poco a poco se fuera extendiendo a las zonas de ceguera previa. El Dr. Widdig había escrito ese artículo en el que desarrollaba un programa de ordenador para ello. Hasta la fecha no había terapia ni método para recuperar los escotomas, más allá de la propia recuperación que pudiera ocurrir espontáneamente en el paciente. Su método había sido probado con éxito en pacientes y era –es–, la única terapia posible hasta el momento.

El científico fue más allá. Dado que la terapia está basada en un programa de ordenador, y en que el ciego esté frente a ella haciendo ejercicios diarios, desarrolló ese programa (CURAVIS) como servicio *online* para rehabilitar los escotomas a través de internet, reduciendo así el coste, y con mayor flexibilidad, ya que el enfermo puede hacer la terapia desde casa, controlado remotamente por el médico a través de la red[40].

El artículo demostraba que se podían estimular las neuronas alrededor del escotoma, zona de hipersensibilidad de estas células, justo en el área en la que el individuo ve y no ve. Y esa hiperactividad hace que las neuronas cercanas asuman la función de las que han muerto.

Los ejercicios consisten en situarse delante de una pantalla. Desde ella, los ojos reciben fogonazos pequeños, justo en el área donde está el límite entre ceguera y visión, es decir, en la periferia del escotoma. Estimula estas células, que, se sabe, son hiperactivas, y que potencialmente asumirán las funciones de las que han muerto.

Tras leer el artículo le propuse a la Doctora Ormaechea que Luis y yo nos fuéramos a ver a este doctor a Alemania. Quizás su método pudiera ayudar a que los escotomas de Luis se redujesen de manera acelerada. La doctora me animó a que me pusiera en contacto con él. Le contara el accidente, y le propusiera que atendiera a Luis.

---

40. Método OTBC (On Line Therapy for Cortical Blindness): tras un diagnóstico clínico inicial de la visión, se le preparan al paciente los ejercicios que deberá seguir en casa. El doctor controla continuamente el progreso de la terapia –que se realiza con un ordenador y una conexión a internet-, y la va adaptando a las necesidades del paciente.

Envié diversos mails a este doctor y hablé con él incluso por teléfono. Nos dio cita para visitarle el 17 y 18 de septiembre en el Hospital Bergmannscheil, en la ciudad de Bochum, cerca de Colonia, en Alemania. Luis y yo fuimos a la clínica en Bochum y conté a estos doctores todo lo que habíamos estado haciendo en los cuatro meses desde el accidente.

Ellos también utilizaban, en su hospital, la música en la unidad de recuperación neurológica. Nos felicitaron. El Dr. Tegenthoff, Jefe de Neurología de ese hospital nos dijo: "Luis ha tenido una rehabilitación mejor que la que le hubiera proporcionado el mejor médico en el mejor de los hospitales". También explicó que el tiempo de recuperación había sido extremadamente corto y que, según su parecer, obedecía a la prontitud, intensidad y diversidad de la rehabilitación.Antes de prescribir a Luis el novedoso método de recuperación de escotomas, le hicieron esa misma mañana un electroencefalograma, que resultó normal. Tan sólo nos dijo el doctor que algo lento, aunque plenamente normal. Me puse muy contento acordándome de aquel otro tan terrorífico que le hicieron en la UCI del hospital cuatro meses antes y que, al verlo, había cambiado el semblante del Dr. Alvarado por el daño que mostraba.

El doctor Tegenthoff estaba impresionado, tanto más mientras observaba y escuchaba a Luis, siguiendo en inglés la conversación que los dos médicos y yo estábamos manteniendo acerca de él.

El jefe de neurología nos indicó que el éxito de nuestra rehabilitación había consistido en empezar tan rápido, en la multitud de tareas continuas y cambiantes que realizamos, y en la constancia. Comparto todo ello. Estoy absolutamente seguro de que la variedad de ejercicios neurológicos, y el ejercicio físico vigoroso, jugaron un papel fundamental. Pienso, asimismo, que los compuestos que tomó Luis también ayudaron, lo cual estaba implícita en la afirmación del doctor, ya que un experto en este tipo de rehabilitaciones nos estaba felicitando por nuestro trabajo. Su conclusión fue que, a tan sólo cuatro meses del accidente, era poquísimo el daño en los escotomas.

A partir de septiembre, Luis pudo hacer una vida prácticamente normal, hasta yendo al colegio como cualquier otro niño. Las zonas de ceguera le dificultaban todavía la lectura, pero gracias a las mediciones que paulatinamente le iban haciendo en la ONCE y la Dra. Ormaechea, sabíamos que, poco a poco, los escotomas se hacían cada vez más pequeños, probablemente debido a la combinación del tratamiento del Dr. Widdig, y a la propia recuperación espontánea, potenciada al máximo exponente por la "Rehabilitación de 3 Ejes".

El viaje a Alemania fue un éxito. Además, vivimos una anécdota que tampoco olvidaremos. Como la visita al doctor se organizó para ser un lunes, aprovechamos para viajar en sábado y así hacer algo de turismo, que nos vendría bien para descansar. Y por ello nos llevamos ambos los patines, para ver la ciudad patinando, y alquilé un coche para ir el domingo a Colonia desde Bochum, que estaba a una hora y media.

Casualmente, el sábado por la noche, después de cenar, Luis y yo, desde el hotel, escuchamos una música que venía del centro de Bochum. Parecía un festival. Como nos apetecía hacer algo, decidimos ir en busca de la música. Resultó una fiesta rockera. Ni cortos ni perezosos, nos integramos a ella y compramos unas Bratwurst. Pasamos la noche del sábado tomando salchichas, "a lo alemán".

Amaneció el domingo y decidimos lo proyectado: ir y volver en el día a visitar Colonia; al día siguiente teníamos la consulta con los médicos, en Bochum. Esa reunión podía ser crítica para el futuro de Luis. Yo lo sabía. Quizá también él.

Llegamos a Colonia hacia la una de la tarde. Aparcamos el coche y empezamos a ponernos los patines para ir a comer y visitar la ciudad.

• • •

Cuando el agua te llega al cuello, no te preocupes si no es potable.

–Stanislaw Jerzy Lec.

Luis recalca que me lo preguntó. O no lo oí, o no me percaté. Supuestamente preguntó: "¿Papá, cierro las puertas del coche? Según él, contesté que sí. El caso fue que allí, dentro del coche, quedaron las llaves del coche y todo lo demás. Estábamos en una ciudad desconocida, en domingo, con pantalones cortos, patines puestos, sin zapatos y sin poder regresar a Bochum. Y lo más grave: si no resolvíamos este embrollo, perderíamos la cita que tanto nos había costado concertar en el hospital.

Cuenta mi hijo que yo daba vueltas como una peonza, y le reprochaba con cara desencajada: "¡Luis la has liado, la has liado!" Cuenta que me veía repitiéndolo como si hubiera entrado "en bucle", como cuando los PCs se quedan colgados en un programa y finalmente hay que resetearlos. Lo cierto es que tenía una mezcla de cabreo monumental contenido, de ataque de desesperación, además de una enorme preocupación por el día siguiente.

Después de unas vueltas más me detuve y decidí empezar a pensar fríamente. Probablemente habría una oficina del coche de alquiler en la estación de trenes de Colonia y seguramente en el aeropuerto. El aeropuerto estaba lejos para ir patinando como primera opción, además, íbamos a tardar demasiado. Así que decidí probar antes en la estación de trenes, bastante más cerca. Fuimos patinando deprisa, ¡con seguridad las endorfinas disminuirían el enfado, al menos el mío!

Cuando llegamos a la estación, había por suerte una oficina del coche de alquiler ¡y estaba abierta! Expliqué al dependiente lo que nos había pasado y le pedí si nos podría hacer llegar una copia de la llave que seguro que ellos tenían. Asintió. La tenían, sólo que, nada más y nada menos, en la central de Hamburgo. Tardaría al menos un día en llegar desde allí. Le conté que no podíamos esperar tanto. Me dio él una solución que me dejó atónito por venir de un alemán (y el hombre era alemán sin ninguna duda). "Vayan donde el coche –me recomendó– y rompa usted el cristal; le va a costar lo mismo que traer las llaves de Hamburgo". En ese momento empecé a alucinar en colores. Tanto fue así, ¡que casi me devolvió "al bucle" del que ya había salido un rato antes patinando! ¡Hombre, no podía creer que esa fuera toda la solución que se le ocurriera a un germano!

Educadamente repliqué que no me parecía la mejor solución. Más lanzado que yo, si cabe, o quizá con el ánimo de solventar el problema con rapidez, porque se sentía culpable, Luis me animaba eufórico a que hiciera caso y fuéramos a romper el cristal: "¡Venga papá!, ¡vamos y le pegamos un "mochazo" al cristal con el patín y lo rompemos!".

Como lo vi eufórico con la propuesta del buen hombre de la estación, le expliqué: "Luis, imagínate que algún vecino nos ve, lo cuál no sería de extrañar, y llama a la policía. ¿Cómo le explicamos a Herr Polizist, embutidos en patines, que te has dejado las llaves del coche dentro, y que "nuestro amigo" nos ha dicho que rompamos el cristal? Te aseguro que de momento el agente nos contesta: "*Ja wohl meine Herren, gerade aus*", que más o menos traducido a nuestro lenguaje vendría a ser: "Ala, p'alante". Y que para cuando consigamos explicar en la comisaría, que no va a ser fácil en alemán, todo este lío, lo mismo no tenemos posibilidad de volver a Bochum esta noche y perdemos la visita de mañana".

Luis aterrizó un poco decepcionado, al darse cuenta de que ni su padre era el "Coronel John Hannibal" del Equipo A, ni él iba a poder emular al "Loco Aullador Murdock". Lo del "mochazo" sólo podía ser una solución de último recurso.

Pensando con un poco más de cordura, pregunté al señor con sorna si es que los coches en Alemania no se estropeaban nunca, por aquello de la perfección alemana. O sea, que si no había algún servicio de atención urgente en carretera de la propia compañía.

¡Vaya! ¡En ese momento el buen hombre me recordó a Thomas Alva Edison, porque se le encendió la bombilla! Me contestó afirmativamente, y tras llamar de inmediato, y decirme que la broma me iba a costar 150 euros del ala, nos dijo que fuéramos deprisa al coche, que el vehículo "escoba" llegaría en 20 minutos. Eso hicimos. Cuando llegamos al coche, nuestras piernas, ligeramente amoratadas pero sin llegar a ser verdes, empezaban a parecerse a las "mazas" del "Increíble Hulk".

Apareció un Ford Fiesta amarillo, y se bajó de él un operario, con un poco de pinta de macarrilla, aunque simpático, eso sí. Le pregunté si pensaba que lo iba a poder abrir, y mirándome con cara de medio cachondeo, supongo que por el careto que debíamos tener Luis y yo, respondió: "Creo que sí".

Tardó exactamente tres minutos en abrir el coche con unos manguitos hinchables de médico de medir la tensión arterial y un alambre largo.

¡En fin! Se ve que en Alemania los sueldos son bastante más altos que en España, porque si en España cobrar 50 euros la hora es un buen sueldo, este simpático operario con pintillas, en tres minutos de trabajo cobró el triple, y nos sopló los 150 euros que me habían dicho en la oficina. No obstante, Luis y yo estuvimos encantados de pagárselos, sumándole además una propinilla adicional: por revienta-cerraduras alemán competente.

Y esa misma tarde, volviendo a Bochum en nuestro coche con la ventana intacta, vimos en el cielo azul pálido de ese luminoso día un "enoooooorme" Zeppelín plateado, que brillaba con el reflejo del sol, y Luis y yo, muy ilusionados, pensando en que podríamos revivir el vuelo del Hindenburg (con otro final, ¡claro!), nos pusimos a perseguirlo por una carretera para ver cuál era su destino y dónde aterrizaría, con intención de preguntar si podríamos subir y dar un paseo por el cielo de Colonia.

Y lo alcanzamos. Desgraciadamente era el último vuelo del día y no pudo ser. Nos quedamos con las ganas; también con el bonito recuerdo, que hoy compartimos Luis y yo, de la persecución del Hindenburg por la zigzagueante carretera que atravesaba el paisaje verde del norte de Alemania. También recordaremos siempre la anécdota de las llaves del coche y la fiesta rockera.

De la visita a estos especialistas volvimos a casa con la esperanza de que Luis recuperaría la vista del todo. Nos dieron el programa software y el soporte metálico para ponerlo delante de la pantalla del ordenador, y desde entonces –mediados de septiembre– estuvo Luis haciendo los ejercicios de ojos todas las noches.

El médico controlaba desde Alemania los ejercicios que tenía Luis que hacer, veinte minutos cada ojo. Esto suponía para Luis un gran esfuerzo adicional a todas las tareas que tenía que hacer en el cole y seguir mejorando.

El médico nos dijo que el 80 % de los pacientes se recuperaban, y que mi niño tenía muchas posibilidades de ello por la plasticidad de la infancia y por la mejoría tan espectacular que habíamos conseguido en tan sólo cuatro meses, estimándose que el periodo de rehabilitación en ictus y otras patologías que cursan con ceguera cortical es de un año de recuperación. Por eso las probabilidades de que Luis mejorara en los próximos meses eran altas, aunque este progreso fuera algo más lento que los demás avances en la rehabilitación.

Mientras regresábamos en el avión el 18 de septiembre, íbamos los dos repasando y reaprendiendo las notas musicales para que siguiera Luis mejorando con el saxo, "agitando" a la vez el hemisferio derecho. Y leíamos el pentagrama, un agotador ejercicio para cualquier cerebro que no esté habituado a ello.

Con la opinión de estos médicos vi confirmado el acierto en la *Rehabilitación de 3 Ejes* y en haber puesto a Luis a trabajar tan rápido y tan intensivamente. Me sentí reconfortado al empezar a escuchar algunas autorizadas palabras de felicitación.

• • •

Si no conozco una cosa, la investigaré.

–Louis Pasteur.

En Diciembre de 2012, una vez que a Luis le habían dado las vacaciones de Navidad en el cole, decidí dar otro impulso a su rehabilitación. Volví al frenético ritmo de 14 horas *non-stop* (que, lógicamente, había tenido que aligerar desde septiembre, debido a su reincorporación al colegio y a los deberes que debía realizar, y que por supuesto también contaban como rehabilitación para él).

Además, desde el mes de julio me daba vueltas constantemente en la cabeza una cosa que había leído en el artículo del Dr. Widdig acerca de la cura de la ceguera cortical con su innovador método. Había leído que, en sus investigaciones, el doctor había comprobado como en aquellos pacientes más difíciles de curar, como los adultos que llevaban años sin ver y sin tratar la ceguera cortical, cuando se les administraba un excitante, algunos de ellos empezaban a recuperar la vista incluso años después de que ocurriera el trauma. Sin embargo, a los que no se le administraba un excitante, no la recuperaban a pesar de la novedosa terapia.

Recordé que hacía años, hablando con mi padre, yo mismo había tomado un medicamento llamado Arcalión, derivado de la vitamina B1 tiamina (sulbutiamina) que atraviesa la barrera cerebral más fácilmente que la tiamina y que, en dosis normales, no tiene ningún peligro, aunque sí recordaba que a mí me excitaba ligeramente.

Rápidamente busqué la conexión entre el hallazgo del Dr. Widdig, respecto a que un excitante podía potenciar la recuperación de la ceguera cortical y mi recuerdo. Así que me fui a hablar con mi madre a ver qué opinaba ella. Me dijo que era cierto, que ella misma recordaba que también le producía excitación, y que por otra parte ese medicamento no tenía ningún peligro. Decidí hacer la prueba un día con Luis, para ver cómo le sentaba, sabiendo que no había peligro.

Y tras dárselo un día, comprobé que a Luis no parecía acelerarle ni excitarle en lo más mínimo (¡será por lo pachorrudo que es, porque el mundo puede estar acabándose y él sigue a su bola!). Ello no significaba que internamente en su cerebro no estuviera teniendo un efecto positivo; este medicamento está indicado entre otras cosas para mejorar la memoria. Decidí administrárselo todos los días, manteniéndolo bajo vigilancia.

Tras sumergir nuevamente a mi hijo, durante esas Navidades en el frenético ritmo de 14 horas *non-stop* (con las matemáticas, la música, el ejercicio vigoroso, además de los compuestos y medicinas), Luis mejoró espectacularmente; mejoró tanto que nuevamente lo notó todo el mundo. La mejoría fue espectacular. En ella se incluía una mejora sustancial en la velocidad de lectura. Lo que parecía indicar que quizás los escotomas se podrían haber vuelto a reducir.

Y ello nos fue confirmado en la nueva visita que Luis hizo a la ONCE en abril de 2013 para realizar unos nuevos campos visuales, justo un mes antes de que se cumpliera el año desde el trágico accidente. En efecto, los escotomas se habían vuelto a reducir muchísimo. ¡La mejoría había sido enorme en tan sólo 5 meses! Uno de sus ojos apenas tenía una mancha de ceguera; y, en el otro, la reducción de tamaño era importante también.

Esos campos visuales reforzaron mi creencia, arraigada meses atrás, y basada en la evolución espectacular que había visto en Luis desde los inicio de la *"Rehabilitación de 3 Ejes"*: que Luis finalmente saldría prácticamente indemne de su mortal accidente, y que con pocos meses más recuperaría su vista al 100%, igual que el resto de las capacidades cognitivas. El sufrimiento de tantos meses, el esfuerzo por correr sin desfallecer, y por averiguar lo que no sabía, nos había proporcionado a Luis y a mí una recompensa de incalculable valor.

CAPÍTULO 15

EL ESTRÉS POSTRAUMÁTICO

En algún lugar del alma se extienden los desiertos de la pérdida, del dolor fermentado; oscuros páramos agazapados tras los parajes de los días.

–Sealtiel Alatriste.

Cuando Luis hubo sido dado de alta en La Paz, la Dra. Ortiz, del servicio de apoyo psicológico del Hospital, quiso vernos en junio a Elena madre y a mí; esta vez no para apoyarnos psicológicamente, sino para valorar si Luis podría sufrir estrés postraumático, que, conforme a sus indicaciones, era algo frecuente al cabo de un mes de trauma grave.

Parecía que mi hijo no lo había sufrido; no había mostrado en ningún momento ni signos ni síntomas de desolación. No se acordaba de nada, o muy poco, de lo que había pasado. La doctora le preguntó qué era lo que más le preocupaba; él decía que ir al cole. Por lo demás, en la primera visita contestó que nada recordaba desde el momento en que se clavó la navajita.

No había rastro de trauma psicológico en Luis; tampoco de que hubiera algo que le preocupara, salvo volver a su entorno habitual. En cualquier caso, tuvimos que pasar tres revisiones mensuales sucesivas con esta amable doctora, y, en la tercera, quedó claro que, si Luis no lo había manifestado hasta ese momento, no era probable que ocurriera. Lo normal era que se presentara antes del primer mes. Luis estaba contento y nada preocupado, así que la Dra. Ortiz le dio de alta en el servicio de psiquiatría definitivamente.

Más adelante quien sí sufrió el estrés postraumático fui yo. Empezó cuando Luis, estando en la UCI, no despertaba tras retirarle la sedación. Yo vivía con la ansiedad de que debía despertar y no lo hacía. Derivado de ello, con el inconmensurable sufrimiento de verle inmóvil, muerto en vida, sin responder a nada ni a nadie.

El primer día te consuelas con que el efecto de la sedación desaparecerá en unas horas. Poco a poco el tiempo pasa. Los días posteriores careces de explicaciones. Te invaden pensamientos catastróficos. Entiendes que cabe dentro de lo posible que no despierte. Pides a Dios que no ocurra.

Fue ese el momento en el que pedí a Dios que se lo llevara, si iba a ser esa la vida que le deparaba: impasible y mirando al techo, como muerto hasta que le llegara su hora. En semejante momento empezó para mí, creo, el estrés postraumático. Pegaba mi cabeza a la de Luis en la almohada; lo abrazaba llorando, desconsolado. Lo cogía de las manos; me escondía para llorar. Los movimientos espasmódicos que me provocaban el lloro debían verse, no lo sé, pero yo entonces no podía hacer otra cosa.

Lloraba cuando estaba sólo y seguía llorando por las noches. Habían pasado tres meses desde el accidente. Antes de él, me estaba sacando el carnet de patrón de yate y me quedaban por hacer unas horas de prácticas. Un fin de semana fui a terminarlas. Estando en el barco, rodeado de compañeros marinos, me tumbé a descansar un poco a la hora de la siesta, puesto que no me tocaba estar al mando del timón. Otro patrón llevaba el barco y podíamos descansar un rato. Entonces me puse a llorar. Creo que mi compañero vio las lágrimas que yo trataba de ocultar.

No le conté a la psiquiatra qué me pasaba porque lo supe más tarde. Cierto que todos los días lloraba en los momentos en los que me encontraba sólo al recordar lo vivido en esos meses. O al contemplar las fotos de mi niño en la cama de la UCI, cuando las musicólogas vinieron a cantarle.

En los últimos tiempos me siento agotado, aunque contento, muy contento con los resultados. Ver a Luis radiante, y perfectamente rehabilitado, compensa cualquier sufrimiento, el esfuerzo de esos meses. Me cuesta siquiera imaginar qué estaríamos sufriendo todos si no hubiera tomado la determinación, o no hubiera conseguido, sacar a Luis de su sueño infinito, o si no hubiéramos puesto en marcha la *"Rehabilitación de 3 Ejes"*, y Luis hubiera acabado siendo un caso similar al de Esther o al de David que mencionaré más adelante.

Con el tiempo recordaremos más lo bueno que lo malo. Reiremos de momentos por los que pasamos durante la rehabilitación: el Recluta Patoso, el rastrillo de la UCI, la fiesta rockera de Bochum, la persecución del "Hindenburg", el macarrilla alemán que nos abrió el coche.

Incluso de las cosas que me decía Luis cuando estaba harto de tomarse el zumo o de tanto esfuerzo. Que, bien miradas, son bastante cómicas, como por ejemplo, cuando un día me dijo: "Que sepas que cuando seas viejo y no te puedas defender te voy a pegar". O, cuando haciendo abdominales en la UCI, me mandó a tomar viento. Igualmente cuando decía que le torturábamos con las clases de matemáticas.

Cierto que en el ser humano existe ese mecanismo de olvidar más fácilmente las experiencias dolorosas que las placenteras, quizás para poder seguir adelante y que los golpes de la vida no nos paralicen.

Les pido a mis hijos que no lo olviden nunca. Del dolor también se aprende. Experiencias como estas forman el carácter, lo fortalecen, nos hacen aprender importantes lecciones acerca de las desgracias fortuitas que continuamente ocurren en la vida a personas anónimas como nosotros. Y que, por todo lo vivido y sufrido con este traumático suceso, en adelante tienen que aprender a mirar el dolor del mundo de manera diferente.

CAPÍTULO 16

EL SISTEMA NACIONAL DE SALUD Y LA REHABILITACIÓN

Hay una manera de contribuir a la protección de la humanidad, y es no resignarse.

–Ernesto Sábato.

He querido hablar de la rehabilitación en el sistema nacional de salud (SNS) para orientar a otros padres, cuidadores y a otras personas que se encuentren en situación similar. Ha sido una experiencia rica en detalles. Hemos visitado a muchos más médicos de los que vería un paciente cualquiera. He sacado mis conclusiones con la información que he ido acumulando.

La atención en la UCI de La Paz fue excelente, constante y el sistema ha sido perfectamente eficiente para salvar la vida de Luis. No he dudado ni por un momento que hicieran todo lo posible, lo mejor para prevenir y minimizar la profundidad de la lesión cerebral, y para salvarle de la muerte desde el mismo momento en que llegó la ambulancia y hasta que le dieron de alta.

Sin embargo, en lo relativo a la rehabilitación, casi desde el principio se vio que la rehabilitación de un caso así no cuenta con los recursos suficientes en ese hospital. Por lo que me han comentado otras personas, en otros centros afamados del SNS, la situación es análoga o incluso peor.

En el propio hospital un día me comentaron: "José Manuel, en rehabilitación, la Seguridad Social no dispone de suficientes recursos". E igualmente el Dr. López, con toda razón, nos dijo: "La rehabilitación la vais a hacer fundamentalmente vosotros".

La carta que escribí en su momento a los doctores de la UCI tenía como propósito pedirles ayuda. Esta carta, lo he dicho, dio inicialmente sus frutos, y hubo mucho movimiento alrededor de Luis una vez que estuvo en su habitación de la planta. Todos los médicos de la UCI, que habían salvado a Luis, supongo que pensaron que no le podían dejar así, sin una rehabilitación adecuada. Pocos días después, este movimiento inicial empezó a decaer.

Luis había entrado en esa dinámica hospitalaria y su doctor, con seguridad debido a una acuciante falta de recursos, tan sólo le pudo prescribir una hora y media de rehabilitación a la semana dividida en tres días. La rehabilitadora de La Paz, Amparo, atendía a Luis con mucho interés, y lo atendía bien, pero el doctor no le pudo asignar todas las horas que hubiera querido porque el sistema no lo permitía. Tenía demasiados pacientes y no podía dedicarle más tiempo a cada uno.

Paradójicamente, Luis, su madre y yo, cada uno de esos tres días, lunes, miércoles y viernes, empleábamos dos horas en desplazarnos en coche a La Paz, para recibir tan sólo media hora de rehabilitación. Por ello contratamos un centro privado, donde, de entrada, Luis empezó con 4 horas de rehabilitación al día. Notable diferencia. Y todavía eran pocas frente a las que yo pensaba que realmente Luis tenía que hacer, y que de hecho hizo en casa con la *"Rehabilitación de 3 Ejes"*.

Y, ahora más que nunca, estoy convencido de que ni con las 4 horas diarias prescritas en el centro privado se habría recuperado Luis como lo hizo. Allí tenía, a diario, cuatro disciplinas: fisioterapia, logopedia, neurorehabilitación y terapia ocupacional, aunque la fisioterapia la suprimí yo al poco tiempo porque con el ejercicio vigoroso, que combinaba ejercicios neurológicos a la vez, avanzó mucho en pocos días.

Se cumplía lo que me habían dicho diversos doctores: tendríamos que ser nosotros los que hiciéramos la rehabilitación. Por eso me puse a estudiar tanto y a consultar a amigos médicos para contrastar los conocimientos que iba adquiriendo y saber qué hacer. También me llevé la impresión de que el SNS no está preparado para cubrir las necesidades de los enfermos que necesitan una rehabilitación larga o intensiva. Ya sean niños o mayores, los mandan a casa tras salvarles la vida de manera impecable. Las secuelas, sin embargo, no son asumidas por dicho sistema como debiera ser.

Pienso, ahora, que los niños que estén en una situación así, o tienen padres con gran energía y decisión en hacer la rehabilitación paralela que hay que hacer, además de recursos económicos, o los pobres no van a salir tan bien parados como Luis. Durante esos meses, leí en los periódicos la historia de dos niños que sufrieron graves discapacidades y que aparentemente no fueron bien rehabilitados por el SNS. Mencionaré, en primer lugar, el caso famoso –incluso se hizo una película– de Esther Chumacillas. Si bien éste no es totalmente comparable al de Luis, porque el pronóstico de recuperación de una meningitis, como la de Esther, puede ser mucho peor que el de un edema cerebral, según me comentó un día la Dra. Ormaechea, estoy seguro de que si Esther tuvo en suerte gozar de una rehabilitación en el SNS, semejante a la que le fue proporcionada allí a Luis, desde luego –incluso aunque no hubiera tenido una meningitis– no se habría recuperado igual que él. De eso estoy absolutamente seguro.

En efecto, Esther, tras sufrir una meningitis con 13 años, todavía no puede reconocer las caras, tal y como apareció en octubre del 2012 en un artículo de *El País*. Ahora tiene 30 años y su neuróloga decía en el periódico que "sus ojos hablan un idioma y su cerebro otro".

La meningitis redujo su campo de visión. Esther hoy sólo puede ver de frente, como si viese a través de un tubo. A Luis le pasaba lo mismo al principio debido a la ceguera cortical, que en su caso se fue curando rápidamente, apoyado por la *"Rehabilitación de 3 Ejes"*. Posteriormente, seguimos tratando los escotomas con esa misma rehabilitación y con el programa del Dr. Widdig.

Ella misma habla en el periódico de la poca información que recibió de esta enfermedad: "Iba y venía al hospital, pero ningún médico me dijo lo que me pasaba exactamente". Más adelante, M. Concepción Fournier, del hospital madrileño del Niño Jesús, dio con su enfermedad. "Me dijo que una parte de mi cerebro había muerto por culpa de la meningitis". Ésta había dañado su lóbulo occipital, él que se encarga de descifrar los impulsos eléctricos que manda el nervio óptico al cerebro para identificar las imágenes.

Con el tiempo y mucho trabajo, Esther ha aprendido a cuidarse sola. Se ayuda de un GPS para no perderse por la calle. A su pareja, Manuel, sólo le reconoce por su perilla. No distinguía una cuchara de un tenedor o de un cuchillo, igual que Luis al principio. Esther acudió también a la ONCE donde reconocieron su enfermedad y le ayudaron. Sacó 8,2 de nota en selectividad y hoy es pedagoga terapéutica.

Con todo, y acordándome de mi padre pediatra, me he sentido decepcionado. Pensé que el SNS podría ofrecer algo más a las personas que se quedaran con daños graves e incapacitantes. No es así. En el análisis que hago, viéndolo desde la perspectiva actual, me parece poco lo que pudo aportar el SNS a la rehabilitación de Luis: sólo una hora y media a la semana dividida en tres días. Algo totalmente insuficiente. Confías en que el famoso sistema SNS de España le ofrecerá al enfermo todas las soluciones, y no es así. Es importante que diga esto, no como una crítica a sus profesionales, porque veía las consultas de rehabilitación masificadas, sino a la política y a la gestión del sistema.

Creo que, en todo caso, los médicos que traten a estos pacientes en sus fases iniciales tras el accidente–por ejemplo los médicos de planta o los diversos especialistas–, deberían advertir claramente a las familias de estos enfermos acerca de esta grave deficiencia del SNS, en especial cuando uno no es profesional de la medicina, porque en esa situación uno piensa, al menos eso pensé yo, que el SNS proporcionaría una rehabilitación adecuada. En mi caso, es cierto que los médicos de alguna manera me habían transmitido ese mensaje cuando me dijeron que allí no había suficientes recursos para rehabilitación.

Eché de menos que en los protocolos médicos de actuación no entrara el consejo más específico a unos padres o cuidadores que tengan que rehabilitar a su hijo o familiar, si el SNS no lo va a hacer. Al menos habría que decir a las familias de qué manera pueden ayudar a la rehabilitación, porque en multitud de ocasiones podrá la familia, con mucho o poco esfuerzo, encontrar los recursos económicos y de todo tipo, y la ayuda necesaria para poder hacer esta rehabilitación, cada uno con las posibilidades que tenga a mano.

Porque una lección sí he aprendido con el accidente de Luis: algo esencial para una rehabilitación neuropsicológica eficaz consiste en comprender bien lo que sucede y cómo se trabaja con sencillos ejercicios y juegos que fácilmente se pueden encontrar en el mercado, incluso en casa. Lo primero que se necesita, es un diagnóstico detallado, acertado y contrastado para entender lo que le ocurre al enfermo, y qué capacidades cognitivas y funcionales tiene afectadas para trabajar sobre ellas.

Lamentablemente, mi hijo no obtuvo ese diagnóstico una vez que fue dado de alta en la UCI. De hecho, y por lo esencial que resulta, me sorprende que no se le hicieran una serie de pruebas y test cognitivos, estándares en neurorehabilitación, para identificar qué áreas y funciones cerebrales tenía dañadas, con qué profundidad, y, por tanto, qué tipo de ejercicios de rehabilitación neuropsicológica tendría que hacer y con qué intensidad. Fuimos nosotros quienes encargamos tales valoraciones neuropsicológicas a un centro privado, con objeto de conocer exactamente qué ejercicios teníamos que realizar en casa. Y eso no fue lo único, porque la detección de los escotomas, ni el conocimiento del novedoso tratamiento que de ellos existía en Alemania, tampoco provinieron de allí. En concreto, de la existencia de éste tuvimos conocimiento, y lo pusimos en marcha, la Dra. Ormaechea y yo, a través de la lectura científica.

Las personas que no se puedan rehabilitar deberán ser tuteladas de por vida, y entiendo que la creación de un equipo de rehabilitadores, que haga la valoración de las necesidades del paciente con los ejercicios necesarios, sería un gran ahorro para el sistema sanitario español. También un aporte humano para que estas personas no sufran una vida tan difícil como la de Esther Chumacillas. Los ejercicios son sencillos; es posible hacerlos en casa cuando se sabe qué hacer y cómo.

Igualmente, en *El País* del 20 de enero de 2013 se puede leer también el caso del niño David, quien entró en un quirófano para una operación aparentemente sencilla, y salió de él con un grave edema cerebral. Tras quedarse en la misma situación de "muerte en vida" que Luis, despertó también al llegar a su cerebro el estímulo de la voz de un amiguito, que le visitó y le empezó a recordar cuando patinaban juntos.

Al mismo tiempo, hubo grandes diferencias. Luis despertó a los 10 días de ocurrir el accidente, gracias a la intervención estimulatoria casi inmediata, en la propia UCI, tras remitir el edema. David tardó dos meses en despertar. Luis a los cuatro meses estaba retornando al cole gracias a la *"Rehabilitación de 3 Ejes"*. David al cabo de los dos años está empezando a escribir. David asistió a costosas sesiones de rehabilitación lejos de su casa durante dos años, mientras que Luis, si bien asistió igualmente a estas sesiones en un centro especializado, lo hizo durante mucho menos tiempo y con mucho menos coste. La diferencia es que casi toda la rehabilitación la hizo en casa, gracias a nuestro trabajo diario planificado 14 horas *non-stop* de la *"Rehabilitación de 3 Ejes"*.

Y este es tan sólo un ejemplo de tantos otros niños y personas que con toda seguridad hay que, por no recibir la información relevante para su rehabilitación, ni tampoco ésta última de inmediato y/o en casa, quedan con graves secuelas de por vida, con una pérdida y sufrimiento enorme para ellos y sus familias, y con un coste exponencial para el SNS y para la sociedad en su conjunto.

Espero que este libro contribuya a que estos casos no se repitan, y a que cualquier enfermo o accidentado, niño o adulto, pueda aspirar a contar con la máxima recuperación posible.

CAPÍTULO 17

LA VUELTA AL COLEGIO. LA PRUEBA DE FUEGO

Sólo aquellos que se arriesgan a ir demasiado lejos pueden descubrir hasta dónde se puede llegar.

–T. S. Eliot.

A inicios de septiembre 2012 Luis no había recuperado sus capacidades al cien por cien. Según el criterio del Dr. López y el mío propio, Luis debía incorporarse al colegio y, por ende, a su vida normal. Ello ayudaría mucho a rehabilitarle, por las exigencias del cole, la interacción con otros niños y la necesidad de seguir las normas habituales. Ya he comentado que hubo personas que estuvieron en contra. También, he recalcado que uno debe formarse su propio criterio a través del estudio y de la opinión de más de un profesional, e intentar discernir si existen factores no explícitos u ocultos, que puedan estar condicionando las diversas opiniones.

Su madre veía en dicha incorporación al cole un grave problema. Hablamos y discutimos de ello muchas veces sopesando las alternativas. Finalmente, acordamos que Luis se incorporara al cole. Sabíamos que el comienzo iba a ser difícil, pero no escolarizarle parecía una opción mucho peor y peligrosa.

No obstante, consideré igualmente la opinión de la neuropsicóloga del centro privado. Yo mismo era consciente de que Luis no estaba plenamente recuperado y, aunque en ese momento ponderé más los beneficios de la vuelta al cole, contraté a Laura –una neuropsicóloga con asistencia domiciliaria– para que siguiera administrando sesiones de rehabilitación a Luis en casa. Esas sesiones añadidas potenciarían aún más su recuperación conforme a la *Rehabilitación de 3 Ejes*. De esta manera se articuló una solución de compromiso que recogió lo mejor de ambas alternativas, si bien es verdad, que Luis tendría una carga adicional de trabajo que, tal vez, influiría en un bajo rendimiento escolar por falta de tiempo.

Luis aún tenía problemas con la lectura, con las matemáticas y con la construcción visioespacial. Se equivocaba en las operaciones matemáticas sencillas. Por eso los resultados de los problemas no le salían bien. Sus calificaciones de las primeras pruebas del cole empezaron a ser malas. Luis todavía no estaba al nivel que solía estar, empezando porque seguía teniendo las manchas de la visión.

Para atacar este problema preparé a Luis un nuevo horario que empezaba a las nueve de la mañana y acababa por la noche, con todas las horas del día y las tareas asignadas en cada una de ellas. ¡Ahora más que un ministro parecía un pluriempleado! Como se puede observar en la tabla adjunta, en ese momento iba al cole y seguía por las tardes con la rehabilitación neuropsicológica, las clases de matemáticas, el ejercicio vigoroso, la música y una hora de chino a la semana.

HORARIO LUIS OCTUBRE 2012

	L	M	X	J	V	S	D
15.30-15.45	COLE	COLE	COLE	COLE	COLE	MATEMATICAS (10-12)	NEUROP. (10-12)
15.45-16.00	COLE	COLE	COLE	COLE	COLE	MATEMATICAS	NEUROPSICOLOGIA
16.00-16.45	COLE	COLE	COLE	COLE	COLE	T. OCUP. (12-14)	
16.45-17.00	VUELTA A CASA DE LUIS	VUELTA A CASA DE LUIS	VUELTA A CASA DE LUIS	VUELTA A CASA DE LUIS	VUELTA A CASA DE LUIS	TERAPIA OCUPACIONAL	
17.00-17.15	DESCANSO	DESCANSO	NEUROPSICOLOGIA	DESCANSO	DESCANSO		
17.15-17.30	DESCANSO	DESCANSO	NEUROPSICOLOGIA	DESCANSO	DESCANSO		
17.30-17.45	DEBERES COLE	EJERCICIO VIGOROSO	NEUROPSICOLOGIA	MATEMATICAS	CLASE SAXO		
17.45-18.00	DEBERES COLE	EJERCICIO VIGOROSO	TERAPIA OCUPACIONAL	MATEMATICAS	CLASE SAXO		
18.00-18.30	DEBERES COLE	EJERCICIO VIGOROSO	TERAPIA OCUPACIONAL	MATEMATICAS	CLASE SAXO		
18.30-18.45	DEBERES COLE	EJERCICIO VIGOROSO	CHINO	REFUERZO DE COLE	DESCANSO		
18.45-19.00	DEBERES COLE	EJERCICIO VIGOROSO	CHINO	REFUERZO DE COLE	DESCANSO		
19.00-19.30	DEBERES COLE	NEUROPSICOLOGIA	CHINO	DEBERES COLE	NEUROPSICOLOGIA		
19.30-19.45	MATEMATICAS	NEUROPSICOLOGIA	DEBERES COLE	DEBERES COLE	NEUROPSICOLOGIA		
19.45-20.00	MATEMATICAS	NEUROPSICOLOGIA	DEBERES COLE	DEBERES COLE	TERAPIA OCUPACIONAL		
20.00-20.30	REFUERZO DE COLE	TERAPIA OCUPACIONAL	DEBERES COLE	DEBERES COLE	TERAPIA OCUPACIONAL		
20.30-21.00	REFUERZO DE COLE	TERAPIA OCUPACIONAL	DEBERES COLE	DEBERES COLE	TERAPIA OCUPACIONAL		
21.00-21.30	CENA	CENA	CENA	CENA	CENA		
21.30-22.00	CENA	CENA	CENA	CENA	CENA		
22.00-22.30	EJERCICIOS DE OJOS	EJERCICIOS DE OJOS	EJERCICIOS DE OJOS	EJERCICIOS DE OJOS	EJERCICIOS DE OJOS		
22.30-23.00	EJERCICIOS DE OJOS	EJERCICIOS DE OJOS	EJERCICIOS DE OJOS	EJERCICIOS DE OJOS	EJERCICIOS DE OJOS		

Cierto, había reducido las sesiones de neurorehabilitación. Ello se compensaba con las clases de matemáticas y con la asistencia al cole, que era una fase avanzada de la rehabilitación, positiva para Luis. Pienso que, con este horario, Luis recibía netamente mucha más rehabilitación que si no se hubiera reincorporado al cole y hubiera seguido yendo al centro privado.

Mediado el último trimestre de 2012, nos convocaron desde el colegio a una reunión para tratar el rendimiento de Luis. Acudimos su madre y yo. Sus profesores nos dijeron que Luis tenía muchas dificultades. Nos dio la impresión de que no sabían cómo atajar el problema. No obstante, es justo decir que voluntad de ayuda nunca faltó en el colegio, y su apoyo a Luis lo manifestó desde el principio, aunque creo sinceramente que en ese momento estaba sobrepasado por la situación, porque no sabían qué cosas podían hacer para ayudar más al niño.

He contado esto con detalle, porque ustedes también pueden verse en esta situación complicada, y supone el fracaso de un hijo y de su reincorporación. Su madre y yo lo comentamos; incluso barajamos la posibilidad de cambiar al niño a otro colegio donde sólo se diera español y fuera menos exigente. Esa recomendación me la dieron varias personas cercanas. Su punto de vista era que lo prioritario era pasar de curso, incluso si ello significaba que Luis tenía que dejar el inglés temporalmente, y que, una vez que hubiera pasado de curso en otro colegio nuevo, podría volver a retomar el inglés en el suyo al siguiente año.

Si algo tengo claro es que los idiomas en la vida, en especial el inglés, son casi más importantes que la propia carrera o estudios que uno tenga. Además, Luis no manifestaba dificultades con el inglés, y cambiarle de colegio podría ser incluso problemático para él. Más aún si se planteaba como camino de ida y vuelta.

Para mí no tenía sentido que Luis estuviera sacando malas notas. Sabía cuáles eran sus deficiencias cognitivas, y podía comprender que su rendimiento en matemáticas todavía no fuera bueno. ¿Y en inglés? Lo había visto y oído hablar; no me parecía que diera ese perfil. No. Sucedía algo más. Así que, después de valorar los pros y contras con su madre, decidimos que lo mejor era hablar otra vez con el colegio; entender mejor los problemas que tenía Luis en clase, para articular, con su apoyo y colaboración, un plan de acción tendente a ayudar a Luis, y a limitar el impacto de sus dificultades.

Solicité una reunión con el colegio. A la reunión antecedieron unas cartas que envié para tratar de entender lo que estaba pasando. Luis no decía mucho, y la realidad es que no le daba tiempo a hacer parte del trabajo de clase. En el colegio pensaban que Luis tenía demasiado trabajo con la rehabilitación, y que no rendía porque no descansaba, o porque no tenía tiempo para hacer los deberes y estudiar. Habían visto los horarios de mi hijo, tal vez los consideraron excesivos, porque no paraba en todo el día, pese a tener su tiempo asignado para hacer los deberes.

Reflexioné, y en la búsqueda de información que me aclarara cuál era realmente la raíz del problema de Luis o cómo atacarlo, tomé los cuadernos del niño y la agenda, y empecé a hacerle preguntas. Mi conclusión no fue que careciera de tiempo para hacer deberes, que yo sabía que tenía, o que estuviera totalmente sobrepasado puesto que la carga de trabajo era soportable. Viendo sus cuadernos y preguntándole acerca de los deberes, concluí que el problema que el niño tenía era una desorganización total. Cosa que, por otra parte, no era nada nuevo: siempre la había tenido al estudiar. Ahora, en cambio, parecía tenerla potenciada por su estado, con las dificultades añadidas de su rehabilitación, de la vista, del mucho trabajo que tenía, etc. Y eso, por supuesto, le impedía estudiar y aprender, en clase o en casa.

Tras ese análisis volví a escribir una carta y a reunirme nuevamente con el colegio. Les propuse un plan de acción, que al margen de diversas medidas de apoyo, pivotaba sobre un hecho fundamental: el problema básico subyacente era que nosotros, los padres, no nos habíamos estado enterando de los deberes y exámenes que tenía Luis, porque él no nos los decía, y, por su desorganización, él tampoco los hacía ni se los preparaba. Por tanto, necesitábamos que los propios profesores nos informaran directamente de sus deberes y exámenes, para que en casa pudiéramos ayudar a Luis a organizarse.

A partir de esta segunda carta, el colegio hizo suyo el problema. Les entregué el último informe de la neuropsicóloga, en el que quedaban patente los problemas que todavía tenía Luis e igualmente la enorme mejoría que habían experimentado, y que aparentemente terminarían por solucionarse del todo. Esto les hizo entender la forma en que podrían ayudar a mi niño, y se volcaron en ayudarle sin darle ventaja, aunque sí facilitándole las cosas con las ayudas necesarias que la neuropsicóloga y yo habíamos solicitado.

El día 26 de noviembre recibí una llamada del colegio para detallarme una por una todas las medidas que estaban tomando para apoyar a Luis. Eran todas las que yo había solicitado en mi carta, y una más suya que me pareció muy acertada para tratar de evitar la crueldad de los niños. En concreto, para evitar que Luis fuera insultado por alguno de ellos por fallar en los ejercicios. Y es que una niña, en un momento de enfado, le había llamado "retrasado". Luis no nos lo había dicho.

En el colegio decidieron que para que no sucediera esto más, en los ejercicios de Luis sólo marcarían los fallos o las cosas que debía corregir; no le pondrían la nota explícita, para que los niños no pudieran verla, y luego se la dirían a él en privado. Los insultos no habían venido de la mayoría de los niños de clase, hay que decirlo, sino de una minoría. Sabemos que estas cosas son habituales entre niños cuando ven que son diferentes en algo.

Por eso quisiera subrayar que los padres deben estar pendientes de estos conflictos, para poder intervenir y que se solucionen a tiempo.

En ese momento, por ver sus malos resultados y por el anterior incidente, en algún momento llegué a pensar si no hubiera sido mejor no reincorporarle al cole. Tengo que decir, en cambio, que si repetía el mismo análisis que hice en septiembre, fríamente llegaba a la misma conclusión. Me sentía inevitablemente preocupado, porque su madre y yo conocíamos por la prensa de uno de esos días, que una niña de la edad de Luis se había suicidado en un instituto de Madrid por ser víctima de este acoso de los niños. Pero en el colegio algo sabían, y en cuanto puse en su conocimiento estos hechos gravísimos se lo tomaron en serio e hicieron que eso se terminara definitivamente. Y Luis y todos en casa nos sentimos mucho mejor y aliviados.

La decisión, pues, había sido correcta. Esta situación de posibles dificultades la había anticipado yo en el análisis, y había previsto también la solución: volcarnos en apoyarle, una vez que supimos en concreto cual era la raíz básica de las malas calificaciones –que principalmente no eran, y lo destaco, sus dificultades neurológicas, sino su falta de organización, algo que, por otra parte, siempre había acompañado a Luis en el cole–. Hicimos, por tanto, un plan de acción, de seguimiento continuo, no ya de su rendimiento en clase, sino de las tareas que le eran asignadas y de cómo las realizaba y estudiaba en casa. Una vez que empezamos a recibir diariamente una hoja del cole donde cada profesor nos indicaba cuáles eran los deberes que habían puesto ese día en clase, y qué días tendrían los niños exámenes, automáticamente su madre y yo pudimos ayudar a Luis a organizarse mejor en sus tareas de estudio, que supondría además más rehabilitación de funciones ejecutivas. Y las notas empezaron a girar en vertical como el transbordador espacial Endeavour (Esfuerzo) en sus misiones de exploración espacial.

Elena le ayudaba con las asignaturas que ella conocía mejor; yo, con las otras. Sus calificaciones empezaron entonces a reflejar de verdad en qué asignaturas seguía teniendo problemas, por ejemplo las matemáticas, por no haber finalizado todavía la rehabilitación; y en qué otras, la mayoría, con mucho esfuerzo era capaz de seguir en clase, casi como el resto de los niños.

Al resolverse este problema, y ver cómo las notas empezaron a mejorar, se llenó de alegría. Nos decía que en el cole le ayudaban mucho. Terminó el tiempo en que lo pasó mal por sus dificultades organizativas. Si luego tuvo malos momentos, no fue por falta de capacidad, sino porque tenía mucho que estudiar, como todos los niños de primero de la ESO: es sustancial el cambio de exigencia académica frente a secundaria.

Luis es ahora un niño feliz, que va contento al cole, aunque, durante la rehabilitación ha habido lapsos desfavorables, ha sido fuerte y sacrificado para recuperarse, y su alegría ha hecho que pudiera superar este gran reto, quizá el mayor de su vida, aunque él aún no lo sepa. Yo le digo que estas enseñanzas también son necesarias en la vida y hacen crecer a las personas.

Creo que cuanto ha tenido que hacer también en el colegio, forma parte de esa metáfora de la coctelera que usábamos ambos, cuando yo le decía que había que "agitar" su cerebro.

Tras las Navidades de 2012, se advirtió un progreso importante en matemáticas y en el resto de asignaturas. Cuando viajábamos en coche a la playa algún fin de semana, seguíamos haciendo cuentas de cabeza: contábamos de tres en tres, de cinco en cinco, de diez en diez, hacia delante y hacia atrás, y hacíamos mil cosas más para que se ejercitara. En cualquier momento que podíamos, le pedía que hiciera alguna operación. Usábamos también durante los viajes un programa bueno para iPad que se llama *Matemáticas*, sencillo y barato.

En su colegio había una alta exigencia, y Luis necesitaba ayuda. Afortunadamente las cosas se resolvieron también en el cole, y ellos mismos nos llamaban para preguntar si había alguna cosa más que deberían tener en consideración para ayudarle. Esto lo valoramos como una prueba de su compromiso para ayudar a su reincorporación. También Luis se dio cuenta de que en el colegio le apoyaban. Los niños se normalizaron. Él ponía ilusión y tesón en aprobar.

Por parte del colegio, tras la incomprensión inicial de los problemas que tenía Luis, se comportaron como modelo de apoyo e iniciativa para la reintegración a la vida cotidiana de un alumno que había sufrido un accidente tan grave. El cole es uno de los factores más importantes de la vida en la infancia. Por tanto, para ayudarle a que se rehabilitara del todo.

He querido hablar de su comportamiento, precisamente para que los educadores entiendan la dificultad con que se encuentran estos niños mientras se rehabilitan. No deben quedarse al margen de la escolarización; su integración hace que se esfuercen y vayan recuperando su vida y sus habilidades. De otro modo, sólo se les ofrecería marginación y una vida incompleta, de "enfermo". Los colegios también deben hacer un esfuerzo para integrar a estos niños. Deben estar en contacto con los padres para informarles de las necesidades de refuerzo en casa, para poder entender en qué falla su hijo.

Ayudarles a alcanzar una integración plena es importantísimo para la rehabilitación total. También sería más duro tener que empezar en otro centro diferente. Por eso me parece tan importante que los niños puedan estar en un entorno conocido y familiar, en su cole, con sus amigos, con los profesores habituales, las reglas de la institución y las rutinas diarias que han hecho durante años. Eso ayudará a que puedan integrarse a la vida cotidiana, a que se rehabiliten con menor esfuerzo y se adviertan en un sitio familiar cómo es, o debe ser, el colegio.

Conté cómo al principio el cole sugirió que Luis abandonara algunas de sus actividades, como por ejemplo el ejercicio vigoroso o el saxo. También expliqué por qué no podía quitarle el ejercicio físico, dado que su función era facilitar en su cerebro las condiciones de contorno para que tuviera lugar en él el desarrollo de nuevas conexiones neurológicas y de la visión. El chino podría haberse eliminado, pero en realidad era una única hora semanal y los ideogramas son interesantes para la rehabilitación de los problemas de visioconstrucción. La música por otra parte interviene y mejora todos los procesos cognitivos, e indudablemente ayudó a la recuperación del hemisferio cerebral derecho por la cantidad de zonas implicadas en su procesamiento. Luis seguía teniendo problemas con las matemáticas, y leer un pentagrama es también una operación de cálculo. Las notas tienen un valor numérico, los compases son quebrados, los sostenidos o bemoles suman o restan medio tono a la nota, y así es todo ese lenguaje. Además, la clase de saxo era para Luis un descanso porque le gustaba. Tampoco podía prescindir de las matemáticas o del tiempo necesario para los deberes.

Indiscutiblemente fue preferible esforzarse mucho ese año. A la alternativa de no rehabilitar todas sus capacidades, y que Luis hubiera quedado con graves lesiones, porque la rehabilitación tiene un plazo pasado el cual la recuperación no hubiera sido posible o hubiera sido mucho más difícil. Por ello ese año había que hacerlo todo. Luego, podría descansar cuanto quisiera.

Menciono también, por la ayuda que pueda resultar para otros padres, cuidadores y personas con familiares necesitados de rehabilitación, que en esos meses, con objeto de saber realmente qué funciones Luis seguía teniendo afectadas y cuáles de ellas se habían recuperado, en esa búsqueda de un diagnóstico certero y contrastado al que me he referido a lo largo del libro, llevé a Luis a otra neuropsicóloga, Patricia, de un centro especializado en neurorehabilitación, que aun siendo más modesto, me causó buena impresión. En este mundo de la neurorehabilitación, lo que cuenta es el buen hacer profesional. En general, los ejercicios neurológicos son sencillos, no requieren grandes instalaciones, tampoco maquinaria compleja.

Este centro está en Móstoles, se llama "Refuerza". Hicieron a Luis un reconocimiento profesional basado en diversos test que son estándares en la neurorehabilitación, como el WISC (test que mide las capacidades cognitivas) y algunos otros, para valorar la situación de mi hijo. Se comprobó que estaba mucho mejor.

Y aporté este examen al colegio, para que en el cole vieran, que en la parte de comprensión y razonamiento verbal, Luis estaba perfectamente. Los problemas que persistían eran los relacionados con la vista. Con él sus profesores podrían tomar mejor nota de sus problemas, a la hora de seguir la clase, y así podrían ayudarle en la forma que necesitara.

Con estas medidas de apoyo, Luis podría terminar de rehabilitarse. Estas acciones de apoyo las solicitó y las apoyó la neuropsicóloga Patricia y también los técnicos de la ONCE. Así que, gracias al apoyo de los profesores de Luis, del colegio y de todas estas personas, pudimos ayudarle más. Con toda esta ayuda, mejoró su rendimiento.

Quisiera comunicar a otros padres que son también ellos los que deben insistir en que su hijo sea ayudado en el colegio. El primer año, su incorporación al mundo será difícil; requerirá mucho esfuerzo. Es imprescindible, no obstante, para que luego tenga la mejor vida posible. Hay que estar pendiente de hacer los deberes y observar en qué va mal; ayudarle en casa para que no se quede atrás mientras se rehabilitan del todo las capacidades afectadas.

Luis va a la playa muchos fines de semana, duerme las horas necesarias y juega bastante, y si hace tanto, es porque es lo que tiene que hacer durante un tiempo, y su *"Rehabilitación de 3 Ejes"* está pensada con un análisis bien argumentado, apoyado por la ciencia.

Dentro de poco, los resultados serán lo único que importe. Quizá ni recordemos el esfuerzo que hemos llevado a cabo. Mi hijo estará bien, viviendo una vida plena y no necesitará la tutela de nadie. Por esta razones por lo que hay que ser tan firme en hacer el trabajo y jamás desfallecer, ni escuchar, sin antes ponderar, a los que le dejarían descansar por pena.

Si se analiza un poco el ocio de los niños de hoy, se verá que en buena parte es la PSP, la Wii, el iPad y los juegos y mensajes del teléfono móvil. También los deportes. Por eso se puede entender que muchas veces Luis no se diera cuenta de que estaba trabajando en su rehabilitación, porque estaba jugando a lo que le gustaba. Detrás subyacía una planificación que ha permitido que se beneficiara de su ocio, ejercitando sus capacidades cerebrales y su vista mientras se divertía jugando al Pinball Arcade en el iPad, o a otros juegos de destreza. Y eso era lo que había que hacer, no quedarse descansando.

Antes del accidente se divertía patinando, nadando, montando en bici, jugando al hockey, haciendo *wakeboard*, *kitesurf*, montando en el *longboard* o jugando al tenis o al baloncesto. Todo ha contribuido a mejorar sus capacidades: mucho ejercicio físico combinado con las exigencias del trabajo cerebral. El equilibrio en el *longboard*, la atención al *puck* del *hockey*, a los demás jugadores y a los obstáculos de la pista, la coordinación ojo-mano con las raquetas de tenis o el palo de *hockey*, calcular las distancias en el tiro, coordinación-equilibrio-atención en la bici, coordinación entre miembros y equilibrio para mantenerse en la tabla de *wakeboard* mientras tiraba de él, atención y ejercicio de la vista cuando jugábamos al futbol en la piscina, recoger los aros sumergidos que le ponía Diego, atención y concentración para reaprender las maniobras básicas del submarinismo (vaciarse de agua las gafas, compartir el oxígeno con un compañero, comprobar la flotabilidad de su chaleco hinchable y todas esas cosas de las que hay que estar pendiente), y la coordinación del movimiento corporal en el *kitesurf*. Todos han sido trabajos que había que hacer, y lo hemos hecho con cosas que le gustaban, igual que los videojuegos. No ha sido tan duro como pueda parecer. Un importante porcentaje del tiempo lo empleábamos en "jugar" para rehabilitarse. Y esto se puede hacer si se sabe qué se necesita ejercitar.

Cierto, acababa cansado… ¿y quién no? Los niños se suelen ir a la cama machacados al no parar en todo el día de hacer actividades físicas o mentales. Luis siempre se ha mostrado contento. Es un niño feliz, cansado por las noches. Me dice a veces que ver la tele no es pecado, y quiere ver *La que se avecina*, pero sabe que sólo puede ser un rato porque todavía le queda camino por recorrer.

Duerme bien. Se levanta preparado para el día infantil, que es durísimo. Su recuperación asombrosa, no hubiera sido posible sin esta agenda.

A los diez meses de ocurrir el accidente, Luis había recuperado prácticamente todas sus capacidades cognitivas, gracias a la colosal tarea que supuso la *"Rehabilitación de 3 Ejes"*.

CAPÍTULO 18

SALIR REFORZADO. DE NINGUNA MANERA OLVIDAR

El genio comienza las grandes obras, pero sólo el trabajo las acaba.

–Joseph Joubert.

Ahora que Luis está prácticamente rehabilitado y que es capaz de hacer lo mismo que sus compañeros del cole, de sacar buenas notas, hago una reflexión e intento mirar el lado positivo de este desgraciado accidente. Estoy convencido de que mi hijo ha salido reforzado. Ha aprendido, creo, lecciones importantes, cuyo valor puede ser incalculable a lo largo de su vida.

Precisamente el día en que escribo estas palabras, mi hijo me ha sorprendido y emocionado. El viernes pasado la profesora de lengua de 1º de la ESO puso como deberes escribir un poema. Luis hizo esa tarea para tener los deberes terminados el lunes siguiente, en que nuevamente tendría esa agenda rehabilitadora de ministro, y, por tanto, no tendría tiempo para escribir el poema. Puesto que el tema era libre, este fue el poema que a Luis se le ocurrió:

La vida te puede dar un vuelco en un segundo,
Para mejor o para peor,
Pero tienes que tener en cuenta,
Que las cosas no siempre son buenas a tu alrededor.
Puede parecer largo,
Pero siempre hay una salida,

En tu mano está la decisión,
Esforzarse hasta el final o abandonar el primer día.
Si decides esforzarte, a veces te vas a cansar,
Aunque quieras tirar la toalla,
Una cosa no debes olvidar,
Cada paso que das estás más cerca del final.
Para no sentirse avergonzado de uno mismo,
Y dañar tu orgullo por no acabar lo empezado,
Tienes que seguir adelante,
Para que merezca la pena todo lo que te has esforzado.

EL ESFUERZO[41]

–Por Luis Gil López

Estas lecciones que Luis ha aprendido con mucho sufrimiento, y que finalmente le han hecho más fuerte, deberían ser aprendidas por todos los niños y adolescentes a través de su experiencia, a saber:

- El valor del trabajo y del esfuerzo para conseguir los objetivos que uno se marca.
- Nunca "tirar la toalla" ni desfallecer cuando el objetivo lo merece.
- Tener esperanza y confianza en la propia capacidad de uno mismo para superar barreras que *a priori* parecen insalvables.
- No conformarse ni darse por vencido ante graves problemas que nos podemos encontrar en la vida, ya que la determinación que tenga uno mismo en cambiar el futuro, es la clave para que así ocurra.

---

41. Poema finalista en el Concurso Escolar de Ilustración y Poesía "Gerardo Diego", convocado en junio de 2013 por el Ayuntamiento de Pozuelo de Alarcón, en el que participaban los diversos colegios e institutos de dicho municipio.

- El cuerpo es capaz de ir mucho más allá cuando la mente está convencida de ello.
- Hay que cuidar el cuerpo de uno mismo porque sin salud no existe nada más.
- El ejercicio es esencial a cualquier edad, y su hábito hay que adquirirlo con mesura desde pequeño, lo mismo que el hábito del estudio y la lectura.
- Estar siempre vigilantes, especialmente los niños y adolescentes, ante posibles acciones, incluso juegos, que por descuidos, pueden tener consecuencias dramáticas y permanentes.
- Las soluciones óptimas y el éxito en cualquier ámbito de la vida suele venir de la mano de la ponderación entre el riesgo y el beneficio. Hay que saber gestionar el riesgo. El riesgo también se gestiona para obtener mejores resultados. Y, sobre todo, hay que estar muy alerta para no caer en la temeridad, ni tampoco dejarse llevar por la comodidad que a corto plazo proporciona el conservadurismo excesivo.
- Tan importante es saber escuchar las opiniones de especialistas y personas autorizadas, como saber discernir aquéllas que no lo son, o que, aun siéndolo, esconden intereses, miedos u otras razones no declaradas.
- Y al mismo nivel de importancia está documentarse uno mismo a través de la lectura de calidad, para poder contrastar todas las opiniones y tomar la decisión conveniente.
- No se puede dirigir o decidir de manera óptima, cuando uno no sabe con cierto nivel de detalle de lo que se está hablando, por mucho que a uno le asesoren.

Como expresó el genial compositor alemán Robert Schumann: "La música es el lenguaje que me permite comunicarme con el más allá". También el violinista y director Jehudi Menuhin recalcó: "Estoy seguro de que la buena música alarga la vida". Quiero, pues, destacar los beneficios de la música para las personas de cualquier edad; especialmente para el desarrollo cognitivo, personal y humano de todos los niños y adolescentes:

- La actividad musical ayuda a conseguir el dominio del cuerpo y de la mente, desarrolla la inteligencia, mejora el proceso de información, el razonamiento, el cálculo numérico y la estructuración lingüística, proporciona madurez al estudiante, desarrolla su sensibilidad y las capacidades de percepción, análisis, síntesis y abstracción, beneficia la estimulación de la lateralidad cerebral, la coordinación, e igualmente la imagen corporal. También libera de las tensiones y del estrés. Las personas de cualquier edad, pero especialmente los niños, preparados rítmica y auditivamente, obtienen mejores resultados a largo plazo en casi todas las áreas del saber.

Al hilo de lo anterior, pensando en lo ocurrido tras el accidente, me he dado cuenta de que Schumann y Menuhin tenían razón. Cuando me levanto cada mañana, aunque todavía a esas horas durmiendo en su cama, se halla Luis, la prueba empírica de que la música alargó la vida; y de que en aquellos momentos de enorme incertidumbre y sufrimiento, me permitió comunicarme con el más allá, algo que ni Marconi[42], ni Maxwell con sus potentes ecuaciones, hubieran sido capaces de predecir.

Por fin existe una última e importante lección[42].

Cuando tenía alrededor de 20 años hice un viaje a Austria para practicar alemán. Un domingo iba caminando por Viena, sin rumbo, visitando sus calles, sus plazas y llegué a una en la que había un gran pedrusco. Aunque no llamaba en exceso la atención, me acerqué a él movido por la curiosidad. Leí una inscripción que tenía y quedé impresionado, nunca lo olvidaré:

NIEMALS VERGESSEN

"Aquí estuvo la casa de la Gestapo….."

"PARA MUCHOS DE USTEDES FUE LA ANTESALA DE LA MUERTE…"

"DE NINGUNA MANERA OLVIDAR"

Tras el importante mensaje, que nunca debemos olvidar, unas últimas palabras de inmensa alegría, que ahora deseo recordar a Luis y a Elena, cuando yo repetía a Luis: "Verás cómo lo vamos a conseguir"; y él asentía reconfortado, para que siempre les acompañen a su hermana Elena y a él a lo largo de sus vidas: "¡Luis, Elena, hijos míos, lo conseguimos!"

---

42. Marconi: ingeniero eléctrico, empresario e inventor italiano, conocido como uno de los más destacados impulsores de la radio comunicación a larga distancia. Ganó el Premio Nobel de Física en 1909. Maxwell: físico escocés. Sus ecuaciones demostraron que la electricidad, el magnetismo y la luz, son manifestaciones del mismo fenómeno: el campo electromagnético.

PARTE III.
CIENCIA, MITOLOGÍA Y MILAGROS

CAPÍTULO 19

FUNDAMENTOS CIENTÍFICOS DE LA "REHABILITACIÓN DE TRES EJES"

La ciencia rivaliza con la mitología en milagros.

–Ralph Waldo Emerson.

He querido situar este capítulo fuera de la narración principal del accidente y de la recuperación de Luis, ya que, al ser un capítulo eminentemente científico, su estilo expositivo y organización difiere sustancialmente de todos los capítulos que le preceden.

Es más bien un texto científico de consulta, y específicamente, como explico un poco más adelante, un "puntero" recopilatorio de las bases y fundamentos científicos de la *"Rehabilitación de 3 Ejes"*. Por esta razón lo he querido situar fuera de la propia narración de *El viaje de Luis*.

En este capítulo encontrarán reflejadas, de manera sucinta, las bases científicas y médicas y los estudios y experiencias existentes de médicos especialistas –estadounidenses y del resto del mundo–, que soportan los 3 ejes de la rehabilitación, que tan excepcionales resultados proporcionaron a Luis.

El lector podrá comprobar cómo cada uno de los 3 ejes tiene un fundamento científico probado y contrastado, y eso he querido hacerlo así, para que ninguna persona que lea este libro piense que la integración de estos tres elementos (ejercicio físico regular y vigoroso, ejercicio neurológico continuo y cambiante, y medicinas y compuestos de soporte), y sus resultados, han sido casuales o un simple caso aislado.

He querido indicar con claridad y de manera directa y accesible, las citas y las fuentes de información, para que aquellas personas que deseen conocer más, acerca de cómo mantener y mejorar su cerebro y el cuerpo en su conjunto, o que necesiten rehabilitar sus capacidades cognitivas o aquellas de su hijo o ser querido, puedan ir directa y rápidamente a estas fuentes, y a través de ellas y de sus referencias bibliográficas puedan acceder a toda la información que necesiten, con el nivel de profundidad que requieran.

Así pues, este capítulo sólo pretende ser una introducción a los principios y conceptos que soportan la *"Rehabilitación de 3 Ejes"* y, sobre todo, un "puntero" a algunas de las fuentes del conocimiento existente. No obstante, antes de seguir me gustaría detenerme unas líneas para explicar y recalcar el concepto de "puntero", por la importancia que tiene a la hora de interpretar y emplear el capítulo.

En el mundo de la informática, se denomina puntero a un elemento, que en general será un registro o posición de memoria, cuyo contenido no es la información final que se desea recuperar, sino que normalmente es otra información, que indica donde se encuentra, dónde buscar o de dónde recuperar, la información que realmente se desea.

El puntero no es más que un indicador que marca, apunta, o dice dónde hay que buscar la información realmente deseada. Por eso es tan valioso: cuando la información existente es casi infinita, como es en nuestros días, y uno tiene máxima urgencia por encontrar y seleccionar, de entre toda la información existente, aquélla que le es realmente necesaria y útil, porque será la que pueda ayudarle de manera accesible a salvar o a recuperar la salud de su hijo o de su ser querido, ese puntero adquiere un valor incalculable.

Y recalco accesible para que no se sienta frustrado, desanimado, desorientado o perdido, el lector que no sea profesional de la medicina, si tras empezar la labor de búsqueda, con máxima urgencia ante la eventualidad de un accidente mortal, como fue el caso de Luis encuentra inicialmente textos médicos propiamente dichos, difíciles de interpretar y de aplicar para él por su profundidad científica, por lo que, en general, no le serán útiles, y sí, en cambio, aquellos otros libros que, igualmente escritos por médicos, estén creados con objetivo divulgativo.

Como dije en un capítulo anterior, no hace falta conocer "los unos y ceros del Algebra de Boole" de una calculadora para operar con ella, como tampoco es necesario ser profesional de la rehabilitación, para poner en práctica en casa muchos de los elementos de la *"Rehabilitación de 3 Ejes"*.

Eso sí, he mencionado anteriormente que siempre deberán contar con un médico o profesional de la rehabilitación, que valide, para el caso de cada persona, las estrategias de recuperación, los ejercicios neurológicos y los medicamentos y compuestos de soporte. En definitiva, un profesional con quien consultar la aplicación, y particularización, de cada uno de los 3 ejes en el caso individual de cada persona o enfermo.

Por ello, este capítulo es ante todo un puntero. Sin minusvalorar la información científica y médica recogida en él, que soporta los principios de la *"Rehabilitación de 3 Ejes"*, y resulta una información necesaria e indudablemente valiosa, por las referencias y citas que contiene de los estudios médicos existentes y libros de especialistas, y que amparan científicamente cuanto se hizo con Luis, brinda sobre todo al lector la facilidad para que éste pueda encontrar con rapidez aquella información que requiera para rehabilitar a su hijo o ser querido, o para luchar contra el envejecimiento y mantenerse "joven" frente al paso de los años.

En efecto, las múltiples referencias científicas y citas directas que se incluyen y estudios médicos que se han hecho en todo el mundo, en relación al impacto de cada uno de los 3 ejes en la mejoría cerebral, evidencian las decisiones tomadas para la rehabilitación de Luis y explican los resultados tan notables que se obtuvieron.

En particular, en este capítulo se documenta cómo el ejercicio regular y vigoroso cambia radicalmente el cuerpo, y tiene un impacto fundamental en la mejoría del cerebro y del cuerpo humano en su conjunto.

Lo mismo ocurre con el segundo eje de la rehabilitación: el ejercicio neurológico continuo y cambiante, dado que el cerebro, igual que los músculos, se hace tanto más fuerte cuanto más se ejercite con actividades continuas y diferentes, puesto que ello le obliga a esforzarse permanentemente, creando conexiones neuronales y recorriendo de nuevo los caminos dendríticos preexistentes, para conseguir en todo ese proceso mantener y mejorar –en su caso rehabilitar–, las funciones y capacidades cognitivas perdidas o dañadas.

Finalmente, en relación al tercer eje de la estrategia, las medicinas de soporte, se expone como existen diversos compuestos y medicinas indicadas para la mejoría cerebral, ninguno de los cuales es nuevo en la comunidad científica, pero por desgracia no se suelen prescribir en muchos casos donde podrían ser beneficiosas, porque está demostrado que su administración mejora y potencia las diferentes funciones cerebrales.

Así, se expondrá sucintamente compuesto por compuesto, con ayuda de referencias bibliográficas médicas, sus principios activos y para qué los prescriben los doctores autores de los libros referenciados. Igualmente explicaré cómo y por qué decidí administrárselos a Luis, al igual que yo mismo me los venía tomando con buenos resultados desde hacía casi diez años, para preservar en lo posible mi cerebro de los efectos del paso del tiempo.

Está probado científicamente el impacto individual de cada uno de estos 3 elementos en la mejora y recuperación cerebral. Se entenderá, pues, como la combinación sinérgica de ellos tres dio como resultado la recuperación "milagrosa" de Luis.

PRIMER EJE: EL EJERCICIO VIGOROSO

El Dr. Roy Walford, afamado gerontólogo estadounidense, reconocido como uno de los 10 expertos mundiales en éste área, que dedicó casi toda su vida a la investigación del envejecimiento, en su estudio a lo largo de décadas de métodos para ralentizar éste, destaca, entre otros elementos, la necesidad de hacer ejercicio regularmente, demostrando sus beneficios en múltiples facetas del funcionamiento del cuerpo humano, incluido el impacto fundamental en las capacidades cognitivas.

Habla de las muchas enfermedades, disfunciones y accidentes que el ejercicio previene y que ayuda a curar, incluidos los accidentes cerebro-vasculares, como fue el caso de Luis, y propone un programa que puede seguir cada persona según sus necesidades y objetivos (*Beyond The 120 Years Diet*, 2000, págs. 198-213).

"Hace unos años, los científicos se quedaron desconcertados al descubrir, que colocar ratas en ruedas de ejercicio inducía a sus células cerebrales a producir una sustancia llamada "factor de crecimiento nervioso", que incita al crecimiento de las dendritas, permitiendo expandir las redes de comunicación cerebral. Carl Cotman y su equipo de la Universidad de California comprobaron, que no sólo se producía este fenómeno en las neuronas que controlan la función motora, sino también en las que controlan la memoria, el razonamiento, el pensamiento y el aprendizaje. Y que el ejercicio también aumentaba el flujo sanguíneo, por lo que las personas mayores que lo practicaban tenían mejor función cognitiva que los que no lo hacían. Posteriormente, el Dr. Cotman descubrió que los seres humanos de edad avanzada que hacían ejercicio, alcanzaban puntuaciones más elevadas en las pruebas de función cognitiva que los que no lo practicaban (...)".

"El simple hecho de correr unos pocos días aumenta las proteínas cerebrales, y eso ayuda a proteger las células nerviosas de las lesiones, es decir, a las células que se sabe que están asociadas con la cognición" (*Carl Cotman, Universidad de California, Irvine*).

Y no solo son las investigaciones del Dr. Cotman. Innumerables estudios se podrán encontrar en la bibliografía al final de este libro que demuestran que el ejercicio infunde vida nueva al cerebro.

Igualmente el Dr. Kramer está convencido de que el ejercicio de cualquier tipo mejora el estado de ánimo de la persona, y que el aeróbico eleva los niveles de los agentes que "luchan contra los radicales libres, y por tanto protege las células cerebrales".

A su vez la mayoría de los neurólogos estarían de acuerdo con el Doctor Dharma Singh Khalsa, profesor emérito de medicina de la Universidad de Nebraska, y padre de la teoría del envejecimiento causado por los radicales libres, en que mantener la mente activa es el mejor camino para prevenir la pérdida de la memoria y mejorarla, y que un programa de ejercicio físico y mental retrasa el envejecimiento y previene la enfermedad de Alzheimer, el Ictus y otras.

El ejercicio aeróbico tiene efectos directos beneficiosos para el cerebro y el sistema endocrino, incrementa la circulación en el cerebro y produce neurogénesis, endorfinas, norepinefrina, especialmente importante en la memoria a corto y a largo plazo, además de ser importantísima para mantener el buen humor, por eso es preventivo de la depresión, enfermedad que resulta muy destructiva para la memoria. El ejercicio vigoroso, a través de diversos mecanismos que se resumen un poco más adelante, hace que mejore sustancialmente la capacidad cognitiva y que nazcan neuronas nuevas que más tarde se interconectarán a través de la estimulación cognitiva (*Ratey, John J., Spark, The new science of exercise and the brain*, 2008, págs. 53-54).

Gran cantidad de estudios han demostrado que el ejercicio físico es una terapia para curar la depresión más potente que cualquier terapia tradicional, incluso las psicológicas, y también es un gran reductor del estrés, otro poderoso destructor de la memoria. A su vez, reduce significativamente el riesgo de enfermedades cardiovasculares, previniendo la elevación de la tensión arterial y la obesidad (*Brain Longevity*, 1999, capítulos 16 y 17, págs. 14, 55-63, 86, 294, 327, 329, 426).

Igualmente el Dr. Gary Small recomienda el ejercicio físico y mental regular para la conservación y mejora de la memoria, y plantea una serie de ejercicios muy sencillos y actividades al alcance de cualquiera para no perder esta facultad tan importante (*The Memory Bible*, 2002, pág. 77, capítulos 5 y 6).

Y de la misma forma el Dr. John B. Arden en su libro *Rewire Your Brain* recomienda el ejercicio para mantener la salud del cerebro, ya que supone un tratamiento muy eficaz contra el estrés, ayuda a mejorar la circulación por el corazón y el cerebro, baja gradualmente la tensión arterial, aumenta la producción de neurotransmisores como GABA y serotonina, facilita la neuroplasticidad y la neurogénesis, la protección neuronal, y activa muchos sistemas neuronales en el cerebro (*Rewire Your Brain*, 2010, págs. 117-126).

El ejercicio contribuye a reducir el estrés ya que:

- Ofrece distracción.
- Reduce la tensión muscular.
- Construye recursos cerebrales (neuroplasticidad y neurogénesis).
- Aumenta la producción de GABA y serotonina.
- Mejora la resistencia y el autodominio.
- Moviliza sentimientos para llevar a cabo una acción.

"Afortunadamente, el ejercicio promueve la reparación de los mecanismos que operan en las diferentes clases de estrés (...), por ejemplo, el ejercicio es un estímulo para la acción de las siguientes hormonas cerebrales: Insulina, así como el factor de crecimiento (IGF-1), el factor de crecimiento endotelial vascular (VEGF) y el factor de crecimiento de los fibroblastos (FGF-2), crítico en la neurogénesis y en el proceso de construcción del ADN a partir del ARN (transcripción), produce neuroplasticidad, incluida la estimulación de BDNF, mejorando la memoria y promoviendo la neurogénesis en el hipocampo.

Las investigaciones han demostrado que el ejercicio en un ambiente enriquecedor permite conservar las nuevas neuronas. En otras palabras, se necesita ejercicio mental junto con ejercicio físico (…). Se ha demostrado que este ejercicio, especialmente si tiene lugar en un sitio nuevo y estimulante, es una vía efectiva para promover la neurogénesis. El aprendizaje es fundamental, porque el desarrollo de nuevas neuronas tiene lugar en el hipocampo, involucrado en los nuevos aprendizajes (memoria). Así, el ejercicio físico y el aprendizaje trabajan juntos para estimular la neurogénesis. El ejercicio crea nuevas células madre, y el aprendizaje prolonga su vida. Por tanto, el mejor ejercicio combina estimular el sistema cardiovascular y el aprendizaje de nuevas habilidades (…).

Hacer ejercicio voluntariamente es la manera de obtener mejores resultados en ausencia de estrés (…). Desde el lóbulo frontal se toman las decisiones, activando esta parte del cerebro, que es en parte la clave de la neurogénesis. En otras palabras, no se puede aprender nada nuevo sin hacer un esfuerzo y poner atención.

Hacer ejercicio es una buena medicina, y la falta de ejercicio es lo contrario. Se ha acumulado evidencia científica en más de 50 años sobre la variedad de los beneficios del ejercicio (…), y se ha demostrado que reduce la inflamación, rebajando el nivel de la C proteína reactiva (CRP). Por el contrario, la falta de ejercicio tiene efectos negativos en las células madre del cerebro, y su división en neuronas nuevas, así como también el ejercicio excesivo. Por el contrario el ejercicio regular y vigoroso apoya estos descubrimientos (*Ratey, John J., Spark, The new science of exercise and the brain*, 2008, págs. 245-267; *Khalsa, Dharma Singh, Stauth, Cameron, Brain Longevity. The Breakthrough Medical Program that Improves Your Mind and Memory, Warner Books, Ed. Little, Brown& Company*, 1999, pág. 329).

- Mecanismo genético y neuroplasticidad (*Cotman y Berchtold*, 2002).
- BDNF (factor cerebral neurológico derivado) de la familia de las proteínas que ayuda al circuito cerebral a su construcción, crecimiento y mantenimiento. Neuroplasticidad (*Adlard, Perreau y Cotman*, 2005).
- Factor de crecimiento nervioso. Neuroplasticidad (*Neeper, Gómez-Pinilla, Choi y Cotman*, 1996).
- VEGF (factor de crecimiento endotelial vascular). Neurogénesis (*Fabel, Fabel, Tam, Kaufer, Baiker, Simmons y cols.*, 2003).
- Hipocampo. Neurogénesis (*Van Prag, Shubert, Zhao y Gage*, 2005).
- LTP (potenciación a largo plazo). Mejora duradera de la transmisión de señales entre dos neuronas que resulta de su estimulación sincrónica. Plasticidad de las sinapsis (zonas donde una neurona establece un contacto con otra para comunicarse de forma bioquímica), para cambiar su fuerza (en el aprendizaje y la memoria es importante la fuerza de esta comunicación por la mayor o menor intensidad del recuerdo). Conectividad (*Farmer, Zhao, Van Praag, Wodtke, Gere y Chistie*, 2004).
- Crecimiento de los vasos sanguíneos. Mayor aporte de oxígeno y glucosa (*Swain, Harris, Wiener, Dutka, Morris, Theien y cols.*, 2003).

Incluso no hace mucho se ha descubierto que el hecho de pensar sobre el ejercicio activa los sistemas neuronales en el cerebro (...). Esas evidencias apoyan las creencias mantenidas largo tiempo por la psicología del deporte, que visualizar y ensayar la representación mentalmente puede mejorar la actuación en el terreno de juego.

El ejercicio también ayuda a regular los ciclos circadianos sueño-vigilia. El sueño es de una importancia crítica para mantener el cerebro. La falta de sueño puede conducir a ganar peso, porque produce un incremento en la producción de la hormona grelina "la hormona del hambre", que estimula los centros del apetito en el cerebro. Simultáneamente el ejercicio reduce la producción de la hormona leptina, que controla el apetito. Y también la falta de sueño compromete la atención, la memoria y los nuevos aprendizajes.

Para finalizar este punto, recalcar lo dicho con mayor amplitud en el capítulo "Estrategia para la recuperación en casa". Ejercicio vigoroso supone que el cuerpo debe esforzarse y estar sometido a un cierto estrés o exigencia, y cada uno debe buscar el nivel de intensidad que le requiera un cierto esfuerzo, porque ese nivel es dependiente de la edad. Además tampoco debe ser siempre el mismo ejercicio u actividad. Hay que intentar cambiar, para hacerlo más ameno y divertido, y para "cambiarle el paso al cuerpo", con objeto de evitar que el cuerpo se habitúe y se pierdan muchos de sus efectos beneficiosos. Lo importante es pues que lo hagamos con un cierto nivel de exigencia y regularmente, en el entorno de los 45 minutos al día y 5 ó 6 días a la semana. Un buen libro donde se expone todo ello con mayor detalle es *Tu Entrenador Personal*, de Fernando Sartorius.

SEGUNDO EJE: EL EJERCICIO NEUROLÓGICO CONTINUO Y CAMBIANTE

"Los científicos empiezan a comprender la extraordinaria plasticidad del cerebro, y su asombrosa capacidad para reinventarse continuamente a sí mismo. Todos los que estamos actualmente vivos somos los beneficiarios de este nuevo conocimiento" (*Máximo rendimiento, Jean Carper*, 2001, págs. 60-61). "El ejercicio vigoroso hace que broten nuevas neuronas y la estimulación hace que éstas se conecten. Un estudio realizado en 2007 demostró cómo la capacidad cognitiva mejoraba tras 35 minutos de ejercicio aeróbico corriendo a un ritmo del 60-70% del ritmo cardiaco máximo" (*Ratey, John J., "Spark, The new science of exercise and the brain"*, 2008, págs. 53-54).

La rehabilitación neuropsicológica abarca cualquier estrategia de intervención que tenga como objetivo permitir a los pacientes que han sufrido una lesión cerebral, y a sus cuidadores y familiares, reducir las alteraciones cognitivas o conductuales, manejar estas dificultades, y reducir su impacto en la vida cotidiana. Comprende una serie de actividades terapéuticas, basadas en las relaciones cerebro-conducta, dirigidas a alcanzar cambios funcionales mediante:

- El restablecimiento o refuerzo de patrones de conducta y de actividad cognitiva previamente aprendidos.
- El establecimiento de nuevos patrones de actividad cognitiva (...), por medio de estrategias sustitutorias.
- La introducción de nuevos patrones de actividad, gracias a mecanismos compensatorios internos o externos.
- La ayuda al paciente y a su familia, para adaptarse a la nueva condición de discapacidad y mejorar el funcionamiento global (...).
- Durante siglos, el sistema nervioso central (SNC) fue considerado una estructura inmutable e irreparable desde el punto de vista funcional y anatómico, así como un sistema terminado y definitivo, una vez finalizado el desarrollo embrionario. Actualmente

> estas concepciones han cambiado, y las nuevas ideas sólo pueden ser entendidas a través de una adecuada comprensión del concepto de neuroplasticidad, entendiendo por plasticidad la posibilidad de transformación.

Cuando se habla de plasticidad neuronal, se hace referencia a las posibilidades de adaptación funcional del SNC para minimizar los efectos de las alteraciones estructurales y funcionales, sea cual sea la causa originaria (…). Permite la adaptación a circunstancias cambiantes (...) y a daños producidos por agresiones al tejido cerebral (…).

Los fenómenos que suceden y demuestran esta neuroplasticidad son, entre otros, la sustitución de las sinapsis que se han destruido, la aparición y desaparición de la eficacia de las sinapsis, el incremento o reducción de dendritas, la reactividad de los astrocitos y la glía, la reparación constante de pequeñas lesiones mediante sinaptogénesis reactiva, etc. Todo ello puede contribuir notablemente a la recuperación de funciones afectadas por una lesión cerebral (…).

Gracias a diferentes avances en la tecnología, que permiten estudiar estos mecanismos de plasticidad cerebral, se ha alcanzado un consenso entre los investigadores para afirmar que existen, al menos, tres procesos diferenciados (*Grady y Kapur*, 2001): Reorganización (…);Incorporación de nuevas áreas a la red previa establecida (…), implica el aprendizaje y el uso de estrategias, lo que conlleva la incorporación de áreas ajenas a la red, así como la colaboración entre diferentes procesos cognitivos, y plasticidad neuronal en áreas adyacentes a la región dañada (…).

En la actualidad la neuroplasticidad es considerada el fundamento biológico en el que se sustenta la neurorehabilitación de funciones cognitivas perdidas por una lesión cerebral. El entrenamiento y la actividad sirven para la creación de nuevas vías de funcionamiento en el cerebro dañado, ya que la experiencia y el aprendizaje modifican y posibilitan la aparición de nuevas sinapsis en el cerebro (*Weiller & Rijntes*, 1999).

Resultados científicamente verificables han demostrado que, con la aplicación de determinados programas de rehabilitación neuropsicológica, se logran cambios favorables en los procesos cognitivos afectados (*Cappa et al*, 2005; *Cicerone*, 2006; *Schitter-Edgecombe, Fahy, Whelan y Long*, 1995; *Sohlberg y Mateer*, 2001). Esta plasticidad cerebral permite una reestructuración funcional del sistema dañado y de otras áreas no afectadas por la lesión, de modo que éstas puedan asumir parcialmente estas funciones. Esta concepción neuroplástica del SNC, nos conduce a la búsqueda constante de formas de estimular cambios plásticos, que permitan la restauración de funciones alteradas (…).

Los programas de restauración de la función (también llamados de reentrenamiento o estimulación de la función), normalmente implican la práctica de ejercicios diseñados para fortalecer algunos procesos básicos (…). El fundamento teórico, sobre el que se basa este tipo de intervención, reside en la concepción de que la estimulación de los distintos componentes de los procesos cognitivos, conducirá a un mejor procesamiento y una automatización de dichos procesos (…).

La restauración de la función requiere que el paciente realice una serie de ejercicios, más o menos repetitivos, en los que se vea directamente implicada la función alterada, bajo el supuesto de que la red neuronal que participa en la ejecución estará siendo entrenada, facilitando, acelerando y dirigiendo la recuperación neuronal y los mecanismos de recuperación espontánea, promoviendo la plasticidad neuronal e incluso la regeneración de neuronas (*Anderson, Winocur y Palmer*, 2002) (…). Así, el objetivo de entrenar en determinadas habilidades específicas, es ayudar al paciente a aprender o reaprender habilidades funcionales importantes (…).

(Muñoz Marrón, E. (coordinadora), "Estimulación cognitiva y rehabilitación neuropsicológica", 2011, págs. 13, 14, 16, 17, 19, 35-79; Sholberg, M. M, Mateer, C. A., "Cognitive rehabilitation, An integrative neuropsychological approach", 2001, págs. 4, 8, 71-73, 80-81, 103-105, 125-129, 130-139, 140-142, 150-151, 155-159, 176, 242, 439-440; Struss, D.T., Wincur, G., Robertson, I.H. "Cognitive neurorehabilitation", 2008, págs. 3, 6-21; Miniussi, C., Vallar, G., "A special issue of the journal neuropsychological rehabilitation. Non-Invasive brain stimulation: new prospects in cognitive neurorehabilitation", 2011, págs. 566, 631-636, 679-680, 710; Johnstone, B., Stonnington, H.H., "Rehabilitation of neuropsychological disordes", 2001, págs. 1, 22, 27-52, 128, 170, 173, 217, 219, 220-221; Raskin, S.A., "Neuroplasticity and rehabiltation", 2011, págs. 5, 6, 8, 110, 172-208, 237, 265-271, 286, 290-291, 297-298; Gillen, G."Cognitive and perceptual rehabilitatión.optimizing function", 2009, págs. 136, 146, 184-203, 211, 248, 257; Wilson, B.A., Herbert, C.M., Shiel, A., "Neuropsycological rehabilitation: A modular handbook. Behavioural approaches in neuropsychological rehabilitation. Optimizing rehabilitation procedures", 2009, págs. 101-107; Halligan, P.W., Wade, D.T., Effectiveness of rehabilitation for cognitive deficits", 2005, 61-104, 114, 283-284; Sohlberg, M.M., Turkstra, L.S., "Optimizing cognitive rehabilitation. Effective instructional methods", 2011, págs. 10, 12, 57, 189-191; Wilson, B.A., "Memory Rehabilitation", 2009, págs. 21, 52, 91-92; Ratey, John J., "Spark, The new science of exercise and the brain", 2008, pág. 53).

Estrategias generales de rehabilitación de las alteraciones perceptivas

Para estimular la restauración de las dificultades de funciones perceptivas es conveniente tener en cuenta:

- Utilizar de manera gradual la complejidad de los estímulos, comenzando con estímulos muy simples y aumentando la complejidad de los mismos y la cantidad de ellos. Posteriormente, los estímulos deberán ser menos familiares, cambiando las características (...).
- Ralentizar o aumentar el tiempo de exposición de los estímulos, según los objetivos que se pretendan conseguir, y según la capacidad del paciente, fundamentalmente relacionado con la ejecución de tareas/acciones complejas (...).
- Degradar la información sensorial, eliminando características del objeto para hacer más difícil el reconocimiento.
- Reducir la cantidad de información, ya que puede ser un obstáculo el exceso de información, por lo que se recomiendan estímulos simples, e incrementar poco a poco la dificultad. Se recomienda también simplificar y jerarquizar la información que se quiera trabajar (...).

Estimulación de la atención y las capacidades visoespaciales

Los ejercicios a realizar tienen como objetivo discriminar e identificar los estímulos presentados mediante la estimulación directa o mediante el empleo de alguna estrategia.

No es posible separar la atención de la percepción, por lo que muchas de las tareas aquí descritas ejercitan la atención y, en ocasiones, otras capacidades cognitivas, dada la estrecha relación existente entre todos los procesos cognitivos:

- Rastreo visual mediante la lectura de números (…).
- Rastreo visual (…).
- Trazado de líneas (…).
- Localización espacial (…).
- Conceptos espaciales (…).
- Laberintos (…).
- Copia de figuras (…).
- Comparación de figuras geométricas (…).
- Estimulación del reconocimiento de objetos o caras (…).
- Ejercicios específicos de reconocimiento de objetos.
- Descripción de una escena (…).
- Identificación de objetos por orden verbal (…).
- Identificación visual de objetos.
- Descripción y reconocimiento de objetos (…).
- Constancia perceptiva.
- Reconocimiento de objetos en posiciones inusuales.
- Reconocimiento de objetos degradados (…).
- Descripción de características específicas de un rostro (…).
- Reconocimiento de rostros.

(Muñoz Marrón, E., Estimulación cognitiva y rehabilitación neuropsicológica, 2011, págs. 146-162).

Estimulación cognitiva y rehabilitación neuropsicológica del lenguaje

"La complejidad de esta función requiere la participación de profesionales de diferentes ámbitos (…), para lograr técnicas adecuadas de evaluación y rehabilitación. En la práctica, logopedas, psicólogos, pedagogos, neurólogos, otorrinolaringólogos, psiquiatras y muchos otros profesionales, son los encargados del estudio de los casos, y del diseño de programas de rehabilitación y estimulación del lenguaje.

Una de las funciones más importantes del lenguaje es la comunicación entre personas inmersas en una sociedad, en la que la transmisión de conocimientos se realiza, principalmente, a través del lenguaje, tanto oral como escrito. Por tanto, el nivel de competencia en el lenguaje va a determinar en gran medida las posibilidades de desarrollo y aprendizaje de los individuos (…). El lenguaje es una función muy compleja que es parte de otra aún más compleja: la comunicación (…). Las bases neuroanatómicas del lenguaje están ampliamente distribuidas por todo el córtex cerebral, principalmente en el hemisferio cerebral izquierdo.

Inicialmente será necesario realizar una valoración cognitiva del enfermo con el objetivo de conocer cuáles son los componentes del lenguaje que se encuentran alterados, puesto que éstos serán los que establezcan qué aspectos se van a trabajar en la rehabilitación. Asimismo, la evaluación continua resulta necesaria para valorar la evolución del paciente durante el tratamiento, lo que ayudaría a determinar en cada momento la continuación o no del tratamiento o el cambio de estrategia. Un evaluador experimentado emplea las pruebas de valoración con flexibilidad, atendiendo a las demandas de cada fase del proceso (…).

"Los procesos dañados son los que tenemos que recuperar, y los intactos, los que sirven para construir el programa de tratamiento" (*Carlomagno, Lavarone y Colombo*, 1994)".

Material indicado para cada tarea:

- Evocación (papel y lápiz).
- Denominación: ficha con el vocabulario a trabajar y lápiz.

- Repetición: listado de sílabas, palabras y oraciones escogidas según el objetivo a trabajar (por fonemas, por longitud, por categoría semántica).
- Dictado, lenguaje espontáneo (papel y lápiz para elaborar un discurso coherente y correcto gramaticalmente).
- Antónimos, oraciones inacabadas, grafismo (plantillas para ejercitar la motricidad fina y un rotulador).
- Copia, correcciones (listado de palabras con errores).
- Designación (diferentes tarjetas con imágenes o fotos).
- Definiciones, categorización, comprensión de textos, unir palabra-imagen, series automáticas (tarjetas con los días de la semana, meses o números).
- Construcción de oraciones, comprensión de órdenes, lectura, ordenar palabras".

(Muñoz, Marrón, E. (coordinadora), "Estimulación cognitiva y rehabilitación neuropsicológica", 2011, págs. 189-232; Raskin, S.A., "Neuroplasticity and Rehabilitation", 2011, págs. 6, 209-232, 298-299; Wilson, B.A., "Memory Rehabilitation", 2009, pág. 94; Stuss, D.T., Winocur, G. and Robertson, I.H., "Cognitive rehabilitation. Evidence and application", 2008, págs. 7, 84, 86, 99, 193, 398, 436-439, 441-442, 572; Miniussi, C., Vallar, G., "A special Issue of the neuropsycological rehabilitation. Non-Invasive brain stimulation: New prospects in cognitive neurorehabilitation", 2011, págs. 589, 634-636, 710; Halligan, P.W., Wade, D.T., "Effectiveness of rehabilitation for cognitive deficits", 2005, págs. 11, 15, 155-168, 185-194, 227; Johnstone, B., Stonnnington, H.H. "Rehabilitation of neuropsychological disorders", 2001, págs. 6, 21- 23, 166-194).

En todo caso, la primera condición para acercarse a la neurorehabilitación necesaria, será un diagnóstico acertado y, a partir de éste, encontrar los ejercicios que hacen trabajar esas funciones cerebrales perdidas.

Este diagnóstico, que se realiza mediante diversos test estándares, se puede obtener fácilmente y con un bajo coste relativo, en general, en cualquier centro especializado de neurorehabilitación, neuropsicología, psicología infantil, logopedia y refuerzo escolar.

En el caso de Luis, los test que le hicieron en diversos momentos a lo largo de doce meses fueron los siguientes:

- Entrevista.
- Test de Inteligencia Wechsler WISC-IV.
- Lecto-escritura.
- Cálculo.
- Test de Desarrollo de la Percepción Visual (FROSTIG).
- Figura compleja de Rey.
- CSAT.
- Test de memoria y aprendizaje TOMAL.
- Prueba de evaluación neuropsicológica de funciones ejecutivas en niños ENFEN.
- Test perceptivo viso-motriz de Bender-Koppitz.

Estos test ofrecen un resultado, que le deberá ser entregado por el profesional del centro, que ponga de manifiesto las dificultades y deficiencias existentes en el cerebro del enfermo, y ello permitirá identificar en qué áreas es necesario trabajar, porque se encuentren dañadas o con deficiencias, y en qué otras no lo es tanto.

Una vez que se sepa qué funciones o áreas hay que trabajar (lecto-escritura, visioconstrucción, cálculo, memoria, atención, funciones ejecutivas, percepción, etc.), el profesional neurorehabilitador del centro especializado le indicará qué tipo de ejercicios debe realizar diariamente el enfermo para su recuperación, cuya realización podrá además habitualmente contratarse allí, y reforzarse en casa –como hizo Luis– con muchas más horas de trabajo, dado que como ya se explicó en capítulos anteriores, las horas que podrá contratar normalmente en un centro serán muy inferiores a las requeridas en la *"Rehabilitación de 3 Ejes"*, ya sea por una limitación de coste y presupuestaria, o por una limitación de horarios disponibles por parte del enfermo o del centro, o por otras razones de tipo práctico como pueda ser la distancia al centro, etcétera.

A partir de ahí ya será cuestión de que el enfermo o cuidadores perseveren de manera constante y sin desfallecer durante meses –como perseveró Luis–, en hacer diariamente los ejercicios tendentes a corregir las anteriores deficiencias, mediante fichas (por ejemplo de lecto-escritura y visioconstrucción), cuadernillos (por ejemplo, cartillas de sumas, restas, problemas de matemáticas, etc.), juegos (juegos de parejas, juego del Simón, videojuegos, etc.), indicados para cada una de ellas y que resultan muy fácilmente accesibles en comercios o en internet. Existen múltiples tiendas físicas, y en Internet, donde se pueden comprar las cartillas, fichas y juegos específicos para la rehabilitación individual de cada una de las funciones perdidas.

No me extenderé más en este segundo eje de la rehabilitación, ya que la rehabilitación neurológica, complementada con frecuencia con fisioterapia, será la que le ofrezcan normalmente en cualquier centro especializado de rehabilitación, y simplemente con lo expuesto anteriormente, y con todo lo descrito en capítulos anteriores, será suficiente para que cualquier padre, cuidador o persona "se ponga en marcha" para trabajar con su ser querido. Primero, localizando un profesional de la rehabilitación o un centro privado especializado en ello, y a partir de ahí, y con una valoración y su asesoramiento, diseñar un programa eficaz de *"Rehabilitación de 3 Ejes"*, basado en los ejercicios y actividades elaborados y programados por dicho profesional, y complementados con otras actividades y ejercicios adicionales de rehabilitación y recuperación que se pueden hacer en casa fácilmente, tal y como los hizo Luis, tomando como referencias, si fuera necesario, los múltiples ejemplos que figuran descritos en detalle en este libro.

TERCER EJE: LOS COMPUESTOS DE SOPORTE Y MEDICINAS ESPECÍFICAS

Algunos de los descubrimientos más sensacionales sobre cómo funciona el cerebro, y sobre cómo se puede influir sobre el pensamiento y el comportamiento mediante los alimentos y suplementos, proceden del nuevo conocimiento existente acerca de la actividad de los neurotransmisores. Son éstas sustancias químicas cerebrales, de las cuales hasta el momento se han identificado unas cincuenta (…). Los neurotransmisores preparan las autopistas bioquímicas que transportan cada pensamiento y sentimiento a través de la red neuronal del cerebro. (...) Son como un sistema de electrificación bioquímica del cerebro, y configuran la esencia de la memoria, la inteligencia, la creatividad y el estado de ánimo de cada persona (…).

A finales de la década de 1970, un grupo de investigadores del MIT (Instituto Tecnológico de Massachusets), dirigidos por el Dr. R. Wurtman, encontró el primer indicio de que los elementos constituyentes del alimento podrían imitar a los medicamentos en la regulación de los neurotransmisores, provocando cambios en la actividad cerebral y en el comportamiento. Desde entonces la investigación (...) ha conducido a descubrimientos revolucionarios. (...). Las células cerebrales necesitan ciertos nutrientes como elementos fundamentales para fabricar diversos neurotransmisores. Así pues, la disponibilidad de un nutriente específico puede dictaminar los niveles y la potencia de un neurotransmisor concreto (...). La composición de estos neurotransmisores, y la bioquímica funcional de los receptores, están cambiando continuamente, y parte de ese cambio depende de lo que se come y de lo que se hace (Carper, J., *"Máximo Rendimiento"*, 2000, pp. 32-35).

Hay múltiples compuestos vitamínicos, aminoácidos, medicinas y compuestos de soporte cerebral, todos ellos conocidos, muchos de los cuales son, además, imprescindibles para el adecuado funcionamiento del cerebro humano, que siendo inocuos en dosis adecuadas, está demostrado que apoyan y mejoran la función cerebral y en ningún caso son perjudiciales.

Compuestos de soporte, vitaminas y minerales

Los compuestos de soporte, vitaminas y minerales para la mejora del cerebro, y del cuerpo en su conjunto, que tomó Luis durante los meses de su rehabilitación, fueron los que a continuación se exponen, los cuales, además, están disponibles en el mercado, ya sea en forma de medicamentos o suplementos alimentarios, o bien en forma de fórmula magistral. Todos ellos se pueden adquirir en farmacias, herbolarios y también, en determinados casos, a través de Internet Así pues, algunos de dichos compuestos los tomó Luis como medicamentos o compuestos específicos, como por ejemplo el ácido fólico (Acfol), la vitamina E (Auxina E400), la colina (Somazina) o los ácidos Omega 3 (Jarabe Esquimo Brain). En cambio, otros de esos compuestos los tomó como parte de la fórmula que se describe un poco más adelante, por ejemplo la Coenzima Q10, el ácido alfalipoico o el DMAE.

Es importante destacar, sin embargo, que originalmente elaboré este tratamiento o fórmula como fórmula anti envejecimiento y de soporte cerebral y del cuerpo en su conjunto, basándome en los estudios y libros existentes, algunos de los cuales se mencionan en este apartado y en la bibliografía, con el objetivo de mitigar en el cuerpo y en el cerebro de una persona adulta, en la medida de lo posible, el paso de los años, y en particular en mí.

Es por ello que la fórmula y los medicamentos que se mencionan podrán ser de mucha utilidad a cualquier persona, que sin haber sufrido ningún accidente cerebral, desee conservar su cerebro y su cuerpo frente al envejecimiento y frente al desgaste causado por el paso de los años, así como apoyar su mantenimiento y su recuperación mediante este tercer eje de la "Rehabilitación de 3 Ejes".

De hecho, el lector podrá comprobar que la mayor parte de los compuestos de soporte y medicamentos para la mejora del rendimiento cognitivo que se mencionan en este apartado, se recomiendan en EE.UU. y en Europa para tratar el Alzheimer y también otras patologías cerebrales.

Es decir, originalmente, el objetivo de la fórmula no fue sólo mantener en buen estado y potenciar el cerebro y sus capacidades cognitivas, sino también otras partes del cuerpo, como los huesos, para evitar su descalcificación y la rotura prematura por osteoporosis, las arterias, para evitar la formación de placa en sus paredes interiores debido a la persistencia de la homocisteina, etc. Es pues una fórmula con una orientación anti envejecimiento en su conjunto, que además es de soporte cerebral también, porque lógicamente lo incluye.

No obstante, ante la incidencia inesperada del accidente de Luis en mayo de 2012, y la premura que tenía yo por actuar lo antes posible, conforme a los 3 ejes de la rehabilitación, decidí que no podía dedicar tiempo a reelaborar dicha fórmula con los componentes que estuvieran única y exclusivamente orientados a la mejoría del cerebro, sino que la adopté en su forma completa para Luis, puesto que los minerales y componentes que conforme a lo anterior no hubieran sido necesarios en su caso, tampoco le vendrían mal, y en ningún caso serían perjudiciales en las dosis de la fórmula, por lo que en ese momento decidí administrar la fórmula completa sin simplificarla, porque realmente tampoco era necesario.

En definitiva, el tratamiento o fórmula cumple los dos objetivos: anti envejecimiento y mejora y soporte del cerebro. A continuación se detallan cada uno de los compuestos que tomó Luis.

- Ácido Fólico: 10 mg/día (Acfol).
- Ácido grasos Omega 3: 1600 mg/día (EPA, DHA, ALA); Omega 6: 500 mg/día (LA, GLA) y Omega 9: 500 mg/día (Ácido Oleico) : 2 cucharadas al día del jarabe Esquimo Brain.
- Carbonato de Magnesio en polvo: 1 cucharita colmada dos veces al día.
- Citicolina: 2000 mg/día (2 ampollas al día de Somazina 1.000 mg).
- Compuesto polivitamínico y de minerales (Multicentrum).

- Fosfatidilcolina: 750 mg/día.
- Fosfatidilserina: 200 mg/día.
- Gaba: 300 mg/día (Gamalate B6).
- Gingko Biloba: 40 mg/día (4 ml al día de Tanakene Líquido).
- S-Adenosyl L-Metionina: 400 mg/día.
- Vitamina C: 1 o 2 tabletas al día de Redoxon 1 gr.
- Vitamina E: 2 *softgel* al día de Auxina E400

La Acetil L-carnitina (ALC) es importante para el corazón, la función cerebral y el movimiento muscular. ALC mejora el metabolismo de las mitocondrias en el cerebro. Algunos estudios realizados parecen indicar que es capaz de regenerar el daño –debido a la edad– ocasionado en las células cerebrales. Actúa a su vez como antioxidante combatiendo los radicales libres, los cuales dañan las células y alteran el ADN. Mejora igualmente la comunicación entre ambos hemisferios cerebrales, la única otra sustancia que lo hace además del piracetam. Reduce la masa grasa, aumenta la muscular y reduce la fatiga, lo que puede ayudar en la pérdida de peso. Mejora los problemas de memoria en ancianos. Se usa también para la deficiencia de testosterona en la disfunción sexual. Aumentar los niveles de ALC deriva en la síntesis del factor de crecimiento nervioso de los receptores. Un estudio reciente muestra que inhibe la pérdida de receptores, especialmente en el hipocampo y en el preencéfalo basal, áreas críticas para la inteligencia y la personalidad. Los datos indican que ALC puede rescatar a neuronas viejas aumentando su sensibilidad a los factores neurotrópicos en el Sistema Nervioso Central. Algunos de los beneficios conductuales de la ALC en el cerebro son que incrementa la alerta, mejora el aprendizaje y la memoria, reduce la amnesia (...), mejora las habilidades cognitivas, y la memoria a largo plazo, modifica la actividad electro cortical evocada, mejora el aprendizaje y aumenta el humor y la atención. Puede también ayudar a ralentizar los procesos naturales de deterioro por envejecimiento en el hipocampo. Retrasa el desarrollo de la enfermedad de Alzheimer. La dosis diaria recomendada estaría, según diversos doctores, entre 500 mg. y 3.000 mg (*Walford, R., "Beyond the 120 Years Diet"*, 2000, págs. 167, 191-92; *Dean, W., Morgenthaler, J., Fowkes, S.W., "Smart Drugs II the next generation"*, vol. 2, 1993, págs. 91-92; *Life Extension Foundation, "The Phisician´s Guide To Life Extension Drugs"*, págs. 13-31; *Khaslsa, D.S., "Brain Longevity"*, 1999, págs. 151, 188, 255, 257, 262, 329, 405-6, 414, 434; *Sabbagh, Marwan, "The Alzheimer's Answer"*, 2008, pág. 228).

El ácido fólico (vitamina B9): "Está demostrado científicamente, más allá de toda duda, que el cerebro no puede funcionar adecuadamente con niveles de ácido fólico bajos. Son muchas las investigaciones que afirman que el déficit de ácido fólico es el culpable habitual, aunque a menudo oculto, de numerosos problemas psiquiátricos menores y graves, así como de apoplejías. Igualmente, ésta es una de las principales razones de que se taponen las arterias (…) que transportan la sangre y el oxígeno al cerebro. La persistencia de la homocisteina en la sangre puede ser indicadora de una deficiencia de vitamina B12 y/o de ácido fólico. Este último está anormalmente bajo en personas con demencia senil y Alzheimer. Incluso los ancianos que están totalmente sanos, a los que les falta ácido fólico, obtienen puntuaciones más bajas en las pruebas de funcionamiento cognitivo, entre las que se incluye la memoria. Entre 1966 y 1990 se realizaron más de 25 estudios en los que se demostró que los pacientes psiquiátricos suelen sufrir una deficiencia de ácido fólico (…). La escasez de ácido fólico también afecta a las personas y puede producir cambios en el estado de ánimo y en la memoria a todas las edades (...). Investigadores alemanes de la Universidad de Giessen descubrieron que los hombres jóvenes, que tomaban dietas con bajo contenido en ácido fólico, mostraban una estabilidad emocional defectuosa, bajos niveles de concentración, introversión poco habitual, falta de seguridad en sí mismos y estados de ánimo ligeramente deprimidos. Tras ocho semanas de tomar dosis moderadas de ácido fólico, se produjeron mejoras espectaculares (...). En otros estudios se ha descubierto que los pacientes de esquizofrenia mejoraban después de tomar ácido fólico. En un amplio estudio realizado en diversos centros con ancianos deprimidos, que presentaban síntomas leves a moderados de demencia senil, investigadores italianos obtuvieron resultados espectaculares después de administrarles dosis altas de metilfolato (una forma de ácido fólico), que se mostró tan efectivo como la Trazodona, un medicamento antidepresivo, para aliviar los síntomas de la depresión (...). Las pruebas médicas de que disponemos no dejan la menor duda de que esta vitamina está relacionada con pequeños desfases mentales, al igual que con la depresión grave, la demencia senil, la pérdida de memoria, la esquizofrenia, la apoplejía y hasta el autismo y el trastorno de déficit de atención en los niños.

En 1997, un equipo de investigadores italianos, dirigidos por M. Fioravanti, del Departamento de Ciencia Psiquiátrica y Medicina Psicológica de la Universidad de Roma, revisó más de cuarenta artículos científicos internacionales, publicados a lo largo de los diez años anteriores, que hablaban del ácido fólico, el conocimiento y el envejecimiento (...). Llegaron a la conclusión de que los bajos niveles de ácido fólico, lo mismo que de vitamina B 12 en personas ancianas con declive intelectual, pueden tener su origen en un problema intestinal para absorberlo. Además, confirmaron que los suplementos de ácido fólico permitían restaurar la memoria en los cerebros envejecidos (…). La escasez de ácido fólico no es, naturalmente, la única explicación para la pérdida de memoria relacionada con el envejecimiento, pero si una causa oculta que tiene cierta importancia (…). El ácido fólico ayuda a proteger a los cerebros que envejecen de las incidencias vasculares destructivas, como las apoplejías menores y mayores, así como de algo que se conoce como "invisibilidades de la materia blanca", y que son anormalidades cerebrales relacionadas con la disminución cognitiva (...). Según los recientes e interesantes descubrimientos hechos por el Dr. D. Snowdon de la Universidad de Kentucky, los niveles altos de ácido fólico también pueden ayudar a prevenir la destrucción cerebral causada por la enfermedad de Alzheimer (…). La manera más evidente es controlando la homocisteina que, de otro modo, dañaría directa o indirectamente a las células nerviosas (…). El doctor Roy Walford, por los estudios realizados, afirma que aumentar los niveles de vitamina B6, ácido fólico y vitamina B12 están asociados con un descenso de la homocisteina y con una reducción significativa del riesgo de enfermedades cardíacas (*Carper, Jean. "Máximo Rendimiento"*, 2001, págs. 243-250; *Small, Gary, "The Memory Bible"*, 2002, págs. 145-146; *Singh Khalsa, "Brain Longevity*, 1999, pág. 246; *Dean, W., Morgenthaler, J., Fowkes, S.W., "Smart Drugs, The next generation*, 1993, págs. 115, 134; *Walford, R., "Beyond The 120 Year Diet"*, 2000, págs. 71-72, 234, 255, 274, 188-189, 166, 164, 166; *Sabbagh, Marwan, "The Alzheimer's Answer"*, 2008, pág. 202).

Los ácidos grasos omega-3 son esenciales para el cerebro humano desde los albores de la humanidad. Según M. Crawford, eminente autoridad británica en nutrición cerebral del Instituto de Química del Cerebro y Nutrición Humana de la Universidad de Londres-Norte, son las sustancias que nos permiten elevarnos finalmente por encima de otras especies y crear civilizaciones. El Dr. Crawford afirma que comer pescado con grasa tipo omega-3 fue el estímulo nutricional necesario para producir enormes saltos en el tamaño y la capacidad del cerebro, triplicando su peso (…). La actual reducción en el consumo de omega-3 se relaciona con el aumento de la disfunción cerebral, de las enfermedades mentales y de un menor cociente intelectual (CI) (…).No ingerir suficiente grasa omega-3 se ha relacionado científicamente con toda una serie de trastornos y problemas mentales modernos: depresión, pérdida de memoria, bajo nivel de inteligencia, discapacidades para el aprendizaje, dislexia, trastorno del déficit de atención, esquizofrenia, "senilidad", Alzheimer, enfermedades neurológicas y degenerativas, esclerosis múltiple, irritabilidad, hostilidad, falta de atención, de concentración, violencia y suicidio (…). Un suministro abundante de aceite de pescado ayuda a derrotar a los radicales libres que destruyen las células cerebrales, reducen las respuestas inmunológicas que desencadenan la inflamación causante de daños celulares, cambia el comportamiento de los neurotransmisores, y modifica las estructuras físicas básicas de las propias células cerebrales (…). Cada célula cerebral, incluidas sus dendritas, están recubiertas por una delicada membrana que la protege de intrusos indeseables y que controla el mecanismo interno de la célula, mediante receptores incrustados en la membrana (…), y su flexibilidad depende de la consistencia de su grasa (…). El Dr. J. R. Hibbeln, psiquiatra investigador del Instituto Nacional de la Salud en Betheseda, Maryland, dice que las membranas celulares tienen que ser flexibles y estar en flujo constante para realizar los milagros de comunicación del cerebro (…). Además, el número y la calidad de las conexiones sinápticas determinan la inteligencia y el funcionamiento óptimo del cerebro, incluso más que el número total de células cerebrales existentes. El aceite de pescado omega-3, y más exactamente la parte llamada DHA (ácido docosahexaenoico), es el elemento constituyente de los centros de comunicación sinápticos (…). El aceite de pescado también tiene una forma interesante de influir sobre el estado de ánimo y el comportamiento, al fomentar los niveles cerebrales de la serotonina. Está bien documentado que muchas personas con un nivel anormalmente bajo de serotonina en sangre son depresivas, suicidas y criminalmente "impulsivas" (…). El Dr. Hibbeln ha descubierto que, en personas normales, cuanto más alto es el nivel de DHA, tanto más alto es él de serotonina. Otra forma poderosa por la que el aceite de pescado omega-3 puede proteger el cerebro es combatiendo la inflamación en los vasos sanguíneos y en las células cerebrales (…), lo que interviene en la destrucción del tejido y en las funciones cerebrales, y termina produciendo apoplejías. El omega-3 limita la producción de sustancias similares a hormonas inflamatorias (…), que dañan los vasos sanguíneos e interfieren con la transmisión de los mensajes por parte de las neuronas. Cuantas más grasas vegetales malas del tipo omega-6 se ingieren (…), tanto más grasa omega-3 se necesita para amortiguar la inflamación que destruye el cerebro (…).

Para conseguir que su cerebro trabaje adecuadamente, se necesita alcanzar un equilibrio entre el aceite de pescado omega-3 y los aceites vegetales del tipo omega-6. La cantidad que ingiera de uno y de otro dictará la arquitectura y la actividad de su cerebro. El más importante para la función cerebral es el omega-3, compuesto por dos ácidos grasos específicos: el DHA y el EPA (…). Comer pescado reduce espectacularmente las probabilidades de caer en una depresión (…). Resulta fascinante observar que, en todo el mundo, cuanto menos pescado se come, mayor es la incidencia, tanto de la depresión, como de la enfermedad cardiaca (...). Protege las arterias de los coágulos y el corazón de los fallos. Hoy se dispone de pruebas que demuestran que tomar ácidos omega-3 (...) puede acelerar la eficiencia cerebral en personas normales, mejorando el aprendizaje y la memoria, como dijo el investigador japonés K. Myanaga (...). En una serie de experimentos los investigadores japoneses estudiaron los efectos del aceite de pescado sobre ratas con tendencia a la tensión alta y a sufrir apoplejías (...). Los resultados de éstas en ciertas tareas de aprendizaje eran bastante pobres. Sin embargo, después de alimentarlas con fracciones de DHA, invirtieron prácticamente sus déficits de aprendizaje. Además, el DHA eliminó la tensión alta y las apoplejías, y aumentó por término medio la vida de estos animales (...). Los investigadores descubrieron en el hipocampo niveles mucho más altos de acetilcolina (la sustancia química del aprendizaje y la memoria) (...), por lo tanto, el DHA remediaba la disfunción de las células cerebrales debida a una deficiencia de acetilcolina, y mejoraba el fallo de aprendizaje.

Los que comen pescado en general se mantienen inteligentes más tiempo. Comer pescado puede ayudarle a salvar su cerebro a medida que envejece (...) y también puede proteger de la enfermedad de Alzheimer y la demencia senil. El doctor E. Schaefe y sus colegas de la Universidad de Tufts demostraron que los ancianos, a los que se les diagnosticó esta enfermedad, mostraban dos veces más tendencia a tener niveles bajos de DHA. Los bajos niveles de DHA predicen estas enfermedades en las personas ancianas (...). Los investigadores llegaron a la conclusión de que los bajos niveles de DHA en la sangre constituyen un factor de riesgo para el bajo rendimiento mental, el desarrollo de la enfermedad de Alzheimer y otras formas de demencia senil a medida que se envejece. La investigadora británica de nutrición, la

Dra. J. Stordy, de la Universidad de Surrey, al igual que otros investigadores, está convencida de que proporcionándole al cerebro las grasas adecuadas, se pueden aliviar también otras discapacidades del aprendizaje, como la dislexia y el síndrome de déficit de atención (ADD) y la hiperactividad. Tomar 300 mg de EPA y/o ácidos grasos omega-3 DHA aporta tanto aceite de pescado como comer una ración de un pescado graso medio (*Carper, J.*, *"Máximo Rendimiento"*, 2001, págs. 95-135; *Arden, J.B.*, *"Rewire Your Brain"*, 2010, págs. 107-116; *Small, G.*, *"The Bible Memory*, 2002, págs. 134-138; *Walford, R. "Beyond the 120 Years Diet"*, págs. 192, 193; *Sabbagh, Marwan, "The Alzheimer's Answer"*, 2008, pág. 215).

El calcio (Pantotenato de calcio) es el mineral más abundante que se encuentra en el cuerpo humano: los dientes y los huesos son los que contienen la mayor cantidad. Los tejidos corporales, las neuronas, la sangre y otros líquidos del cuerpo contienen el resto del calcio. El calcio ayuda al cuerpo con el desarrollo de huesos y dientes fuertes, la coagulación de la sangre, el envío y recepción de señales nerviosas, la contracción y relajación muscular, la secreción de hormonas y otros químicos. El mantenimiento de un ritmo cardíaco normal, y los niveles apropiados de calcio durante toda una vida pueden ayudar a prevenir la osteoporosis (*Walford, R. "Beyond The 120 Years Diet"*, 2000, págs. 66, 71-72, 74-75, 112, 113, 117, 121, 126-127, 130, 132-133, 163-167, 255-256; *Arden, J.B.*, *"Rewire Your Brain"*, 2010, págs. 100-105, 133).

La colina es un nutriente esencial, soluble al agua. Es la molécula precursora de la acetilcolina, un neurotransmisor que está involucrado en muchas funciones, entre las cuales se incluye la memoria y el control del músculo. Si queremos mantener una vida saludable, la colina debe formar parte de nuestra dieta, ya que esta se usa en la síntesis de componentes que forman parte de las membranas celulares del cuerpo. El bloqueo de la producción de acetilcolina en las células cerebrales perjudica la memoria; inundar las células cerebrales con acetilcolina puede contribuir a superar algunos déficits de memoria. Esta es la base teórica de algunos medicamentos que se utilizan para el tratamiento del Alzheimer y la demencia senil (...). La colina es particularmente importante para los niños, cuyos cerebros se están desarrollando (...). Además, ayuda a suprimir la homocisteína en la sangre, asociada con perturbaciones cerebrales, deterioro de la memoria e, incluso, el Alzheimer y las apoplejías (...). La colina también ha reforzado la memoria en adultos de edad avanzada. F. Safford, de la Universidad Internacional de Florida, administró 500 grs. diarios (...) durante cinco semanas, a cuarenta y una personas sanas, de edades comprendidas entre los cuarenta y los ochenta años. Estas personas tenían lapsos de memoria defectuosa, se olvidaban de nombres (...). Al final del experimento esos lapsos de memoria se redujeron a la mitad (...). En experimentos con ratas, que realizaron los científicos del Centro Médico de la Universidad Duke (...), quedó claro que las ratas que recibieron la colina extra en el útero de su madre nacieron con cerebros muy superiores, tanto de pequeñas como de adultas, y demostraron tener más memoria y mayores capacidades de aprendizaje. De hecho, los exámenes *postmortem* revelaron circuitos cerebrales muy eficientes para la transmisión de mensajes. Las neuronas de su hipocampo respondieron instantáneamente al más pequeño estímulo eléctrico, lo que indica que sus cerebros estaban preparados para aprender con suma rapidez (...). La colina cambia espectacularmente la estructura misma de los centros de la memoria en el hipocampo y el *septum* del cerebro fetal en desarrollo, declara el doctor S. Zeisel, presidente de nutrición de la Escuela de Medicina de la Universidad de

Carolina del Norte (...). La colina se combina con los ácidos grasos para formar los colinofosfolípidos, que estructuran las membranas celulares y ayudan a regular la transmisión de señales entre el exterior de la célula y el núcleo, lo que constituye una poderosa influencia en todo lo que atañe a la célula cerebral (...). La National Academy of Sciences (EE. UU.) recomienda una ingestión diaria de unos 500 mg/día en adultos (*Carper, J. "Máximo rendimiento"*, 2001, págs. 329-336; *Dean, W, Morgenthaler, J. Fowkes, S., Arden, J.B. "Rewire Your Brain"*, 2010, págs. 98, 99; *Roberts, Arthur J., O'Brien Mary E., "Nutriceuticos"*, 2003, pág. 251; *Sabbagh, Marwan, "The Alzheimer's Answer"*, 2008, pág. 225).

El cromo (Picolinato de cromo) es un oligoelemento esencial. La carencia de este mineral se relaciona, entre otras cosas, con la disminución en la producción de proteínas y con una disminución de la tolerancia a la glucosa, produciendo así desequilibrios en los niveles de azúcar en sangre. Regula el nivel de colesterol sanguíneo, contribuyendo así al cuidado y salud cardiovascular. Está recomendado para complementar dietas de control de peso y dietas para desarrollar la masa muscular. Forma parte de un complejo, conocido como FGT (factor de tolerancia a la glucosa), que refuerza la acción de la insulina. Por este motivo, interviene en el metabolismo de los hidratos de carbono, las grasas y las proteínas, y es esencial para mantener unos niveles adecuados de azúcar en sangre. La dosis recomendada está entre 50 y 200 microgramos/día. (*Walford, R., "The 120 Year Diet"*, 2000, págs. 71-72, 74-75, 112, 256, 167; *Dean, W, Morgenthaler, J., Fowkes, S.W., "Smart Drugs II: The next generation"*, vol. 2, 1993, pág. 273; *Khalsa, D.S., "Brain Longevity"*, 1997, págs. 50, 69, 125, 189, 216, 249-250, 421; *Arden, J.B., "Rewire Your Brain,* 2010, págs. 98-106, 133; *Small, G., "The Memory Bible"*, 2002, págs. 145-148).

El dimetilaminoetanol (DMAE) ayuda al cuerpo a la generación de acetilcolina –cuando se combina con la fosfatidilcolina, derivada de la lecitina, y con la vitamina B6–, que es el neurotransmisor principal de la memoria y el pensamiento. Se procesa en el hígado en colina, sin embargo, la molécula de colina no puede atravesar la barrera hematoencefálica. En el cerebro, el DMAE está unido a fosfolípidos en lugar de colina para producir fosfatidil-dimetilaminoetanol, que se incorpora a las membranas de las células nerviosas, incrementando la fluidez y permeabilidad, y actuando como un antioxidante. Numerosos estudios han demostrado un aumento en la vigilancia y la alerta con una influencia positiva en el estado de ánimo tras la administración de DMAE, vitaminas y minerales. Además mejora la memoria a corto plazo y la capacidad de concentración y de aprendizaje. Los estudios sobre el trastorno de déficit de atención son también prometedores, aunque no concluyentes. Es un estimulante del sistema nervioso central y ayuda con los problemas de aprendizaje y concentración. Algunos estudios muestran que, cruzando la barrera cerebral, es más eficiente que la colina, incrementando los niveles de ésta en el cerebro, y aumentando en otros estudios la esperanza de vida. Una dosis adecuada estaría entre 50 y 100 mg. (*Life Extension Foundation, "The Physician´s Guide To Life Extension Drugs"*, 1982, págs. 63-65; *Khalsa, D.S., "Brain Longevity"*, 1999, págs. 211, 236, 256, 262-263, 412, 434; *Dean, W., Morgenthaler, J., Fowkes, S.W., "Smart Drugs the next Generation"*, vol. 2, 1993, págs. 155, 158-161, 163-166, 172, 175-176, 179, 193, 201, 221-225, 263, 264; *Sabbagh, Marwan, "The Alzheimer's Answer"*, 2008, pág. 226).

La fosfatildilcolina (PC) es parte importante de la membrana celular de las neuronas, porque fabrica acetilcolina. Su nombre común es lecitina, y este lípido es uno de los principales constituyentes de las bicapas lipídicas de las membranas celulares. Protege a los órganos y a las arterias de la acumulación de grasa, mejora el funcionamiento del cerebro y facilita la absorción de algunas vitaminas. Es importante para la formación y el mantenimiento de neurotransmisores. Proporciona fósforo orgánico de forma directamente asimilable, lo que lo hace aconsejable para tratar el estrés, la falta de memoria y el agotamiento físico y mental. En pruebas realizadas a estudiantes, la ingesta de 25 gramos de fosfatidilcolina demostró una mejora en la memoria explícita 90 minutos después de la toma, con un mayor impacto en los estudiantes más rezagados. Mejora los procesos de aprendizaje e incrementa la memoria, ayuda a mejorar la capacidad intelectual, así como la agilidad mental. La leche materna contiene una concentración 100 veces superior de colina (principal componente de la lecitina) a la de la propia sangre de la madre lo que sugiere que juega un papel fundamental en el desarrollo del cerebro del niño. (*Arden, J.B., "Rewire Your Brain"*, 2010, págs. 112, 113; *Dean, W, Morgenthaler, J., Fowkes, S.W, "Smart Drugs II, The next generation"*, 1993, págs. 18, 134, 167, 175, 222-223; *Sabbagh, Marwan, "The Alzheimer's Answer"*, 2008, pág. 225).

La fosfatidilserina (PS) es una rejuvenecedora de la memoria. Se trata de un nutriente graso presente en todas las membranas celulares, pero que se concentra sobre todo en las células cerebrales. No tiene problemas para atravesar la barrera hematoencefálica y llegar al cerebro pocos minutos después de ser absorbido. Las personas mayores de 40 años necesitan más PS. Thomas Crook, antiguo jefe de del programa de psicofarmacología geriátrica del Instituto Nacional de Salud Mental, y autor de *Memory Cure*, y una gran autoridad en este campo, la considera el más impresionante de los aproximadamente cien compuestos que ha comprobado para estudiar la memoria. No necesita receta puesto que, tras las investigaciones del Dr. Crook, éste lo clasificó como suplemento dietético. Se obtiene hoy a partir de la soja. Tras el clásico estudio de este investigador, numerosos estudios indicaron su capacidad para rejuvenecer la memoria y que es efectiva para revitalizar una memoria que falla por el declive natural debido a la edad. La PS puede restaurar, ralentizar o detener las pérdidas de memoria debidas al envejecimiento normal. En un estudio del Instituto Max Planck de Colonia también comprobaron, mediante PET, mayor actividad cerebral en pacientes de Alzheimer tras administrar 500 mg de PS durante tres semanas. Se mostró un metabolismo de la glucosa en el cerebro más activo. Se cree que el aumento de la energía cerebral se produce porque la PS intensifica la transmisión de los mensajes en las células nerviosas. Los estudios demuestran que la PS aumenta los niveles de algunos neurotransmisores, particularmente la acetilcolina, intensificador de la memoria, y la dopamina; también acelera la conducción de los impulsos nerviosos y modifica la estructura y la consistencia grasa de las membranas y receptores de las neuronas, lo que hace que los neurotransmisores sean más eficientes, facilitando la comunicación de célula a célula. Igualmente ayuda a bloquear la erosión de las conexiones dendríticas que normalmente se produce con el envejecimiento, y ayuda incluso a proteger las membranas celulares del deterioro causado por los radicales libres. Su nivel de seguridad está fuera de toda duda, ya que prácticamente no existen informes de efectos secundarios significativos. Se recomienda una dosis de entre 100 y 300 mg/día. Hay una impresionante acumulación de evidencias científicas en los beneficios que produce en la enfermedad de Alzheimer, y particularmente en los beneficios para la memoria y la depresión (*Gary Small, The Memory Bible*, 2002, pág. 269;

Braverman, Eric B., "The Healling Nutrients Within", págs. 435-437; *Dean, W., Morgenthaler, J., Forkes, S.W. "Smart Drugs II, The next generation"*, vol. 2, 1993, págs.75-80; *Jean Carper, "Máximo Rendimiento"*, 2001, págs. 321-327; *"Brain Longevity", D. Singh Khalsa*, 1999, pág. 257, 422; Sabbagh, *Marwan, "The Alzheimer's Answer"*, 2008, pág. 219).

GABA (Acido gamma aminobutírico): En el cerebro, este ácido actúa como el principal neurotransmisor inhibitorio. Se encuentra en grandes concentraciones en el cerebro y menores en el tálamo e hipocampo. Las alteraciones en los circuitos GABAérgicos están asociadas con la Corea de Huntington, la enfermedad de Parkinson y la demencia senil, la enfermedad de Alzheimer y la esquizofrenia. Se produce en las neuronas GABA enérgicas en el cerebro, en los ganglios basales, en muchas áreas de la corteza cerebral y en la médula espinal. Actúa como un relajante natural al inhibir en el cerebro funciones que, por estrés u otras circunstancias, puedan encontrarse sobrecargadas, produciendo hiperactividad, insomnio, problemas de concentración, de conducta o neuralgias. Inhibe la transmisión de señales a las terminaciones nerviosas y cumple así una función de guardián muy importante. Está presente en alrededor del 30% de todas las células nerviosas, y, si se inhibe su síntesis, se producen ataques convulsivos. Ayuda a la recuperación muscular en deportistas y mejora el sueño junto con la ornitina. Con el paso de los años bajan los niveles de GABA y su actividad es menor. Ésta podría ser la causa de enfermedades asociadas al proceso de envejecimiento que van acompañadas de trastornos del movimiento (ataxias) y convulsiones (Huntington). Favorece la liberación de somatropina (la hormona del crecimiento), una de las hormonas más importantes del cuerpo, que se produce y secreta en la glándula pituitaria o hipófisis. Es importante para el desarrollo muscular y tiene propiedades anti envejecimiento y para la protección de enfermedades. Puede ayudar a: reducir la ansiedad, la angustia, el desasosiego y la inquietud, las depresiones, determinados cuadros de ataques convulsivos, y al restablecimiento de las funciones cerebrales tras ataques (apoplejía), restableciendo funciones como el habla y la memoria. Se usa también para aumentar la masa muscular y como inhibidor del dolor (*Khalsa, D.S., "Brain Longevity"*, 1999, pág. 128, 189, 236-37, 246, 251, 404; *Arden, J.B., "Rewire Your Brain"*, 2010, pág. 7).

En cuanto al ginko biloba: "Según muchas investigaciones, se trata del medicamento intensificador cognitivo" más prometedor y bien comprobado que se puede obtener sin receta médica (...). Está aprobado en Alemania y en otros países (...) para revitalizar la memoria (...). Infinidad de estudios publicados y pruebas clínicas controladas (...) confirman que el ginko biloba es el tratamiento que más éxito ha tenido para la pérdida de memoria y de concentración relacionadas con la edad, el aumento de los momentos de distracción, confusión, mareo, tinnitus (problemas en los oídos) y enfermedad de Alzheimer. El ginko ha sido aprobado por el gobierno alemán y otros para el tratamiento de tales afecciones. Es un extracto de las hojas del árbol llamado ginko, y tiene tantas propiedades protectoras del cerebro que es imposible saber cuál de ellas es la más importante. El doctor Packer elogia su fuerte actividad antioxidante. Ha demostrado que combate dos de los radicales libres más virulentos, el superóxido y el hidroxil, que atacan con facilidad a las células cerebrales. También dice que neutraliza el radical libre óxido nítrico, que favorece la lesión vascular y cerebral, sobre todo por producir inflamación. Por lo tanto, el ginko es también antiinflamatorio, lo que constituye otra gran ventaja para el cerebro. Según los estudios que se han realizado, aumenta asimismo la circulación de la sangre y del oxígeno hacia las capilaridades del cerebro (...).

El doctor Itil también observa que aumenta el metabolismo de la glucosa en el cerebro, lo que supone otra posible forma de mantener o rejuvenecer la memoria. Por su parte, investigadores franceses han descubierto que el ginko estimula directamente la actividad neurotransmisora, posiblemente al restaurar o preservar la integridad de las membranas de la célula nerviosa. Los encefalogramas (EEGs) demuestran que también produce una notable actividad farmacológica en el cerebro (...). En 1997, con la publicación de los resultados de un estudio doblemente ciego en el *Journal of The Medical Association* (...), después de administrarlo durante un año a 137 pacientes con demencia senil provocada por apoplejías o Alzheimer (...), observaron que el 30% de los que sufrían demencia tuvieron un mejor rendimiento en las pruebas de memoria y razonamiento, y su comportamiento social y su estado de ánimo se juzgó mejor por parte de los cuidadores (...). No mostraron señales de empeoramiento del deterioro mental (...) y hasta mejoraron ligeramente en su comportamiento social (...). Según el doctor P. Le Bars, destacado investigador del ginko y profesor clínico ayudante de la Universidad de Nueva York (...), los estudios indican que el ginko acelera sobre todo los periodos de reacción y la exactitud de la memoria a corto plazo (...). En una fascinante investigación realizada en el Instituto Nacional de Envejecimiento se llegó a la conclusión de que tomar ginko puede reducir la gravedad de la lesión cerebral después de una apoplejía. En casi todos los estudios que se realizaron en Europa, se utilizaron dosis estándar de 120 mg diarios. No obstante, algunos investigadores propugnan ahora dosis más altas, de hasta 240 mg diarios. Un interesante estudio danés demostró que 120 mg diarios de ginko mejoraba de forma significativa la función intelectual de hombres y mujeres con una edad media de setenta y cuatro años y con deterioro cognitivo de leve a moderado. El ginko se considera muy seguro, ya que sólo induce efectos secundarios menores y reversibles, como nauseas (...). (*Carper, J. "Máximo Rendimiento"*, 2001, págs. 311-319; Small, G., *"The Memory Bible"*, 2002, págs. 205, 206, 267; *Khalsa, D. S., "Brain Longevity"*, 1999, págs. 51, 52, 69, 75, 77, 178, 192, 224, 253-255, 268, 413; *Dean, W., Morgenthaler, J., Fowkes, S.W., "Smart Drugs II, the next generation,* 1993, págs. 133, 160-161, 163-165, 167, 176, 212, 222, 225, 232, 264; *Sabbagh, Marwan, "The Alzheimer's Answer"*, 2008, pág. 214).

El ginseng es una planta herbácea cuya raíz se utiliza tradicionalmente en la medicina china. Sus propiedades farmacéuticas y estimulantes se deben a la presencia de ginsenósidos. En enero del 2011, un estudio realizado por la Universidad de Yale en colaboración con la Universidad de Harvard demostró que un consumo prolongado de productos con Ginseng puede prevenir cáncer de colon. No es una planta de acción estimulante sino adaptógena. Muchos estudios han demostrado que cuando se ingiere Ginseng regularmente disminuye la producción de cortisol por aumento de la adrenalina, limitando el efecto destructivo del primero. Igualmente mejoran las funciones cognitivas. Se le atribuyen propiedades para combatir la pérdida de memoria y la fatiga física y mental, tratamiento de depresiones y atonía nerviosa, trastorno de la sexualidad y coadyuvante en tratamientos de desintoxicación de alcohol, barbitúricos y opiáceos. Una dosis razonable puede estar entre los 750 y 1500 mg/día. (*Dean, W, Morgenthaler, J., Fowkes, S.W., "Smart Drugs II the next generation"*, 1993, págs. 160-161, 176, 243, 272; *Small, G., "The Memory Bible"*, 2002, págs. 206, 267; *Khalsa, D.S., "Brain Longevity"*, 1999, págs. 233, 259-262, 366).

El magnesio (Carbonato de magnesio) es un mineral indispensable para la nutrición humana. De todo el magnesio que tenemos en el cuerpo, hasta el 70% se concentra en los huesos. Por eso es uno de los minerales esenciales para el sistema óseo y es tan importante para ayudar a mantenerlos fuertes. También está probado que los cerebros de los enfermos de Alzheimer y otras demencias tienen una deficiencia de Mg y que estos pueden mejorar con su administración. El Mg ayuda a mantener la vitalidad de las neuronas y minimiza el daño causado por la falta de oxígeno en ellas. A su vez, es un poderoso antioxidante que potencia estos mismos efectos en la vitamina E. Por otra parte, debido al mecanismo de competición con el calcio para transportar iones, el Mg actúa de manera similar a los bloqueadores del canal del calcio, tales como el nimodipino, y, debido a ello, se ha reportado una mejora de las capacidades cognitivas en pacientes a los que se les ha administrado Mg. Debemos incorporar este mineral en nuestra alimentación diaria para ayudar a mantener una buena salud ósea. Cumple diversas funciones importantes en el cuerpo: contracción y relajación muscular, funcionamiento de ciertas enzimas en el organismo, producción y transporte de energía, producción de proteínas. Los requerimientos diarios recomendados de magnesio son: Niños: 1 a 3 años: 80 mg; 4 a 8 años: 130 mg; 8 a 13 años: 240 mg, Adultos: 300 - 400 mg, (*Singh Khalsa, "Brain Longevity*, 1997, pág. 249*; Food and Nutrition Board, Institute of Medicine. DRI Dietary Reference Intakes for Calcium, Phosphorus, Magnesium, Vitamin D, and Fluoride. Washington, DC: National Academy Press;* 1997; *Singh Khalsa, "Brain Longevity*, 1999, pág. 249; *Yu ASL. Disorders of Magnesium and Phosphorus. In: Goldman L, Ausiello D, Ed. Cecil Medicine,* 23ª ed. *Philadelphia; Pa: Saunders Elsevier;* 2007, capítulo 120*; Rakel D, ed. Integrative Medicine.* 2ª ed. *Philadelphia, Pa: Saunders Elsevier;* 2007;

Dean, W., Morgenthaler, J., Fowkes, S.W., "Smart Drugs II: the next generation", 1993, pága. 70-71, 123, 125, 128, 133, 262; Walford, R. *"Beyond The 120 Year Diet"*, 2000, págs. 67, 71-72, 74-75, 112-113, 117, 126-127, 166, 255, 322-332).

El SAM-e (S-adenosil L-metonina) es un constituyente natural de las células, que es sintetizado por el cuerpo a partir del aminoácido esencial L-metionina y del ATP, la sustancia química celular de la energía, pero puede ser absorbido y aumentado como suplemento por vía oral. Juega un papel estelar en la producción de energía de la célula (…). Es importante en reacciones involucradas en los ácidos nucleicos, la síntesis de proteínas y la función de la membrana celular. Promueve, entre otras cosas, la fluidez de las membranas celulares, algo muy importante en el funcionamiento de la célula nerviosa, y la producción de los neurotransmisores del buen estado de ánimo, que son principalmente la serotonina y la dopamina (…). Previene el agotamiento del glutatión, uno de los más importantes antioxidantes en el cuerpo, el cual reduce la actividad de los radicales libres, protegiendo a las células del daño oxidativo. Las células nerviosas deben disponer de SAM-e como materia prima para sintetizar el glutatione. También tiene propiedades potenciadoras del cerebro y anti inflamatorias (…). Según el Doctor T. Bottiglieri, Director de neurofarmacología del Centro Médico de la Universidad Baylor, en Dallas, hay pruebas de que el SAM-e puede beneficiar a personas que sufren demencia senil, incluidas las que padecen Alzheimer (…). Se han descubierto niveles anormalmente bajos de SAM-e en el fluido cerebroespinal de los pacientes con Alzheimer (…). Mantiene la función mitocondrial, previene las mutaciones del ADN, restaura la membrana celular para ayudar a los receptores de las células (…), protege de la muerte neuronal causada por la falta de oxígeno (anoxia), regenera los nervios y provoca la remielinización de las fibras nerviosas. Protege contra las enfermedades cardiacas (...). Tiene una acción antidepresiva (…), y es esencial para la formación de la melatonina. Ha sido usado en estudios clínicos para tratar la depresión, y la esquizofrenia, enfermedades que causan desmielinización, demencia, artritis, enfermedades del hígado (…) y en pacientes de Alzheimer con un cuadro clínico severo. Es un donante de metil para la síntesis de neurotransmisores, DNA, RNA, proteínas y fosfolípidos. Es el precursor de la cisteína, glutatione y taurina. SAM-e y arginina catalizan la síntesis de la espermina, espermidina y putrescina, las cuales son esenciales para el crecimiento y la diferenciación (especialización) celular.(…). Tiene mínimos efectos secundarios y es de actuación muy rápida (…). La dosis oral de SAM-e efectiva para la depresión es de 200-400 mg/día (*Carper, J.*, *"Máximo Rendimiento"*, 2001, págs. 345-349; *Life Extension Foundation, "The Physician`s Guide to Life Extensions Drugs"*, 1982, págs. 213-231; *Walford, R., "Beyond the 120 Year Diet"*, 2000, págs. 167, 194).

Vitamina B1 (tiamina): Es bien sabido que una falta de tiamina puede perjudicar el estado de ánimo. Según el doctor P. Langlais, profesor de psicología en la Escuela Médica de la Universidad de California, San Diego, citado recientemente en *Psichology Today*: "Una deficiencia en tiamina perturba la habilidad del cerebro para utilizar glucosa, lo que disminuye la energía disponible a la hora de realizar las actividades mentales. Si se es deficiente en tiamina, aunque sólo sea un poco, el funcionamiento de la capacidad cerebral se volverá más lento". En un estudio realizado durante seis semanas a un grupo de mujeres irlandesas de edad avanzada, el 65% de las cuales tenían niveles deficientes o marginales de tiamina (…), se observó que después de administrarle dicha vitamina, éstas acabaron por sentirse menos fatigadas y con una mayor sensación de bienestar: Las deficiencias graves de tiamina llegan a provocar disfunciones cerebrales, como la psicosis de Korsakoff (pérdida de memoria, apatía, demencia senil), que se observa principalmente entre los alcohólicos con graves deficiencias alimentarias.(...). En palabras del doctor D. Benton: una investigación realizada en Gran Bretaña, descubrió que hasta el 49 % de las chicas adolescentes y el 19% de los chicos sólo consumían un miligramo al día, lo que sugiere la existencia de una deficiencia difundida, lo bastante grave como para causar "disfunción psicológica". El propio Benton, después de administrarle a un grupo de 129 hombres y mujeres jóvenes y sanas, un suplemento de dicha vitamina, consiguió elevarles el estado de ánimo. Al cabo de un año dijeron sentirse "mejor" que los que simplemente habían ingerido el placebo (...). Según el doctor Benton (...) la tiamina resultó ser el estimulante más formidable del estado de ánimo (...). (*Carper, J., "Máximo Rendimiento"*, 2001, págs. 261-265; *Khalsa, D.S., "Brain Longevity"*, 1997, pág. 50-51, 68-69, 186, 210-212, 245-246, 432; *Dean, W., Morgenthaler, J., Fowekes, S.W., "Smart Drugs II The next generation"*, 1993, págs. 115, 123, 225; *Small, G. "The Memory Bible"*, 2002, págs. 145-148; *Walford, R. "Beyond The 120 Year Diet"*, 2000, págs. 165, 254; *Arden, J.B., "Rewire Your Brain"*, 2010, págs. 99-100, 101-102, 133; *Sabbagh, Marwan, "The Alzheimer's Answer"*, 2008, pág. 200).

Vitamina B3 (niacina): La niacina ayuda a mejorar la memoria en los adultos a cualquier edad. "Es uno de los principales refuerzos para la producción de energía en las mitocondrias. Eso permite a la B3 ocupar un puesto especial en la protección del cerebro, ya que con escasez energética las células cerebrales funcionaran con menor eficiencia y también se acumularan en sus genes mayores daños causados por los radicales libres, lo que las incapacitará y hasta matará (...).

Un grupo de psicólogos holandeses de la Universidad Libre de Ámsterdam comprobaron los efectos de administrar megadosis de dos formas de ácido nicotínico en adultos sanos de 96 años de edad. Durante ocho semanas, unos tomaron la vitamina y otros un placebo. Tanto antes como después de tomar las pastillas, los investigadores comprobaron su memoria a corto plazo, a largo plazo y sensorial. A la conclusión que llegaron fue que la nicotinamida mejoraba el rendimiento de la memoria entre un 10 y un 40% (…). Funcionaba en cerebros jóvenes, de edad mediana y ancianos, y reforzaba la memoria a corto, a largo plazo y sensorial (…). Lo que hace es facilitar la transmisión de los impulsos eléctricos entre las neuronas, mejorando así los circuitos de la memoria a corto plazo (…). Se dispone de numerosas pruebas que confirman que esta vitamina combate los radicales libres (…) y protege las neuronas de la substancia negra, la parte del cerebro que se ve afectada por la enfermedad de Parkinson (…). F. Beal, investigador de Harvard, realizó un espectacular experimento en el que redujo (…) el daño celular causado por enfermedades como el Parkinson y el Alzheimer. Descubrió que añadir niacina a la coenzima Q10, ayudaba a prevenir la destrucción mitocondrial de la célula cerebral, mientras que la coenzima Q10, por si sola, era inefectiva (…). Una dosis de 125 mg diarios de niacina debería bastar para proteger los cerebros normales" (*Carper, J., "Máximo Rendimiento"*, 2001, págs. 267-269; *Dean, W, Morgenthaler, J, Fowkes, S.W., "Smart Drugs II The Next Generation"*, vol. 2, 1993, págs. 115, 123, 166, 225, 237, 273; *Arden, J.B., "Rewire Your Brain"*, 2010, pág. 100; *Sabbagh, Marwan, "The Alzheimer's Answer"*, 2008, pág. 200).

Vitamina B5 (ácido pantoténico): Es un nutriente esencial. Se considera crítico en el metabolismo y síntesis de los carbohidratos, proteínas y grasas. Es importante para la respiración celular, así como en la biosíntesis de muchos compuestos importantes, como ácidos grasos, colesterol y acetilcolina. Su carencia puede producir degeneración de la mielina. En el único experimento de longevidad registrado, realizado con ratas, se vio que los animales a los que se les suministraba ácido pantoténico vivían en media un 20% más que los animales de control. En otros experimentos con ratas y, también, en personas, se ha visto que grandes dosis de esta vitamina aumenta la resistencia frente al estrés (*Dean, W, Morgenthaler, J., Fowkes, S.W., "Smart Dugs II. The next generation"*, vol. 2, 1993, págs. 115, 123, 157-158, 170; *Walford, R., "Beyond the 120 Year Diet"*, 2000, págs. 166, 187-188, 255; *Khalsa, D.S.; "Brain Longevity"*, 1997, pág. 246; *Sabbagh, Marwan, "The Alzheimer's Answer"*, 2008, pág. 201).

Vitamina B12 (metilcobalamina, cianocobalamina): Una deficiencia de vitamina B12, algo cada vez más común, puede producir daños neurológicos, entre los que se incluyen problemas de desorientación, de memoria y de demencia senil (...). Según el doctor J. Lindenbaum, que fue toda una autoridad en la vitamina B12 y trabajó en el Centro Médico Presbiteriano Columbia de Nueva York: "La deficiencia de vitamina B12 se desarrolla muy lentamente, a lo largo de muchos años y, por extraño que parezca, a menudo afecta únicamente al cerebro y al sistema nervioso y nada más" (...). Cuando se envejece, se pierde capacidad para absorber la vitamina B12 que contienen los alimentos (...). Paulatinamente, ante la falta de vitamina B12, se va deteriorando la capa externa de las fibras nerviosas, lo que acaba produciendo trastornos neurológicos, entre los que se encuentran la pérdida de equilibrio, la debilidad muscular, la incontinencia, las perturbaciones del estado de ánimo, la demencia senil y la psicosis (...). La falta de vitamina B12 también puede conducir al pleno desarrollo de la enfermedad de Alzheimer. Un estudio británico, emprendido recientemente por D. Smith en la Universidad de Oxford, descubrió que las personas ancianas con niveles anormalmente bajos de vitamina B12 en la sangre, tenían cuatro veces más probabilidades de desarrollar el Alzheimer (...). En opinión de la Academia Nacional de Ciencias de EE.UU., todas las personas mayores de cincuenta años deberían tomar suplementos de vitamina B12 para prevenir los daños neurológicos debidos a deficiencias causadas por la absorción deficiente (...). Cuanto antes se afronte y corrija una deficiencia de vitamina B12, tanto mayor será la probabilidad de conseguir una recuperación completa (...). El doctor R. Rusell, de la Universidad Tufts, dice: "Siempre que una persona de edad avanzada desarrolla problemas neuropsiquiátricos inexplicables, hay que sospechar que puede haber una deficiencia de vitamina B12" (...). El doctor Lindenbaum recomendó que las personas mayores de cincuenta años tomaran de 500 a 1000 mg diarios (...). El doctor R. Rusell (...) aconseja, a las personas mayores, 1.000 mg diarios y hasta 2000 mg si fuera necesario para superar una grave mala absorción. (...) (*Carper, J. "Máximo Rendimiento"*, 2001, págs. 261-264; *Small, G. "The Memory Bible"*, 2002, págs. 145-148; *Dean, W., Morgenthaler, J., Fowkes, S.W., "Smart Drugs II. The next generation"*, vol. 2, 1993, págs. 115, 123-124, 133, 160, 208, 253; *Walford, R., "Beyond The 120 Year Diet"*, 2000, págs. 164, 166, 188-189, 255; *Arden, J.B., "Rewire Your Brain"*, 2010, págs. 99-102, 133; *Khalsa, D.S., "Brain Longevity"*, 1999, págs. 50-51, 68-69, 186, 189, 210-212, 254-46, 432; *Sabbagh, Marwan, "The Alzheimer's Answer"*, 2008, pág. 201).

El zinc (gluconato de zinc) es otro de los minerales que tiene propiedades anti envejecimiento y juega un importante papel en el metabolismo cerebral. Ayuda a su vez a expulsar el plomo que tan dañino es para el cerebro. El 80 % del zinc en nuestro cuerpo se concentra entre los huesos y los músculos que rodean al hueso; por eso es otro de los minerales esenciales que, junto con el calcio y el magnesio, ayuda a mantener la densidad ósea. Dentro del contexto de una alimentación saludable, la cantidad diaria recomendada estaría entre 15 – 30 mg (*Dean, W., Morgenthaler, J., Fowkes, S.W.*, 1993, págs. 133, 273; *Walford, R., "The 120 Year Diet"*, 2000, págs. 71-72, 74-75, 112, 166, 255, 262, 284; *Khalsa, D.S., "Brain Longevity"*, 1997, págs. 50, 69, 125, 189, 249-250, 421; *Arden, J.B., "Rewire Your Brain,* 2010, págs. 98-106, 133; *Small, G., "The Memory Bible"*, 2002, págs. 145-148).

Antioxidantes

Los antioxidantes son sustancias existentes en determinados alimentos que nos protegen frente a los radicales libres, causantes de los procesos de envejecimiento y de enfermedades. Los radicales libres son moléculas "desequilibradas", con átomos que tienen un electrón con capacidad de unirse, por lo que son muy reactivos. Recorren nuestro organismo intentando captar un electrón de las moléculas estables, con el fin de alcanzar su estabilidad electroquímica, y con potenciales reacciones en cadena destructoras de nuestras células. Los antioxidantes retrasan el proceso de envejecimiento, combatiendo la degeneración y muerte de las células que provocan los radicales libres. La incapacidad de nuestro cuerpo para neutralizar los radicales libres, a los que nos exponemos diariamente, hace que sea necesario recurrir a alimentos y compuestos con propiedades antioxidantes con capacidad de neutralizarlos. Muchas investigaciones ponen el énfasis en llevar dietas adecuadas para que sean aliados activos contra el cáncer y otras enfermedades.

El ácido alfa-lipoico es un antioxidante que es soluble, tanto en agua como en las grasas. Juega un papel fundamental en reciclar otros antioxidantes, potencia los niveles de glutationes, neutraliza algunos metales de transición, y es un factor crítico en el metabolismo de la glucosa. Está probado, que en ratas viejas, incrementa su actividad, regenera el efecto del envejecimiento en varias funciones mitocondriales, reduce el estrés oxidativo, aumenta el ritmo metabólico y reduce el aumento de masa grasa ligada al envejecimiento. Igualmente, reduce las lesiones de ateroesclerosis en los grandes vasos, tiene efectos miméticos a los de la insulina sobre la absorción de la glucosa en las células insulinorresistentes, y podría ayudar a restaurar la disponibilidad de la glucosa en tejidos como los músculos esqueléticos; previene la hiperglucemia, reduce los niveles de insulina y podría prevenir y tratar la diabetes y algunas de sus complicaciones. Es la única forma de ácido lipoico que ha aumentado la esperanza de vida de los ratones inmunodeprimidos. Igualmente reduce el estrés oxidativo en las proteínas en personas normales y diabéticas. Es especialmente eficaz en el tratamiento de las retinopatías y de las neuropatías. Disminuye igualmente el riesgo de complicaciones cardiovasculares frecuentes en los diabéticos; mejora la memoria, invierte las disfunciones cognitivas y protege de las degeneraciones neuronales asociadas al envejecimiento. Podría aumentar la producción de acetilcolina, un mensajero esencial del sistema nervioso deficitario en el cerebro de las personas enfermas de Alzheimer. Aumenta o mantiene los niveles de otros antioxidantes, sobre todo de las vitaminas C y E, de la CoQ10 y del glutatión. Previene el agotamiento del glutatión en el interior del citoplasma y de las mitocondrias, aumenta la actividad antioxidante celular y mitocondrial y previene la degradación de la mitocondrias. Atenúa eficazmente el aumento del estrés oxidativo que se produce con el envejecimiento; tiene efectos beneficiosos sobre el metabolismo de producción de energía celular, atenúa las disfunciones metabólicas relacionadas con la formación y la presencia de productos de la glucación avanzada (*Walford, R."Beyond the 120 Years Diet"*, 2000, págs. 167, 175; *Whitaker, Julian, "Alpha Lipoic Acid", Ed. Kensington Health*, 1998).

La coenzima Q10 es esencial como reforzador y rejuvenecedor del cerebro, ya que contribuye a protegerlo contra el envejecimiento "normal" y las graves enfermedades que lo acompañan. Si las células son deficientes en coenzima Q10 (…), disminuye la producción de energía en las mitocondrias, lo que provoca una crisis y una disfunción energética, y a ello se añaden los asaltos de los radicales libres, que intentan volver rancia la grasa de las membranas celulares nerviosas, poniendo en peligro las transmisiones de los mensajes y la propia supervivencia de la célula (…) produciendo: erosión en la integridad del cerebro, declive intelectual y pérdida de memoria, perturbaciones motoras y toda la gama de enfermedades cerebrales degenerativas, incluido el Alzheimer, el Parkinson y la esclerosis lateral amiotrófica (…). Como dice el doctor Lester Packer, este notable antioxidante es la "bujía cerebral" que pone en marcha los diminutos centros de producción (…) para quemar la sustancia química vital ATP (adenosín trifosfato), que es el combustible de la vida. Sin la coencima Q10 no hay chispa con la que revolucionar la producción de energía de la célula (…). Si no hay suficientes moléculas coQ10, se descompone el sistema de producción de energía de la célula. Un cerebro con escasez de coQ10 es incapaz de funcionar a pleno rendimiento y, con el transcurso de los años, puede degenerar con mayor rapidez (...). La Q10 realiza un papel doble, como chispa de la energía celular y como potente antioxidante. Pertenece a los cinco antioxidantes que el doctor Parker eleva al más alto rango de protección celular. Junto con la vitamina E, funciona en las partes grasas de las células, allí donde es mayor el potencial de sufrir daños. Una de las principales razones por las que se desintegran las células, funcionan mal o pueden quedar destruidas, es el tremendo daño al que se ven sometidas sus membranas grasas, que tiene como resultado la llamada "peroxidación lipídica" (...), en la fase inicial del principio del fin de la célula cerebral. Si se puede evitar este cambio tóxico, las células cerebrales tienen muchas más probabilidades de sobrevivir y generar la energía necesaria (...). También regenera a la vitamina E, una de las principales fuentes que protegen a las grasas cerebrales de la peroxidación. Durante años, los científicos se concentraron en el peligro que supone la poca presencia de coQ10 en las células cardiacas. Se sabe que la energía del corazón disminuye espectacularmente sin suficiente coQ10, lo que contribuye a producir el fallo cardiaco, mientras que la restauración de los altos niveles de coQ10 permite volver a infundirle la energía que le faltaba. Ahora bien, desde hace unos años el interés de los científicos con respecto a la coQ10 ha empezado a concentrarse en el mal funcionamiento de las células cerebrales cuando los niveles de estas son bajos (...), disminuye la memoria, las capacidades de aprendizaje y se vuelve, al parecer, más vulnerable a las enfermedades neurodegenerativas relacionadas con la edad, incluido el Alzheimer, el Parkinson, el Huntington y la esclerosis lateral amiotrófica (...). Los neurocientíficos tienen a la coQ10 en muy alta consideración, sobre todo en los impresionantes estudios que llevó a cabo el doctor M. Flint Beal, antiguo neurólogo de Harvard y actual director del departamento de Neurología del Centro Médico del Hospital Cornell de Nueva York (...). Querían descubrir si un suplemento de coQ10 encontraría la forma de llegar a las células cerebrales para repostarlas (...) y demostraron que los niveles de coQ10 habían aumentado de forma espectacular en el córtex de sus cerebros. Además, se concentró más allí donde más se la necesitaba: en las mitocondrias cerebrales (...). Tomar coQ10 rejuvenece espectacularmente las células cerebrales (...). En otros experimentos (...), el equipo del doctor Beal descubrió que la coQ10 podía aumentar el periodo de supervivencia de los ratones manipulados genéticamente para que desarrollaran la enfermedad de Lou Gherig (esclerosis lateral amiotrófica), y bloquear notablemente el desarrollo de las lesiones cerebrales características de esta enfermedad (...). El doctor Beal estaba interesado en saber si la coQ10 podía salvar las células de la destrucción causada por la ELA (...). Estos resultados le permitieron llegar a la conclusión de que la coQ10, al parecer, es efectiva para combatir las diversas enfermedades cerebrales degenerativas y concretamente el Alzheimer, el Parkinson, el Huntington y la ELA (...). Se recomienda una dosis de 100 mg/día, aunque es posible que se necesite más, de 100 a 200 mg, si fuma, sufre una enfermedad cardiaca o sufre un alto riesgo de padecer una enfermedad cerebral degenerativa" (*Carper, J.*, *"Máximo Rendimiento"*, 2001, págs. 303-310; *Walford, R.*, *"Beyond the 120 Year Diet"*, 2000, págs. 167, 190, 191; *Khalsa, D.S.*, *"Brain Longevity"*, 1997, págs. 266-268, 324, 436; *Dean, W., Morgenthaler, J., Forwkes, S.W.*, *"Smart Drugs II the next generation"*, 1993, pág. 133; *Sinatra, Stephen T.*, *"The Coenzyme Q10"*, 1998, *Ed. Keats*).

El glutatión es el más importante metabolito de la cistina (...). Está presente en todas las células vivas existentes (...) y es el mayor antioxidante dentro de las células (...) y un nutriente esencial para la supervivencia (...). Ayuda a transportar los aminoácidos cruzando las membranas, está involucrado en la producción de las células sanguíneas (por lo tanto en el transporte de oxígeno), ha sido identificado como neurotransmisor. Es usado para prevenir la cirrosis en alcohólicos, y en el cáncer de hígado (ya que reduce la grasa en el hígado). Se encuentra en alta concentración en la córnea y en la lente de los ojos, por eso es protector contra las cataratas y la pérdida de visión, y se ha encontrado que aparece en niveles muy bajos en los desórdenes emocionales, en trastorno bipolar y esquizofrenia paranoica, protege de la contaminación a los pulmones en los tratamientos que requieren de tratamiento en cámara hiperbárica, ha demostrado un altísimo potencial en la protección del daño en parte del cerebro de pacientes con Parkinson, previene de los efectos de la radiación, y es usado en las urgencias para mejorar el pronóstico de pacientes que han sufrido daño por un golpe. Protege al estómago de la producción de úlceras por los ácidos. (*Braverman, E.R., Erdmann, R., "The Amino Revolution"*, 1989, págs. 38, 162; *Dean, W., Morgenthaler, J., Fowkes, S.W., "Smart Drugs II, The next generation"*, 1993, pág. 118; *Pressman, Alan H., "Glutathione", Ed. St. Martin Paperback*, 1998).

La vitamina C (Ácido ascórbico) es muy importante para la creación de varios neurotransmisores como la acetilcolina, dopamina y norepinefrina. La vitamina C es un antioxidante muy poderoso que, cruza con facilidad la barrera hematoencefálica. Se encuentra concentrado en altos niveles en el tejido cerebral y contribuye a proteger a las células del daño causado por los radicales libres. Son numerosos los estudios que demuestran que elevadas cantidades de vitamina C en el torrente sanguíneo fomentan el rendimiento cognitivo a todas las edades y protegen contra la degeneración cerebral relacionada con la edad, incluida la enfermedad de Alzheimer y apoplejías (...). Investigadores británicos descubrieron que los adolescentes con altos niveles de vitamina C obtenían mejores puntuaciones en las pruebas no verbales del cociente intelectual (CI). La vitamina C fortalece los niveles de glutatión en la sangre, otro antioxidante relacionado con las notas altas en las pruebas de CI. Dos psicólogas de la Universidad Femenina de Texas demostraron en 1960 que beber zumo de naranja permitía aumentar las puntuaciones en las pruebas de C.I. entre los niños en edad escolar (…). La vitamina C es esencial para preservar el envejecimiento cerebral (…). Se puede predecir la vitalidad de la función mental a medida que se envejece por la cantidad de vitamina C que se toma. Cuanta más vitamina C se ingiere, hay menos posibilidades de sufrir deterioro cognitivo. En este sentido hay pruebas (…), obtenidas de los trabajos de investigación de la Universidad de Sydney (…). Un reciente estudio realizado en Suiza (…) demostró que las personas que tenían mayores niveles de vitamina C en la sangre eran las que mejor rendían en las pruebas para determinar diversas formas de memoria (…), y que dicha vitamina, es fundamental a la hora de prevenir el declive mental, ya que combate la enfermedad cerebrovascular. Investigadores británicos de la Universidad de Southampton (…) descubrieron que las personas que incluían más vitamina C en sus dietas y en la sangre mostraban la mejor función cognitiva y el riesgo más bajo de morir de una apoplejía (…). También regula la función vascular, es decir, la dilatación y contracción de las arterias y el flujo sanguíneo, mitigando el desplazamiento de coágulos sanguíneos capaces de bloquear los vasos cerebrales. Además, en caso de que la persona llegue a tener una apoplejía, el daño será menor si la sangre contiene cantidades elevadas de vitamina C, ya que, cuando se produce una apoplejía, el corte en el suministro de oxígeno y glucosa provoca en el cerebro una destrucción masiva de células, y cuando el flujo sanguíneo se reanuda, la acometida vuelve a destruir células que tratan de recuperarse del ataque. Esto es lo que se llama "lesión por reperfusión" y a veces es tan terrible para el cerebro como el asalto inicial. El motivo es la repentina reinfusión de sangre, oxígeno y, sobre todo, de radicales libres que llegan al cerebro (…). La vitamina C actúa como un fuerte antioxidante que neutraliza el asalto de los radicales libres que, de otro modo, destruirían el tejido cerebral. ¿Cómo afecta la vitamina C al cerebro? (…). En respuesta a esa pregunta se han publicado más de 400 artículos médicos. La función más evidente es como antioxidante (…). Ahora bien, la vitamina C es algo más que un simple antioxidante. Facilita la transmisión de los mensajes a través del cerebro. Puede influir directamente sobre los impulsos eléctricos, la síntesis y liberación de los neurotransmisores y su desplazamiento a través de las sinapsis celulares, y, en resumen, su presencia es imprescindible en las importantísimas zonas de conexión del cerebro que determinan la calidad y la cantidad de transmisiones (…). Se cree que una dosis moderada de 500 á 1000 miligramos de vitamina C diaria es suficiente para proteger el cerebro. Es increíblemente segura. Incluso en dosis altas no se ha detectado ninguna toxicidad. (*Carper, J., "Máximo rendimiento"*, 2001, págs. 285-290; *Arden, J.B., "Rewire Your Brain"*, 2010, págs. 102-103, *Singh Khalsa, D., "Brain Longevity"*, 1999, págs. 210-212, 225, 246-248, 424; *Dean, Ward, Morgenthaler, J., Fowkes, S.W,, "Smart Drugs II, The next Generation", 1993*, págs. 133, 122-124, 272.-273, *Small, G., "The Memory Bible"*, 2002, págs. 139-141, 145-148, 260-271; *Walford, R., "Beyond the 120 Year Diet", 2000,* págs. 172-175,151, 245, 141-142, 147-148, 152, 121, 164,165; *Sabbagh, Marwan, "The Alzheimer's Answer"*, 2008, pág. 206).

En cuanto a la vitamina E: "Sin la suficiente vitamina E, las partes grasas del cerebro corren más riesgo de volverse rancias, provocando perturbaciones importantes en el funcionamiento normal de las neuronas. El cerebro está compuesto fundamentalmente de grasa, lo que lo hace extremadamente susceptible a los radicales libres que echan a perder esta sustancia, y que sólo se enfrentan al único antioxidante que se encuentra en la parte grasa de las membranas celulares: la vitamina E, encargada de combatir constantemente los radicales libres en su propio terreno. Esta es la razón principal por la que muchos investigadores están convencidos de que la vitamina E es, de entre todas las vitaminas, la mejor a la hora de proteger las células cerebrales contra la descomposición debida al "desgaste" normal producido por los radicales libres, así como la degeneración provocada por enfermedades específicas, como el Alzheimer. Las pruebas obtenidas en autopsias revelan que las deficiencias de vitamina E hacen que los axones de las células nerviosas se degeneren y el cerebro se encoja. La vitamina E tiene muchas propiedades, pero, probablemente, la mayor de todas sea su fuerte capacidad como antioxidante para proteger la grasa de las membranas celulares e impedir que éstas sufran la "peroxidación lipídica" (…), que también produce el taponamiento y endurecimiento de los vasos sanguíneos de todo el cuerpo, incluidos los del cerebro y los del corazón (…). La primera señal de una deficiencia de vitamina E, es la aparición de un problema neurológico. Los investigadores del cerebro toman a diario vitamina E (…). La vitamina E le protege al cerebro de cuatro formas: a) Neutraliza los radicales libres que dañan las membranas exteriores de las neuronas, comprometiendo su capacidad para transmitir mensajes, así como a las membranas de las fábricas de energía que hay dentro de las células, llamadas mitocondrias (…); b) Ayuda a regular la transmisión de mensajes dentro de las células, así como entre las células. Este "segundo sistema de mensajeros" (…) es fundamental para dirigir y controlar la actividad de los neurotransmisores una vez que entran en la célula nerviosa;

c) Produce numerosos beneficios relacionados con el sistema inmunológico, al reducir la inflamación que daña las células (...), la principal culpable de las enfermedades cerebrales, incluidas las apoplejías y la demencia senil; d) Reduce el taponamiento de los vasos sanguíneos que son los conductos de la vida para las células cerebrales, a las que entregan oxígeno. Una de las principales causas de la escasez de oxígeno en el cerebro y de las apoplejías es la obturación de la arteria carótida (...). Las pequeñas capilaridades del cerebro, obstruidas por la formación de placa, también producen escasez de oxígeno, ruptura de vasos cerebrales y las llamadas mini apoplejías. La vitamina E lucha contra la formación de placas y promueve la flexibilidad vascular (...). En un estudio emprendido por seis prestigiosas Universidades, incluidas las de Harvard, Columbia y California, que salió a la luz en 1997 en una de las revistas médicas más destacadas del mundo, *The New England Journal of Medicine*, realizado sobre el Alzheimer, se probó con vitamina E y ésta estuvo a la altura de cualquier medicamento de los utilizados para esta enfermedad, y demostró ser mucho más segura. A raíz de esto, la Asociación Psiquiátrica de EE.UU. empezó a recomendar la vitamina E (...) para tratar a las personas a las que se les había diagnosticado una demencia senil o una enfermedad de Alzheimer entre leve y moderada (...). La conclusión del estudio demostraba que la vitamina E retrasó la progresión del Alzheimer en las personas que la tomaron (...). Los investigadores especulan con la posibilidad de que la vitamina E actúe aumentando el funcionamiento de y/o la supervivencia de ciertas células cerebrales, posiblemente protegiéndolas del enranciamiento destructivo y de la oxidación (...). Tomar diariamente 2.000 UI de vitamina E alfa tocoferol permitió retrasar la aparición de las señales que evidencian la progresión de la enfermedad (...), la necesidad de ingresar en una institución y alargar el periodo mismo de supervivencia (...). El doctor Reinhold Schmidt, un investigador austriaco, y sus colegas de la Universidad Karl-Franzens, de Graz, han obtenido notables imágenes cerebrales escaneadas que demuestran que los sutiles daños cerebrales están relacionados con las bajas cantidades de vitamina E en la sangre (...). Los trabajos de investigación (...) que está llevando a cabo el cardiólogo M. Bierenbaum y sus colegas de la Fundación de Investigación Cardíaca Kenneth L. Jordan, en Montclair, Nueva Jersey (...) ponen de manifiesto que la vitamina E ayuda a limpiar las arterias carótidas bloqueadas. El estudio demuestra con claridad que la vitamina E (...) limpia de algún modo las paredes arteriales, eliminando la placa, y prueba que previene la apoplejía (...). Puesto que se considera que los daños cerebrales producidos por los radicales libres son los principales culpables de la enfermedad de Parkinson, tiene sentido pensar que tomar muchos antioxidantes contribuirá a prevenir este trastorno. Investigadores holandeses de la Escuela Médica de la Universidad Erasmus de Rotterdam, han descubierto pruebas que apoyan esta teoría (...). La dosis adecuada para obtener una buena protección antioxidante es de 400 á 500 UI de vitamina natural al día. No tome más de 1.000 IU al día a menos que se lo prescriba su médico. El peligro que eso conlleva es que la sangre se licue en exceso, sobre todo si también se está tomando anticoagulantes (*Carper, Jean, "Máximo Rendimiento"*, 2001, págs. 271-283; *Walford, R., "Beyond the 120 Year Diet"*, 2000, págs. 71-76, 147-149, 152, 156, 164, 165, 170-172, 245,246, 254, 255; *Small, Gary, "The Memory Bible"*, 2002, págs. 138-148, 177, 260,271; *Dean, W., Morgenthaler, J., Fowkes, S.W., "Smart Drugs II"*, 1993, págs. 18, 19, 37, 45, 113, 119, 122-124, 133, 208, 215, 216, 237, 246, 250, 253, 263-265; .296-273; *Khalsa, D.S., "Brain Longevity"*, 1999, págs. 50, 158-159,

225, 410, 248-249; *Arden, J.B., "Rewire Your Brain"* 2010, págs, 98-104; *Sabbagh, Marwan, "The Alzheimer's Answer"*, 2008, pág. 206).

Aminoácidos

Los aminoácidos son los componentes básicos de la vida. Se encuentran en todos los seres vivos. Su combinación da lugar a las proteínas que constituyen el cuerpo humano, en el qué hay 50.000 formas de proteínas conocidas. Ese enorme número de diferentes estructuras de proteínas da al cuerpo esa versatilidad. Todas las enzimas y la mayoría de las hormonas, todas las células y músculos, los vasos sanguíneos, y muchas otras partes del cuerpo, están formados por proteínas. Tres cuartos de la materia sólida del cuerpo humano son proteínas. Sin ellas, no tendríamos huesos, ni dientes, ni sistema nervioso…ni vida. Cada una de ellas tiene unas instrucciones de construcción, según especificaciones únicas que le hacen tener una función de construcción peculiar para el cuerpo y no otra cualquiera. Los aminoácidos se denominan esenciales si el cuerpo no los puede sintetizar, y por tanto deben provenir de la dieta. Por el contrario, se denominan no esenciales cuando el cuerpo los puede producir por sí mismo aunque no los obtengamos de los alimentos. Algunos de los aminoácidos más importantes para el cerebro y el cuerpo en su conjunto son los siguientes (*Edermann, R., "The Amino Revolution"*, 1989, pág. 8-13).

El ácido glutámico no es un aminoácido esencial porque en el hombre puede sintetizarse a partir de otros compuestos. Es el neurotransmisor excitante del córtex cerebral por excelencia, y junto con el GABA y la glutamina intervienen de manera fundamental en una actividad cerebral y mental correcta. Su papel como neurotransmisor está mediado por la estimulación de receptores específicos, denominados receptores de glutamato. Todas las neuronas contienen glutamato, por ello ciertas neuronas lo utilizan como neurotransmisor. Sería como la "gasolina cerebral" y afecta a las funciones cerebrales. Mejora el humor, la claridad de ideas y la alerta, y produce GABA, con efectos tranquilizantes, relajantes y calmantes, y por este motivo se usa en el tratamiento de pacientes con retraso mental o epilepsia. Es potencialmente excitante, porque existe una compleja maquinaria para que los niveles de esta sustancia estén siempre regulados. Desempeña un papel central en la síntesis de los distintos aminoácidos que necesitan la formación previa de este ácido, y se acumula en proporciones considerables en el cerebro. Es uno de los aminoácidos más activos metabólicamente y más abundantes en el organismo, y un comodín para el intercambio de energía entre los tejidos. Juega un papel fundamental en el mantenimiento y crecimiento celular y regula el azúcar en sangre. Es un sustrato para la síntesis de proteínas y un precursor del metabolismo anabólico en el músculo, mientras que regula el equilibrio ácido/base en el riñón y la producción de urea en el hígado. Interviene en el transporte de nitrógeno entre los diferentes órganos. Las células de la mucosa intestinal son voraces consumidoras de este aminoácido. Se requiere también como fuente de energía para las células del sistema inmunitario y precursor para la síntesis de un metabolito con alto potencial antioxidante, como es la producción de glutatión. Es usado para tratar los efectos de la edad y el rendimiento mental, para reducir el deseo de ingerir alcohol en el alcoholismo. Se han encontrado bajos niveles en personas que padecen estrés crónico y ansiedad, puede reducir el apetito y la hipertensión (*Braverman, E.R.,*

"The Healing Nutrients Within", 2003, págs. 315-351; *The Amino Revolution, Robert Erdmann,* 1987, págs. 37, 62, 81, 133, 163, 179, 191).

Por lo que respecta a la arginina, en la población pediátrica se clasifica como un aminoácido esencial, involucrado en muchas de las actividades del sistema endocrino, y es muy importante en la generación y regeneración del tejido y para curar heridas. Se emplea para estimular la función inmunológica, al aumentar el número de leucocitos y en el tratamiento del herpes. Puede hacer disminuir el colesterol y estimular la liberación de la hormona del crecimiento (somatropina), siendo indispensable para un óptimo crecimiento. Reduce los niveles de grasa corporal y facilita la recuperación de los deportistas, debido a los efectos que produce al retirar amoniaco (residuo muscular resultante del ejercicio anaeróbico) de los músculos y convertirlo en urea que se excreta por la orina, y no se debe confundir con los productos anabolizantes, los cuales sí tienen efectos nocivos para el organismo. Se suele encontrar en productos energéticos que contienen óxido nítrico, ya que potencia los efectos vasodilatadores e interviene en la calidad del esperma, puesto que investigaciones científicas han demostrado que su carencia produce atrofia testicular. (*The Healing Nutrients Within, Eric R. Braverman,* 2003, págs. 147-162; *The Amino Revolution, Robert Erdmann,* 1989, págs. 35, 36, 95).

El aspartamo es un aminoácido no esencial que se obtiene de la combinación de la fenilalanina y el ácido aspártico, cuya propiedad característica es tener un sabor dulce con muy bajo poder calórico. El ácido aspártico, junto con la asparagina, es igualmente un aminoácido no esencial que interviene en los caminos metabólicos de la generación y transporte de energía en el cuerpo, ya que intervienen en el ciclo de Krebs y de la urea, y en el metabolismo del ADN (*Braverman, E.R., "The Healing Nutrients Within"*, 2003, págs. 191-198).

La cistina es un aminoácido no esencial de efecto desintoxicante, pues facilita la eliminación de sustancias tóxicas. Con alto contenido en azufre, está indicado para trastornos cutáneos por su efecto para el metabolismo de la piel, las uñas y el pelo. También tiene funciones en la estimulación de la insulina que ayuda a mantener el equilibrio con la glucosa, nuestra fuente de energía principal, y ayuda a la prevención de la diabetes. La cistina, una vez convertida en cisteína, interviene de manera fundamental en la síntesis del glutatione. La función más importante es destruir los radicales libres (...). Poderoso antioxidante, que lucha contra los radicales libres en el cuerpo (...), usado para combatir las infecciones bacterianas, y en el cáncer, reduciendo la toxicidad de varias sustancias tóxicas, que son usadas en el tratamiento y que pueden causar enfermedades cardiacas y toxicidad en el hígado, como consecuencia de la quimioterapia y radiación. Alivia el grado de toxicidad en el cuerpo de los metales pesados, se usa en el tratamiento para el VIH, el tratamiento de piedras en el riñón, para las enfermedades pulmonares, las úlceras, reduce la foto sensibilidad. Como los otros aminoácidos azufrados, requiere de cantidades adecuadas de vitamina B6, B12 y ácido fólico (*Braverman, E.R., "The Healing Nutrients Within"*, vol. 1, 2003, págs. 107-119, *Edermann, R., "The Amino Revolution"*, 1987, págs. 35, 62, 81, 163, 169, 179, 197).

La fenilalanina es un aminoácido esencial, muy conocido por constituir muchas de las potentes sustancias del cerebro que afectan al ánimo, dolor, memoria y aprendizaje. Es el precursor de muchas proteínas, pero más importante, del aminoácido tirosina, que a su vez es precursor de la dopamina, epinefrina y norepinefrina, críticos neurotransmisores que promueven la alerta del cerebro. Tiene un efecto directo sobre el cerebro al pasar la barrera cerebral. Tiene la propiedad de bloquear ciertas enzimas, las encefalinasas en el SNC, que se encargan de degradar las hormonas naturales endorfinas y encefalinas, que actúan como potentes analgésicos endógenos, por tanto es recomendada en tratamientos contra el dolor y antidepresivos. Está relacionada con ese sentimiento de estar enamorado. Es un estimulante cerebral, incrementa los niveles de endorfinas, regula el ritmo cardiaco, resuelve problemas de pigmentación de la piel porque interviene en la producción de colágeno, fundamental en la estructura de la piel y el tejido conectivo, ayuda a reducir la sensación de apetito y los síntomas de algunas enfermedades neurológicas, ya que participa en la formación de diversas neurohormonas, promueve el estado de alerta y vitalidad, y ayuda a la memoria y el aprendizaje. Es recomendable para varios tipos de cáncer, como melanomas, cánceres de piel y otros. Al ser precursor de la L-dopa es usado en el tratamiento del Parkinson. La National Academy of Sciences (EE.UU.) estima un requerimiento mínimo de 1 gr/día para un adulto. (*Braverman, R., "The Healing Nutrients Within"*, vol. 1, 2008, págs. 40-62; *Edermann, R., "The Amino Revolution"*, 1987, págs. 25-28, 75, 102, 169, 172, 191, 203, 219, 228).

La glicina es un aminoácido no esencial sintetizado en el organismo. Constituye un tercio del colágeno del cuerpo. Actúa como neurotransmisor inhibidor en el SNC, especialmente en la médula espinal, tallo cerebral y retina. La glicina usada como neurotransmisor es almacenada en vesículas y es expulsada como respuesta a ciertas sustancias potencialmente dañinas. Se encuentra en altas concentraciones en la médula espinal y en el bulbo raquídeo. El mecanismo de neurocaptación es dependiente del sodio. Funciona armónicamente con la glutamina, sustancia que juega un papel fundamental en la función cerebral. Ayuda a controlar los niveles de amoniaco, actúa como tranquilizante y ayuda controlar las funciones motoras del cuerpo, como antiácido. Ayuda a la liberación de la hormona del crecimiento, retarda la degeneración muscular, mejora el almacenamiento de glucógeno, liberando así la glucosa y que esté disponible para las demandas de energía, ayuda a mantener la salud de la próstata y el SNC, repara los tejidos dañados y colabora en la correcta actividad del sistema inmunitario. Es importante en la función de la glucogénesis, se usa para prevenir la hipertrofia de la próstata, puede reducir los niveles de colesterol y triglicéridos en el tratamiento de la epilepsia incrementando los niveles de glicina. (*Braverman, E.R., "The Healing Nutrients Within"*, 2003, págs. 397-423; *Erdmann, R. "The Amino Revolution"*, 1987, págs. 38, 62, 68, 72, 79, 107, 109, 152, 163, 191, 197, 203, 216, 219, 228).

La glutamina es un aminoácido no esencial. Está muy relacionado con el ácido glutámico y con el GABA. Los tres forman un trío que está directamente implicado en mantener adecuadamente las funciones cerebrales y las señales nerviosas a través del metabolismo del cerebro, mejorando la alerta, el estado de ánimo, la memoria y la sensación de claridad mental. Su biosíntesis ayuda a "limpiar" el amoniaco en algunos tejidos (tóxico en ciertas concentraciones), en especial en el cerebro. La glutamina estimula al cerebro. Éste la puede utilizar como una fuente de energía y ayuda a la concentración para el estudio a través de su soporte a las reacciones metabólicas del mismo. Está a su vez muy presente en los músculos y en ciertas circunstancias es necesario un suplemento en la dieta, ya que evita la disminución del músculo debido al estrés o entrenamiento intenso. Además, se encuentra en grandes concentraciones en la sangre y en los músculos. Se emplea en la síntesis de proteínas y repara las fibras musculares. Neutraliza el exceso de ácido láctico en los músculos generado especialmente en la práctica del ejercicio aeróbico intenso. Previene la pérdida de masa muscular en tiempo de reposo, y se utiliza en casos en los que algunas dolencias han postrado a un paciente en cama durante un periodo largo de tiempo. También transporta el oxígeno por el torrente sanguíneo. Se recomienda tomarlo con el estómago vacío para que no interactué con otros aminoácidos obtenidos de la dieta (*Braverman, E.R., "The Healing Nutrients Within"*, 2003, págs. 315-351; *Edermann, R., "The Amino Revolution"*, 1987, págs. 62, 93, 102,175, 219, 237; *"Nutricéuticos"*, 2003, pág. 275).

La histidina es un aminoácido esencial abundante en la sangre y que participa en el desarrollo y la reparación de los tejidos, particularmente de la mielina que cubre las neuronas. El índice de histidina es un indicador general del metabolismo de las proteínas en el cuerpo, y, durante los periodos de estrés severo, es uno de los aminoácidos más requeridos por éste. Tiene un efecto anti inflamatorio moderado. Una de sus funciones más importantes es la conversión a histamina, que es un poderoso vasodilatador y que actúa como neurotransmisor en el cerebro, especialmente en el hipocampo y en el SNC. Se usa en la artritis reumatoide, inflamación y falta de movilidad, enfermedades alérgicas, úlceras y anemias. En combinación con la hormona del crecimiento y otros aminoácidos contribuye a la reparación de tejidos, especialmente en el sistema cardiovascular. En el sistema nervioso es sintetizada y liberada por las neuronas, y utilizada como neuromodulador. Se encuentra desequilibrada en desórdenes psicológicos como la ansiedad, letargo y fatiga, esquizofrenia y poco apetito. La National Academy of Sciences (EE.UU.) estima un requerimiento en niños de 33 mg/día. (*Bravermann, R., "The Healing*

Nutrients Within", 2003, págs. 285-287; *Edermann, R, "The Amino Revolution"*, 1987, pág. 33, 34, 62, 72, 140, 149, 152, 158, 163, 166, 169, 171, 191, 203).

La isoleucina es un aminoácido esencial. Imprescindible para la curación de traumatismos y heridas, para formar tejido muscular y evitar lesiones hepáticas. Colabora en la síntesis de algunos opiáceos endógenos y ayuda a mantener la salud mental. Ayuda a mantener los niveles de azúcar en sangre, previene la atrofia muscular tras un periodo de inmovilización, como puede ocurrir tras una hospitalización en reposo en cama. Es necesaria para la formación de la hemoglobina y para la coagulación de la sangre (*Erdmann, R., "The Amino Revolution"*, 1997, págs. 62, 69, 170, 204, 228; *Bravermann, R., "The Healing Nutrients Within"*, 2003, págs. 243-257).

La leucina es un aminoácido esencial. Reduce la degradación del tejido muscular incrementando la síntesis de proteínas. Se usa en el hígado, tejido adiposo y tejido muscular. Su efecto es especialmente beneficioso en pacientes post-traumáticos. Estas son algunas de las funciones que la leucina realiza en el organismo: Imprescindible para la curación de traumatismos y heridas, ayuda en la formación de tejido muscular, a evitar las lesiones hepáticas, ayuda en el correcto mantenimiento de la salud mental, participa en el balance del nitrógeno, ayuda a mantener equilibrados los niveles de azúcar en sangre, previene la atrofia muscular que precede a una inmovilización, ayuda a aumentar la producción de la hormona del crecimiento, indirectamente cumple una función reguladora en la correcta secreción biliar y cumple funciones hormonales en las hormonas sexuales masculinas y femeninas (*Bravermann, R., "The Healing Nutrients Within"*, 2003, págs. 243-257; *Erdmann, R., "The Amino Revolution"*, 1987, págs. 62, 170, 204).

La lisina es un aminoácido esencial. Juega un papel fundamental en la absorción del calcio, en la construcción de las proteínas musculares, en la recuperación de las intervenciones quirúrgicas y de las lesiones deportivas, y en la producción de hormonas, enzimas y anticuerpos. Estimula la liberalización de la hormona del crecimiento. Se utiliza sola o combinada con otros aminoácidos en niños para estimular el crecimiento y en ancianos para retrasar el envejecimiento. Ingerida con L-Carnitina ayuda a que la carnitina disminuya notablemente los niveles de colesterol en sangre, e igualmente en la osteoporosis, ya que, junto con la vitamina C, ayuda a producir colágeno y con ello, la absorción del calcio. Previene la arterioesclerosis. Tiene una importante función inmunitaria produce anticuerpos, mejora la función gástrica, minimiza el daño de la glucemia en los ojos, es un reparador celular, ya que participa en el metabolismo de los ácidos grasos. También se le atribuye, junto con la vitamina C, la capacidad de impedir la metástasis cancerosa. Participa en la síntesis del colágeno, produce hormonas, enzimas y anticuerpos. Y ayuda a equilibrar los niveles de nitrógeno. La National Academy of Sciences (EE.UU.) recomienda 840 gr/día para un adulto (*Bravermann, R., "The Healing Nutrients Within"*, 2003, págs. 261-263;(*Edermann, R., "The Amino Revolution"*, 1987, págs. 32, 62, 166, 171, 219).

La metionina es un aminoácido esencial. Es una buena fuente de azufre para el cuerpo, y es el primer aminoácido en la síntesis de cualquier proteína. Es uno de los elementos de consolidación implicado en la formación de células y tejidos. Es también un antioxidante de gran alcance. Es la encargada de transportar la grasa hasta las células para convertirla en energía, y lograr así un rendimiento muscular óptimo, evita la acumulación de la grasa en las arterias y en el hígado. Es esencial en el tratamiento de enfermedades hepáticas, de la depresión, ayuda a disminuir la acumulación de metales pesados en el organismo, se usa para el tratamiento de la osteoporosis, evita la acumulación de colesterol, participa en las funciones del bazo, páncreas y el sistema linfático, mejora la función del selenio, protege frente a las radiaciones y los radicales libres, ayuda en el tratamiento del Parkinson, para trastornos del cabello, uñas y piel, disminuye la debilidad muscular, ayuda a la excreción de los estrógenos en mujeres que toman anticonceptivos, reduce el nivel de histamina en el cuerpo, que puede causar que el cerebro transmita mensajes equivocados, y es recomendada para las personas con esquizofrenia, es de gran ayuda para reducir las reacciones a los alérgenos relacionados con los alimentos, y es necesaria para la síntesis de la cisteína y la taurina. Estudios recientes han mostrado que la metionina sufre una severa reducción en personas enfermas de Alzheimer y con varias clases de depresión. También muestran que es preventivo, junto con el ácido fólico, para que la formación de pólipos en el colón no progresen hasta el cáncer. La deficiencia de metionina es un fuerte factor en la enfermedad coronaria. Ayuda a reducir los síntomas depresivos durante el periodo de abstinencia en los tratamientos de la dependencia a las drogas. Es muy bien absorbida por el cerebro, convirtiéndola en SMAe, lo que incrementa la producción de neurotransmisores adrenalínicos, necesarios en el tratamiento del Parkinson. Muestra unos efectos positivos contra la exposición a la radiación. La National Academy of Sciences (EE.UU.) estima un requerimiento mínimo aproximado de 1 gr/día para un adulto (*Bravermann, R., "The Healing Nutrients Within"*, vol. 1, 2008, págs. 163-189; *Edermann, R., "The Amino Revolution"*, 1987, págs. 30, 62, 81, 95, 102, 115, 116, 140, 166, 168, 169, 175, 179, 191, 203, 204, 206, 219, 229).

La serina es un aminoácido no esencial. Precursor de otros aminoácidos como la glicina y la cisteína. Presente en las vainas de mielina que cubren los nervios del cerebro, ya que sin serina suficiente se harían demasiado finas o desaparecerían, dando lugar a la incapacidad de los nervios para transmitir mensajes a otras partes del cuerpo. Ayuda a la producción de anticuerpos e inmunoglobulina, esenciales para el sistema inmunológico. Es necesaria para producir el triptófano que, a su vez, se utiliza para producir serotonina, regulador del humor, la depresión y la ansiedad, y para producirlo deben estar presentes el ácido fólico y las vitaminas B3 y B6. Es un importante hidratante de la piel, participa en la síntesis de la porfirina, creatina y purina, importante para el correcto metabolismo de las grasas y ácidos grasos, para el funcionamiento del ADN y ARN y la formación de células, y para el crecimiento del músculo. Estimula la síntesis de la glucosa en el hígado y evita la hipoglucemia reactiva. Puede ayudar en los efectos de la depresión causada por la enfermedad de Alzheimer, pero es beneficiosa también en personas sin esta enfermedad para tratar problemas de memoria (*Bravermann, E.R., "The Healing Nutrients Within"*, vol. 1, 2008, págs. 424-440, *Edemann, R., "The Amino Revolution"*, 1987, págs. 62, 140).

La taurina es un aminoácido no esencial, ya que se encuentra de forma natural en el cuerpo y en los alimentos, especialmente en las proteínas de origen animal. Su nombre se deriva de "Bos Taurus" (bilis de buey), de la cual fue aislada. Difiere de la mayoría de los aminoácidos en que no se incorpora a las proteínas, sino que existe como un aminoácido libre en la mayoría de los tejidos animales y es uno de los aminoácidos más abundantes donde hay alta actividad eléctrica, en los ojos, en el cerebro, en los músculos, en el corazón, en las plaquetas y en el SN en desarrollo, y sus niveles en sangre decaen con la edad. Se sintetiza en las células a partir del aminoácido azufrado metionina. Hay evidencia científica de que sirve como neurotransmisor, regulador de la sal y del equilibrio del agua (osmoregulación) dentro de las células, y es un estabilizador de las membranas celulares, ya que está demostrado que la taurina puede tener un papel importante en el cambio de algunas propiedades de la membrana, como la fluidez, la capacidad de transporte de algunos iones y la regulación de la actividad de algunas enzimas y el mantenimiento del potencial de membrana. Participa en la desintoxicación de químicos extraños y está involucrada en la producción y la acción de la bilis, enlazándose a ciertas sales biliares, y por ello mejora la digestión de la grasa (en estudios con animales se ha demostrado que puede inhibir la formación de cálculos biliares). Es muy importante para el desarrollo y mantenimiento de las funciones de la retina y juega un papel significativo durante el desarrollo cerebral, modulando los procesos de diferenciación, migración, desarrollo y regeneración del SNC. Se ha demostrado también que la taurina y la vitamina C revierten la respuesta autónoma de los vasos sanguíneos asociada al tabaquismo, que se vuelven rígidos en lugar de ser flexibles, impidiendo que se puedan dilatar en respuesta al aumento del flujo sanguíneo. Es útil para tratar la diabetes y la epilepsia, disminuyendo la frecuencia de las crisis convulsivas. Actúa como antioxidante, y se ha demostrado que tiene un papel protector del daño causado por los radicales libres. Ayuda al crecimiento de las fibras musculares cuando se complementa con un entrenamiento intenso. Participa en el mecanismo excitación-contracción del músculo esquelético, afecta a la transmisión de la señal eléctrica hacia las fibras musculares. Está función es de especial interés, puesto que si la transmisión del impulso nervioso a nivel neuromuscular no se realiza correctamente, la contracción muscular se verá alterada y no se logrará un rendimiento óptimo. Ayuda a normalizar la frecuencia cardiaca y las contracciones, incrementa la retención de potasio y magnesio, puede prevenir el desarrollo de una cardiomiopatía y reducir los síntomas del fallo cardiaco congestivo. Suprime la angiotensina, proteína de la sangre que provoca la elevación de la tensión arterial, y puede reducirla en caso de hipertensión, sin reducirla si ésta se encuentra en valores normales (*Braverman, E.R., "The Healing Nutrients Within"*, vol. 1, 2008, págs. 254-280; *Edermann, R., "The Amino Revolution"*, 1987, págs. 34, 62, 81, 108, 109, 152, 179, 203, 204, 216).

La tirosina es un aminoácido no esencial. Su síntesis se produce a partir de la hidroxilación de otro aminoácido, la fenilalanina. Es capaz de pasar la barrera hemato-encefálica, y una vez en el cerebro es precursor de importantes neurotransmisores como la dopamina, norepinefrina, epinefrina y L-dopa, importantes en el sistema nervioso simpático porque regulan diversas funciones dependientes de la tirosina, como la sensación de seguridad, el humor o la función mental, la respuesta sexual y el estrés. Importante componente de las hormonas producidas por el tiroides, junto con el yodo, vitales para el metabolismo. Necesaria también para la formación de melanina, pigmento que protege de los efectos dañinos de la luz ultravioleta. Participa en las funciones de las glándulas suprarrenales, del tiroides y de la pituitaria. Potencia la actividad cerebral, estimula la agudeza mental, la concentración y el rendimiento muscular. Es importante para la estructura de las neuronas, se utiliza para reducir el apetito, en el desorden por déficit de atención, en el tratamiento del cáncer, en la depresión, disminuye el estrés, aumenta el rendimiento cognitivo en enfermos de Alzheimer y en la prevención de la enfermedad, en la hipoglucemia y en la narcolepsia. Es esencial para los neonatos de menos de un mes, y es un efectivo antídoto para combatir los efectos secundarios producidos por medicamentos anti psicóticos en el tratamiento del Parkinson, ya que este aminoácido es precursor de la L-Dopa y se usa en los estadios primarios de la enfermedad. También es usado en el tratamiento para dejar de fumar y en combinación con otros medicamentos, para el tratamiento de la adicción al alcohol y la cocaína. La National Academy of Sciences (EE.UU.) estima un requerimiento mínimo de 1 gr/día. (*Braverman, E.R., "The Healing Nutrients Within"*, vol. 1, 2008, págs. 63-98; *Edemann, R., "The Amino Revolution"*, 1987, págs. 75, 102, 115, 116, 172, 175, 191, 204, 219).

La treonina es un aminoácido esencial. Participa en muchas funciones que involucran la glicina y la serina. Se ha identificado como uno de los agentes esenciales que protegen frente a la inestabilidad mental, la irritabilidad y las dificultades de personalidad. Es importante, metabólicamente, en el crecimiento muscular del esqueleto, enzimas digestivas y proteínas inmunes (presentes en alta concentración), promueve un buen funcionamiento del hígado, evitando su toxicidad. Facilita la absorción de otros nutrientes y participa de manera fundamental en la formación de colágeno, elastina y esmalte de los dientes, ayuda a proteger de infecciones intestinales, favorece la digestión, mejora el funcionamiento del hígado, previniendo la formación de grasa en el mismo. Ayuda a mantener el nivel proteico adecuado en el cuerpo (*Braverman, E.R., "The Healing Nutrients Within"*, vol. 1, 2008, págs. 384-396; *Edemann, R., "The Amino Revolution"*, 1987, págs. 62, 69).

El triptófano es un aminoácido esencial. Es fundamental para promover la liberación del neurotransmisor serotonina por la glándula pineal, involucrado en la regulación del sueño y del placer, puesto que la serotonina es precursora de la hormona melatonina, esencial para la regulación de los ciclos circadianos. Ayuda a reducir la ansiedad, el insomnio y el estrés. Para un buen metabolismo del triptófano se requieren niveles adecuados de vitamina B6 y de magnesio. Tiene efecto antidepresivo en algunos casos, y, por el efecto tranquilizante de la serotonina, actúa como ansiolítico, y para el control de apetito. Al controlar el estrés ayuda a regular los niveles de insulina, puesto que ésta es una hormona que acusa mucho el estado del SNC. También reduce la agresividad causada por la tensión nerviosa. Es capaz de pasar la barrera hemato-encefálica, y un elevado número de niños con retraso mental han mostrado un metabolismo anormal de este aminoácido. En el Instituto de Salud Mental de Nassau, los médicos han encontrado que es útil en el tratamiento del desorden obsesivo-compulsivo, y ciertos estudios epidemiológicos afirman que en áreas en las cuales este aminoácido está bajo en la sangre de la población, las tasas de homicidios aumentaban. Los periodos en los cuales se produce una malnutrición proteica han sido señalados por un aumento de la criminalidad de acuerdo con Mawson. Los datos convencen de que está involucrado en muchas formas de comportamiento agresivo, y que estas personas podrían beneficiarse de un suplemento de triptófano, e igualmente en muchos desordenes de la conducta, como los ya mencionados de la alimentación, del sueño y el trastorno obsesivo compulsivo, ataques de pánico, desorden afectivo estacional (SAD), déficit de atención (ADD), enfermedades psicóticas e hipocinéticas (depresión del ritmo, por ejemplo respiratorio), fenilcetonuria (PKU), Alzheimer, migrañas y dolor, comportamiento suicida, alcoholismo y drogadicción y en la disfunción sexual. Restaura el equilibrio emocional, ayuda a restablecer el equilibrio bioquímico para superar la depresión y ayuda a mejorar las habilidades sociales. Muchos pacientes de epilepsia responden también positivamente al tratamiento con este aminoácido. Prolonga el tiempo en el que se puede hacer ejercicio, porque probablemente contribuye a la relajación muscular. Aumenta la producción de la hormona del crecimiento y la prolactina. Reduce el riesgo de ataques cardiacos. Numerosos estudios han mostrado que el riesgo es más alto si los niveles de este aminoácido están bajos. En el SIDA fortalece el sistema inmunológico, tiene efectos positivos sobre la calidad espermática.

La comunidad científica está de acuerdo en que es muy eficaz para promover el sueño y está muy bien documentado su efecto. El Dr. Hartmann, del Hospital Universitario Estatal de Boston, encontró que la latencia en el tiempo para quedarse dormido se reducía en un 50% en las personas a las que se les administró un gramo. Estudios de Hartmann y Spinweber, realizados en el Laboratorio de Sueño de Boston, encontraron su eficacia en el insomnio, y que estos pacientes experimentaron una reducción del tiempo que tardaban en dormirse. Numerosos estudios demuestran que alarga y hace que el sueño sea más profundo.

Investigadores del V.A. Hospital de East Orange, New Jersey han demostrado que el triptófano estimula la producción de aldosterona, renina y cortisol, hormonas producidas por las glándulas suprarrenales. Tiene efectos hipotensivos, lo que puede ser un mecanismo para la prevención del fallo renal. Los estudios de la Universidad McGill consideran a este aminoácido más efectivo que el litio en los trastornos bipolares. También es considerado eficaz para la reducción de ciertos tipos de dolor de cabeza, dentales y resultantes del cáncer, actuando en el núcleo *raphe magnus*, la mayor estructura serotoninérgica. Reduce los temblores en los enfermos de Parkinson y los espasmos en muchas enfermedades neurológicas, en las psicosis, y varios estudios avalan su uso en pacientes suicidas. También es un excelente medicamento para controlar el peso, ya que se asocia a la reducción de apetito en los pacientes con depresión (*Braverman, Eric R., "The Healing Nutrients Within*, vol. 1, 2008, págs. 99-161; *Edermann, R., "The Amino Revolution"*, 1987, págs. 28, 29, 52-54, 68, 72, 79, 108, 118, 140, 152, 191, 197, 203, 216, 237).

La valina es un aminoácido esencial. Forma parte integral del tejido muscular pudiendo ser usado por los músculos para obtener energía. Interviene en el metabolismo muscular y en la reparación de tejidos. Los niveles muy bajos de este aminoácido se relacionan con patologías neurológicas como la epilepsia, y otras enfermedades que cursan con retraso mental grave o degeneración neurológica. Es imprescindible para la curación de traumatismos y heridas, para la formación de tejido muscular, para el correcto mantenimiento de la salud mental y para equilibrar los niveles de azúcar en sangre. Previene la atrofia muscular que precede a la inmovilización, promueve el vigor mental y las emociones tranquilas, ayuda a prevenir el estrés y favorece el sueño (*Braverman, Eric R., "The Healing Nutrients Within,* vol. 1, 2008, págs. 243).

La fórmula

Luis tomaba cada día 4 cucharadas de café colmadas –dos por la mañana y dos por la noche– disueltas en zumo de naranja de la siguiente fórmula de aminoácidos, vitaminas, antioxidantes, minerales y compuestos de soporte cuyos componentes ya han sido explicados.

Ya mencioné con anterioridad, que originalmente elaboré dicha fórmula como fórmula anti envejecimiento y de soporte cerebral y del cuerpo en su conjunto para una persona adulta (concretamente para mí), con el objetivo de preservar mejor el cuerpo y el cerebro de cualquier persona adulta, en la medida de lo posible, del envejecimiento derivado del paso de los años.

FORMULA DE AMINOACIDOS, VITAMINAS, MINERALES Y ANTIOXIDANTES

Gramos por cucharilla	5
Número de cucharillas al día	4
Grs./día	20

Componente	% en formula	Cantidad/día mgr/día
Arginina	8,0	1.606
Cistina	0,9	173
Acido Glutámico	7,8	1.554
Glutamina	7,8	1.554
Glicina	3,0	604
Histidina	2,2	432
Isoleucina	4,7	950
Leucina	6,9	1.382
Lisina	7,8	1.554
Metionina	5,2	1.036
Fenilalanina	4,3	864
Triptofano	2,6	518
Tirosina	4,3	864
Serina	4,3	864
Treonina	3,5	691
Taurina	0,9	173
Valina	4,3	864
Total aminoácidos	78,4	15.682
Acetyl L Carnitina	4,3	864
Pantotenato de Calcio	4,3	864
Gluconato/Aspartato de Zinc	0,2	43
Picolinato de Cromo	0,001	0
B6 (Piridoxina)	1,1	216
Aspartamo	1,7	345
B5 (Acido Pantotenico)	0,6	130
Acido Alfalipoico (Acido tióctico)	1,1	216
Glutatione Reducido	1,5	302
Gingko Biloba	0,9	173
Ginseng	3,5	691
DMAE	0,9	173
B12 (Metylcobalamina, Cyanocobalamina)	0,0	3
B1 (Tiamina)	0,4	86
B3 (Niacina, factor PP, Acido nicotínico)	0,6	130
Coencima Q10	0,4	86
TOTAL	100,0	20.003,6

Como ya dije, es por ello que la fórmula y los medicamentos que se han mencionado podrán ser de mucha utilidad a cualquier persona, que sin haber sufrido ningún accidente cerebral, desee conservar su cerebro y su cuerpo frente al envejecimiento y frente al desgaste causado por el paso de los años, así como apoyar su mantenimiento y su recuperación mediante este tercer eje de la "Rehabilitación de 3 Ejes".

De hecho el lector podrá comprobar, que la mayor parte de los compuestos de soporte y medicamentos para la mejora del rendimiento cognitivo que se mencionan en este apartado, se recomiendan en EE.UU. y en Europa para tratar el Alzheimer y también en otras patologías cerebrales.

Nota importante: El autor no se puede hacer responsable de los efectos y/o hipotéticas consecuencias que se pudieran derivar del uso o administración de la fórmula anterior de compuestos de soporte, o de los medicamentos que tomó Luis durante su rehabilitación, y que el propio autor venía tomando antes desde hacía más de diez años. Su administración potencial siempre debe estar autorizada y supervisada por un médico especialista, que además pueda en caso necesario adecuar los componentes de la misma a las necesidades y particularidades del paciente.

Medicamentos específicos para la mejora y recuperación cerebral

Los medicamentos específicos para la mejora cerebral y sus diversas funciones que tomó Luis durante el tiempo que duró su rehabilitación fueron los siguientes:

- Huperzina 100 microgramos/día.
- Piracetam 2.400 mg/día (Nootropil 1200).
- Piriglutina 300 mg/día (Conductasa Jarabe).

- Pirisudanol dimaleato 600 mg/día (Mentis).
- Piritinol 400 mg/día (Encefabol Forte 200 mg).
- Sulbutiamina 400 mg/día (Arcalión).
- Vinpocetine 20 mg/día

A continuación se explica cada uno de ellos, sus funciones e indicaciones.

- Huperzina: La huperzina es un alcaloide extraído de la planta Huperzia serrata. Es un inhibidor de la acetilcolinesterasa (AChE), que tiene un mecanismo de acción similar al Donepezilo, Rivastigmina y Galantamina, ya que inhibe la acción del AChe, degradando la acetilcolina. Una forma de la huperzina A se está desarrollando como tratamiento para la enfermedad de Alzheimer. En los EE.UU. la huperzina A se vende como un suplemento dietético para incrementar la memoria y ayudar a mejorar la concentración y la atención. La planta se ha utilizado en China durante siglos para el tratamiento de los trastornos de inflamación, fiebre y sangre. Los ensayos clínicos en China han demostrado ser eficaces en el tratamiento de la enfermedad de Alzheimer, demencia senil y como nootrópico potenciador de la memoria en estudiantes. D. Bagchi, profesor ayudante de la Escuela de Farmacia de la Universidad de Creighton, dice que (...) es una gran promesa "para una amplia variedad de trastornos de la memoria y del cerebro, incluida la enfermedad de Alzheimer" (...). Se ha utilizado desde hace siglos en la medicina popular china para rejuvenecer la memoria de los ancianos (...). La clave (...) es la manipulación de la acetilcolina, un transmisor cerebral conocido como la "molécula de la memoria"

(…). Muchos estudios, la mayoría de ellos realizados en China, han puesto de manifiesto que, por lo que se refiere a invertir los déficits de memoria en animales envejecidos, la Huperzina superó a los dos principales medicamentos homologados para el tratamiento de la enfermedad de Alzheimer (…). También mejoró la función mental en pacientes con demencia provocada por multiinfartos, causados a su vez por repetidas multiaplopejías, así como en personas afectadas por la miastenia grave, una enfermedad neuromuscular (…). Falta aparente de efectos secundarios graves, muy baja toxicidad (…). A.P. Kozikowski, director del Programa de Descubrimiento del Centro Médico Georgetown en Washington, D.C., que fue el primero en sintetizar Huperzina, dice que su empleo (…) puede beneficiar a todo aquel que se sienta preocupado por una pérdida de memoria. La dosis recomendada está entre 100-400 mg/día (*Carper, J., "Máximo Rendimiento"*, 2001, págs. 337-339; *Sabbagh, Marwan, "The Alzheimer's Answer"*, 2008, pág. 219).

- Piracetam (Nootropil): El piracetam es el "padre" por excelencia de los nootrópicos, mejorando en múltiples casos la habilidad del cerebro para procesar la información, la memoria, la concentración, la inteligencia y la creatividad. Tiene la característica única de mejorar la comunicación entre los dos hemisferios cerebrales a través del cuerpo calloso, haz de fibras que comunica ambos hemisferios. Ayuda a mejorar el metabolismo de la neurona a través del incremento de ATP, permitiendo una mejor captación del oxígeno y mejorando la función de la acetilcolina. Se obtienen resultados óptimos cuando trabaja de manera sinérgica con DMAE y fosfatidilcolina. En casos de hipoxia celular, puede ser de utilidad ya que se le atribuye protección a la neurona. Protege a las neuronas en las enfermedades neuropatológicas relacionadas con la edad. Un estudio desveló el efecto saludable del Piracetam contra el estrés oxidativo y daño en el ADN. Sus indicaciones terapéuticas son para trastornos de la atención y la memoria, dificultades en la actividad cotidiana y adaptación al entorno que acompañan a los estados de deterioro mental debido a una patología cerebral degenerativa, vértigo, trastornos de aprendizaje, en la enfermedad de Alzheimer, para la falta de concentración, el síndrome de intoxicación alcohólica, y mioclonia cortical. En los últimos años, han sido publicados más de 150 estudios en la literatura científica mundial que describen los estudios en humanos con piracetam. Una dosis adecuada son 2.400 mg/día, pero se recomienda seguir las indicaciones del prospecto del medicamento. (*Dean, W., Morgenthaler, J., Fowkes, S.W., "Smart Drugs II, The Next Generation"*, 1993, págs.103-112, 136; *Khalsa, D.S., "Brain Longevity"*, 1999, págs. 61, 269-270, 405-410, 415, 432; *"The Physician`s Guide to Life Extension Drugs"*, 1982, pág. 185).

- Piritinol (Encefabol): Su nombre comercial es Encefabol en muchos países de la UE. Es un derivado de la vitamina B6 piridoxina. Apoya el desarrollo neuronal. Aprobado en muchos países de Europa para el tratamiento sintomático de daños crónicos en la función cerebral de algunos síndromes de demencia, síndrome psicoorgánico, y para tratar secuelas provenientes de traumatismos craneoencefálicos y trastornos cerebrovasculares. En particular en encefalopatías de origen circulatorio, accidentes hemorrágicos cerebrales, síndromes evolutivos cerebrales y fatiga intelectual, y en trastornos de atención e hiperactividad. En general aumenta el rendimiento intelectual, y es usado para el tratamiento del Alzheimer. Activa el metabolismo de las neuronas realizando el aporte de oxígeno y glucosa al cerebro, incrementando la microcirculación cerebral, aumentando la liberación de acetilcolina en las sinapsis, y permitiendo que la glucosa pase más fácilmente a través de la barrera hematoencefálica. Aumenta el potencial de membrana y la concentración de fosfolípidos. Es también un antioxidante de gran alcance que limpia los radicales libres creados en los mismos procesos (Prospecto farmacéutico; *Dean, W., Morgenthaler, J., Fowkes, S.W., "Smart Drugs II The next generation"*, vol. 2, 1993, págs. 136).

- Piriglutina (Conductasa): El alfacetoglutarato de piridoxina (piriglutina) es un sustrato-coenzima de la vitamina B6 íntimamente ligado a las funciones metabólicas de desaminación oxidativa, transaminación y decarboxilación. La fracción alfacetoglutárica actúa como sustrato captador de grupos amino, en las importantes reacciones de desaminación y transaminación. Dicho sustrato es el precursor de metabolitos tan importantes como ácido glutámico, GABA y GABOB, entre otros. La actividad cerebral produce amoniaco y cuando la concentración amoniacal alcanza determinado nivel en el tejido nervioso, se desencadenan convulsiones. Se han realizado numerosos ensayos farmacológicos que han mostrado interesantes acciones, entre las que destacan: efecto anticonvulsionante, mejor control del estímulo exteroceptivo, clara acción facilitadora favoreciendo el aprendizaje, aumento de la "performance" debido a la acción activadora o alertante. Indicaciones: Alteraciones del carácter, del lenguaje y de la conducta. Dificultad de aprendizaje, captación y retraso de la escolaridad. Fatiga psico-física, neurastenia, neurosis y, en general, cuando se desea aumentar el rendimiento intelectual. Trastornos psico-motores (retraso de la deambulación, etc.). Enfermedades convulsionantes. Profilaxis preanestésica y recuperación. Intoxicaciones diversas con afectación del SNC. Estados de obnubilación, estupor y comas de variada etiología (metabólicos, tóxicos, traumáticos, meningoencefálicos y por accidentes vasculares). Estados vertiginosos. Náuseas y vómitos. Alcoholismo agudo y crónico. Temblores seniles, idiopáticos y enfermedad de Parkinson. Arterioesclerosis y enfermedades cardiovasculares, degenerativas. Hepatitis, insuficiencia hepato-celular y cirrosis. En general, cuando se requiere una energía terapéutica con vitamina B6 (Prospecto farmacéutico).

- Sulbutianina (Arcalión): Indicaciones: Siempre que exista una insuficiencia de tiamina, en los siguientes casos: en el adulto: astenia, surmenage, apatía, estados depresivos, trastornos de la memoria, disarmonía neurovegetativa de proyección somática, desorientación y desinserción ambiental, deficiencia intelectual. Indicaciones especializadas: Rehabilitación de enfermos coronarios, deshabituación de toxicómanos. En el niño: Inestabilidad, alteraciones de la atención y la memoria, trastornos del comportamiento, psicoastenia del niño normal (Prospecto farmacéutico, *Carper, J.*, *"Máximo Rendimiento"*, 2001, págs. 261-265; *Khalsa, D.S.*, *"Brain Longevity"*, 1997, págs. 50-51, 68-69, 186, 210-212, 245-246, 432; *Dean, W.*,

Morgenthaler, J., Fowkes, S.W., "Smart Drugs II. The next generation", 1993, págs. 115, 123, 225; *Small, G. "The Memory Bible"*, 2002, págs. 145-148; *Walford, R. "Beyond The 120 Year Diet"*, 2000, págs. 165, 254; *Arden, J.B., "Rewire Your Brain"*, 2010, págs. 99-100, 101-102, 133).

- Pirisudanol Dimaleato (Mentis): Mentis aporta interesantes adquisiciones farmacológicas relativas a una acción estimulante electiva sobre el SNC ejercida por el pirisudanol dimaleato. Desde el punto de vista farmacológico, la sustancia ha demostrado poseer un efecto metabólico a nivel de las células del sistema nervioso con aumento de su resistencia a la hipoxia, y una facilitación de los procesos de activación de la corteza cerebral. Clínicamente posee una acción sobre la atención, un incremento de la memoria, una recuperación de las facultades intelectuales, una mejoría de la coordinación psicomotora y un efecto ansiolítico. Indicaciones: Trastornos de la atención y la memoria (Prospecto farmacéutico).
- Vinpocetina: Es un tratamiento que se ha demostrado efectivo contra las secuelas de hipoxias e isquemias. Carece de efectos secundarios y de contraindicaciones. Aumenta la síntesis de varios neurotransmisores que afectan a ciertas funciones cerebrales críticas como la memorización, la concentración y el humor. Es un derivado del alcaloide natural vincanine, extracto de la vinca menor. Mantiene el metabolismo cerebral y, por tanto, la vigilancia, aumentando localmente la síntesis del ATP. Mejora la utilización del oxígeno del cerebro y aumenta el flujo sanguíneo cerebral, y reduce la agregación plaquetaria. Los primeros estudios realizados sobre este compuesto recomendaban principalmente

su uso para tratar los desórdenes de origen hipóxico e isquémico. En estas condiciones ejerce un efecto neuroprotector considerable y permite salvar hasta un 50 % de neuronas que se perderían en caso contrario. Ha sido objeto de más de cientos de publicaciones científicas en estos últimos años, en muchas de las cuales se describen los resultados de estudios en animales y en humanos. Se utiliza con frecuencia por sus propiedades vasodilatadoras, en los tratamientos de desórdenes sensoriales, auditivos, visuales y de origen vascular (*Life Extension Foundation, "The Physician`s Guide to Life Extension Drugs"*, 1982, págs. 255-258;*"Smart Drugs II The next generation"* vol. 2, 1993, 165, 167, 179, 242; *Roberts, Arthur J., O'Brien Mary E., "Nutricéuticos"*, 2003, pág. 262; *Sabbagh, Marwan, "The Alzheimer's Answer"*, 2008, pág. 229).

CAPÍTULO 20: OTRA INFORMACIÓN ÚTIL

DÓNDE ADQUIRIR LOS MEDICAMENTOS QUE TOMÓ LUIS

Medicamentos

Casi todos los medicamentos que tomó Luis son accesibles en España a través de farmacias. No obstante, algunos como el piritinol (Encephabol), no se venden en España, pero se pueden adquirir en farmacias de casi todos los otros países de la Unión Europea y/o en internet. Luis adquirió algunos de ellos en: www.shop-apotheke.com, www.amazon.co.uk; www.revital.co.uk y www.biovea-espana.com.

Compuestos de soporte

Los compuestos de soporte se pueden adquirir fácilmente en farmacias, herbolarios y tiendas especializadas de Internet. Luis los adquirió en www.amazon.co.uk; www.revital.co.uk, www.biovea-espana.com.

Fórmula de aminoácidos y antioxidantes

Los aminoácidos y antioxidantes se pueden encargar como fórmula magistral en cualquier farmacia, ya que todos los componentes se comercializan en España. Esta farmacia de Logroño ha preparado esta fórmula para determinados clientes:

Farmacia Santiago Martínez Carmona; Gran vía nº26;
teléfono: 941 22 57 05; Logroño 26002; farmapas@yahoo.es

Dónde adquirir el programa Curavis

El programa Curavis para tratar los escotomas y la ceguera cortical lo prescribe el Dr. Walter Widdig cuyos datos de contacto son:

Walter Widdig, Ph.D;Department of Neurology,
Neurotraumatology and Neurorehabilitation
Director: Prof. Dr. M. Tegenthoff, MD; Ruhr-University-Hospital
Bergmannsheil; Bürkle de la Camp-Platz 1; D-44789 Bochum;
Phone +49-234-302-3515; Fax +49-234-302-6888
www.bergmannsheil.de - walter.widdig@bergmannsheil.de

DÓNDE ADQUIRIR CUADERNILLOS, FICHAS Y MATERIALES DE REHABILITACIÓN

Existen en internet multitud de sitios donde adquirir fichas, cuadernos de ejercicios, y multitud de materiales de rehabilitación. Algunos de ellos son los siguientes:

http://www.espaciologopedico.com.

http://www.rinconespecial.com.

http://www.lebon-libros.com/web_home.php

http://www.educacionespecialylogopedia.es/

http://www.editorialcepe.es/

http://www.eos.es

FUNDACIONES EXISTENTES DE APOYO AL DAÑO Y A LA PARÁLISIS CEREBRAL

http://fundacionpitalopez.es/

http://www.fundacionborjasanchez.org

http://www.fundacionbobath.org/

http://www.proyectofoltra.com

http://www.fundacionnipace.org/

http://www.fundacionlucaskoch.org

http://www.fundacionnumen.org

http://www.fundacionfuvane.org/

ABREVIATURAS

LED: Light Emitting Diode.

SNC: Sistema Nervioso Central.

SNS: Sistema Nacional de Salud.

TAC: Tomografía Axial Computerizada.

CAPÍTULO 21

BIBLIOGRAFÍA

REFERENCIAS DIRECTAS EN LOS TRATADOS DE NEUROREHABILITACIÓN, RELACIONADAS CON LA PRÁCTICA DE ACTIVIDADES, DURANTE LA REHABILITACIÓN DE TRES EJES

Con objeto de documentar, de manera clara y directa, cómo el autor tomó sus decisiones, y programó las múltiples actividades que realizó Luis en las diversas etapas de su rehabilitación, ofrecemos la siguiente Bibliografía sobre medicina y neurología, y su correspondencia con cada acción acometida.

Donald T. Stuss, Gordon Winocur & Ian H. Robertson, Cognitive Neurorehabilitation second edition, Cambridge University Press 2008.

`*El viaje de Luis*´: Bibliografía

(Pag. 24, párrafo 1, línea 9) : pags. 13
(Pag. 34, párrafo 3, línea 2) : pags. 10, 15
(Pag. 84, párrafo 1, línea 12) : pags. 11, 15, 222, 349, 351
(Pag. 84, párrafo 2, línea 9) : pags. 70, 262, 278, 306, 321, 356, 417
(Pag. 88, párrafo 2, línea 1) : pags. 10, 30, 63, 70, 250, 262, 351, 397
(Pag. 93, párrafo 4, línea 6) : pags. 10, 11, 15, 63, 64, 70, 272, 306
(Pag. 96, párrafo 4, línea 3) : pags. 458
(Pag. 99, párrafo 4, línea 10) : pags. 397, 401
(Pag. 102, párrafo 3, línea 9) : pags. 203, 460
(Pag. 107, párrafo 2, línea 6) : pags. 351, 356
(Pag. 109, párrafo 1, línea 2) : pags. 349
(Pag. 115, párrafo 4, línea 6) : pags. 13
(Pag. 130, párrafo 2, línea 1) : pags. 349
(Pag. 138, párrafo 2, línea 2) : pags. 451
(Pag. 144, párrafo 2, línea 3) : pags. 10, 15, 397
(Pag. 173, párrafo 2, línea 5) : pags. 10, 15

(Pag. 181, párrafo 4, línea 1) : pags. 13, 15, 30, 306, 349, 356
(Pag. 197, párrafo 2, línea 6) : pags. 14, 306, 349
(Pag. 208, párrafo 3, línea 3) : pags. 311
(Pag. 230, párrafo 4, línea 1) : pags. 70, 262, 278, 306, 321, 356, 417
(Pag. 233, párrafo 2, línea 3) : pags. 10, 15, 397
(Pag. 249, párrafo 2, línea 1) : pags. 93

Mckay Moore & Catherine A. Mateer, Cognitive Rehabilitation, The Guilford Press 2001.

`*El viaje de Luis*´: Bibliografía

(Pag. 35, párrafo 3, línea 10) : pags. 34
(Pag. 35, párrafo 4, línea 7) : pags. 44
(Pag. 42, párrafo 2, línea 4) : pags. 5
(Pag. 84, párrafo 1, línea 12) : pags. 73, 79, 82, 144
(Pag. 84, párrafo 2, línea 10) : pags. 59, 81
(Pag. 85, párrafo 3, línea 12) : pags. 59, 75, 77, 161
(Pag. 85, párrafo 3, línea 7) : pags. 82, 292, 433
(Pag. 88, párrafo 1, línea 5) : pags. 79
(Pag. 95, párrafo 2, línea 4) : pags. 80
(Pag. 96, párrafo 2, línea 1) : pags. 79
(Pag. 99, párrafo 4, línea 10) : pags. 75, 77
(Pag. 107, párrafo 2, línea 2) : pags. 4, 80
(Pag. 108, párrafo 3, línea 3) : pags. 5, 69, 400, 433
(Pag. 118, párrafo 4, línea 2) : pags. 81
(Pag. 120, párrafo 4, línea 1) : pags. 34, 67, 80
(Pag. 121, párrafo 2, línea 6) : pags. 4, 80
(Pag. 121, párrafo 2, línea 12) : pags. 439
(Pag. 149, párrafo 2, línea 2) : pags. 135
(Pag. 152, párrafo 5, línea 1) : pags. 136
(Pag. 164, párrafo 5, línea 1) : pags. 79
(Pag. 187, párrafo 1, línea 7) : pags. 78
(Pag. 208, párrafo 2, línea 1) : pags. 89, 432
(Pag. 217, párrafo 3, línea 1) : pags. 79
(Pag. 233, párrafo 5, línea 1) : pags. 80, 81

Sarah A. Raskin, Neuroplasticity & Rehabilitation, The Guilford Press 2011.

`*El viaje de Luis*´: Bibliografía

(Pag. 45, párrafo 2, línea 2) : pags. 192, 288

(Pag. 86, párrafo 1, línea 7) : pags. 15, 22, 30, 33, 38, 42, 49, 51, 83, 93, 127, 234, 285

(Pag. 89, párrafo 4, línea 2) : pags. 15, 20, 25, 28, 30, 33, 38, 51, 194, 250, 310

(Pag. 91, párrafo 3, línea 8) : pags. 250

(Pag. 92, párrafo 3, línea 7) : pags. 19, 42, 233, 275

(Pag. 96, párrafo 4, línea 1) : pags. 2, 15, 20, 22, 28, 30, 33, 39, 44, 122

(Pag. 101, párrafo 2, línea 6) : pags. 15, 30, 93, 286

(Pag. 101, párrafo 4, línea 6) : pags. 288

(Pag. 103, párrafo 2, línea 3) : pags. 9, 15, 30, 306, 351

(Pag. 110, párrafo 2, línea 9) : pags. 15, 24, 33, 38, 42, 233, 239, 269

(Pag. 116, párrafo 4, línea 2) : pags. 19, 31, 51, 275

(Pag. 118, párrafo 4, línea 8) : pags. 15, 22, 28, 30, 33, 39, 47, 91, 119, 195, 241

(Pag. 152, párrafo 5, línea 3) : pags. 111

(Pag. 153, párrafo 4, línea 1) : pags. 25, 33, 38, 42

(Pag. 179, párrafo 4, línea 6) : pags. 13, 15, 17, 22, 28, 30, 38, 45, 83, 91, 108

(Pag. 181, párrafo 1, línea 1) : pags. 28, 33, 46, 233, 270

CIENCIA, EDUCACIÓN, ORDENADORES Y VIDEOJUEGOS

Alonso, Carolina M., Gallego, Domingo J. Aprendizaje y ordenador, Dikinson, 2000.

Cloud, Henry & Townsend, John, Límites para sus hijos, Ed. Vida.

Cloud, Henry & Townsend, John, Boundaries with Kids, Ed. Zondervan.

Gee, James Paul, What video games have to teach us about learning and literacy, Palgrave Macmillan, 2004.

Landau L., Rumer, Y, ¿Que es la Teoría de la Relatividad?, Ed. MIR, Moscú.

Prensky, Marc, Digital Game-Based Learning, McGraw-Hill, 2011.

www.wikipedia.org

TECNOLOGÍA Y GESTIÓN

Hirano, Hiroyuki, JIT Factory Revolution. A pictorial guide to factory design of the future, 1989.

Oppenheim, V., Wilsky, S., Signals and Systems, Prentice Hall, 1996.

W. Hall, Robert, Attaining Manufacturing Excellence, McGraw-Hill, 1986.

ANTI-ENVEJECIMIENTO, COMPUESTOS DE SOPORTE, EJERCICIO FÍSICO Y MEDICINA DIVULGATIVA

Arden, John B., Rewire Your Brain. Think your way to a better life, Wiley, 2010.

Braverman, Eric R., The Healing Nutrients Within, vol.1, Basic Health Publications, Inc., 3ª ed. 2003.

Carper, Jean, Your Miracle Brain, Harper Collins Publishers, 2000.

Carper, Jean, Máximo Rendimiento, traducción José M. Pomares, Editorial Urano, 2001.

Dean, Ward, Morgenthaler, John, Fowkes, Steven Wm., Smart Drugs II the next generation, vol. 2, *Smart Publications*, 1993.

Erdemann, Robert, Jones, Meirion, The Amino Revolution, Fireside, 1987.

Escott-Strum, S., Eds. Nutrition and Diagnosis-Related Care, 6ª edición, *Philadelphia, Pa: Lippincott Williams*, 2008.

Gregg, Dr., Jacobs, D., Say Good Night To Insomnia, Ed. Owl Books.

Khalsa, Dharma Singh, Stauth, Cameron, Brain Longevity. The Breakthrough Medical Program that Improves Your Mind and Memory, Warner Books, Ed. Little, Brown& Company, 1999.

Life Extension Foundation, The Physician´s Guide to Life Extension Drugs. A technical Handbook of Innovative Drug Usage, Life Extension Foundation, 1988.

Pressman, Alan H., Glutathione, Ed. St. Martin Paperback, 1998.

Ratey, John J., Spark, The new science of exercise and the brain, Ed. Little Brown, 2008.

Roberts, Arthur J., O'Brien Mary E., Nutriceuticals, Ed. Robin Book, 2003.

Sabbagh, Marwan, The Alzheimer's Answer, Ed. Wiley, 2008.

Sartoruis, Fernando, Tu Entrenador Personal, MR Ed., 2007.

Small, Gary, The Memory Bible, Hyperion, 2002.

Small, Gary, La Biblia de la Memoria, Uran, 2008.

Sinatra, Stephen T., The Coenzyme Q10, Ed. Keats, 1998.

Walford, Roy, Beyond the 120 Years Diet. How to Double Your Vital Years, Thunder´s Mouth Press, 2000.

Whitaker, Julian, Alpha Lipoic Acid, Ed. Kensington Health, 1998.

MUSICOTERAPIA

Betés del Toro, Mariano, Fundamentos de Musicoterapia, Editorial Morata, 2000.

Bruscia, Kenneth E., Case Studies In Music Therapy, Barcelona Publishers, 3ª edición. 2006.

Campbell, Don, El Efecto Mozart para Niños, Ediciones Urano, 2001.

Del Río, Víctor, Musicoterapia y autismo. Didi Duende Autista, Mandala Ediciones, 2003.

Despins, Jean-Paul, La música y el cerebro, traducción de María Renata Segura, Editorial Gedisa, 2010.

Gaynor, Mitchell l., The Healing Power of Sound. Recovery from Life-Threatening Illness Using Sound, Voice and Music, Shambhala Publications, 1999.

Hanser, Suzanne B. "The New Music Therapist´s Handbook", Berkeley Press, 1999.

Levitin, Daniel J., Tu cerebro y la música. El estudio científico de una obsesión humana, traducción José Manuel Álvarez, RBA libros, 2008.

NEUROREHABILITACIÓN

Gillen, Glen, Cognitive and Perceptual Rehabilitation. Optimizing Function. Editorial Mosby Elsevier, 2009.

Halligan, Peter W., Wade, Derrick T., Effectiveness of Rehabilitation for Cognitive Deficits, Oxford University Press, 2005.

Herbert, Camila M., Shiel, Agnes, Wilson, Barbara A., Neuropsychological Rehabilitation: A Modular Handbook. Behavioural Approaches in Neuropsychological Rehabilitation. Optimizing Rehabilitation Procedures, Psychology Press, 2009.

Johnstone, Brick, Stonnington, Henry. H., Rehabilitation of Neuropsychological Disorders, Psychology Press. Taylor & Francis Group, 2001.

Martínez-Vila, E., Situación actual de la neuroprotección en el ictus, Revista REVNeurol, 1999, 29(6), 526-536.

Miniussi, Carlo, Vallar, Giuseppe, A Special Issue of the Journal of Neuropsychological Rehabilitation. Non Invasive Brain Stimulation: New Prospects in Cognitive Neurorehabilitation. Psychology Press, Taylor and Francis Group, 2011.

Mateer, Catherine A., Sohlberg, McHay Moore, Cognitive Rehabilitation. An Integrative Neuropsychological Approach, The Gilford Press, 2001.

Muñoz, Marrón, Elena, (coordinadora), Estimulación Cognitiva y rehabilitación neuropsicológica, Editorial UOC, 2011.

Raskin, Sarah A., Neuroplasticity and Rehabilitation, The Gilford Press, 2011.

Sohlberg, McKay Moore, Turkstra, Lyn S., Optimizing Cognitive Rehabilitation Effective Instructional Methods. The Gilford Press, 2011.

Stuss, Donald T., Wincour, Gordon and Robertson, Ian, H., Cognitive Neurorehabilitation, Cambridge University Press, 2008.

Wilson, Bárbara, A. Memory Rehabilitation. Integrating Theory and Practice, The Gilford Press, 2009.

NEUROREHABILITACIÓN. CUADERNOS DE EJERCICIOS DE LECTO-ESCRITURA, LOGOPEDIA, PERCEPCIÓN, ETC.

Blanco Criado, Vanesa, Navacués Municio, Paloma, Psicoestimulación. Ejercicios para estimular la cognición, Lebon, 2009.

Diez Manteca, Ricardo, Entrenamiento cerebral. Cuadernos 1 y 2, Salvat, 2011.

León Lopa, Carmen Mª., Lenguaje, cuaderno 1, Gnosias, Cuaderno 3, Estimulación de las funciones cognitivas. Cuaderno 6, Percepción Espacial y Lateralidad, Cuaderno 7, Esquema Corporal, nivel 1, Cuaderno 8, Orientación, Praxis, Cuaderno 9, GEU Editorial, 2011.

Portellano Pérez, José Antonio, Quirós, Juan Miguel, S., Rehabilitación de la disgrafía 3, Colección Cuadernos de Recuperación 49, CEPE, 2009.

Powell, Trevor & Malia, Kit, A Speechmark Practical Therapy Manual. The Brain Injury Workbook. Exercises for Cognitive Rehabilitation, Speechmark Publishing Ltd., 2003.

Sardinero Peña, Andrés, Estimulación cognitiva para adultos. Taller de Funciones Ejecutivas. 70 fichas. Ejercicios prácticos con soluciones, Nivel 1, GESFORMEDIA, 2010.

OFTALMOLOGÍA. REHABILITACIÓN DE LA VISTA Y DE LA CEGUERA CORTICAL

Feinberg, T. & Farah, MJ., Behavioral Neurology and Neuropsychology, McGraw Hill, 1997.

Lane, Kenneth A., Developing Ocular Motor and Visual Perceptual Skills. An Activity Workbook, SLACK Incorporated, 2005.

Pleger, Burkhard, "Functional magnetic resonance imaging mirrors recovery of visual perception after repetitive tachistoscopic stimulation in patients with partial critical blindness", Revista Neuroscience Letters, 2002, *Elsevier.*

Roman-Lantzy, Chistine, Cortical Visual Impairment. An Approach to Assessment and Intervention, AFB Press American Foundation of the Blind, 2010.

Ro, Tony and Rafal Robert, "Visual restoration in cortical blindness insights from natural and TMS-induced blindsight", Revista Neuropsichological Rehabilitation 2006, 16(4), 377-396, *Psychology Press.*

Scheiman, Mitchell, Understanding and Managing Vision Deficits. A Guide Occupational Therapists, SLACK Incorporated, 2011.

Scheiman, Mitchell, Scheiman, Maxine, Whittaker, Stephen, G., Low Vision Rehabilitation. A Practical Guide For Occupational Therapists, SLAKS Incorporated, 2007.

Widdig Walter, "Repetitive visual stimulation: a neuropsychological approach to the treatment of cortical blindness", Revista Neurorehabilitation 18 (2003) 227-237, *IOS Press.*

Zihl, Josef, Neuropsychological Rehabilitation: A Modular Handbook. Rehabilitation of Disorders After Brain Injury, *Psychology Press,* 2ª edición. 2011.

IMÁGENES Y VÍDEOS ILUSTRATIVOS CON LAS DIVERSAS ACTIVIDADES, REALIZADAS POR LUIS Y SU PAPÁ RELACIONADAS CON LA REHABILITACIÓN DE TRES EJES

(Pag. 50, párrafo 3, línea 5, palabra = musicoterapeutas) : Facebook "El Viaje de Luis" https://www.facebook.com/pages/El-Viaje-de-Luis/237968519694942

(Pag. 50, párrafo 3, línea 10, palabra = maracas) : Facebook "El Viaje de Luis" https://www.facebook.com/pages/El-Viaje-de-Luis/237968519694942

(Pag. 109, párrafo 5, línea 2, palabra = Diego) : Facebook "El Viaje de Luis" https://www.facebook.com/pages/El-Viaje-de-Luis/237968519694942

(Pag. 145, párrafo 2, línea 2, palabra = karts) : Youtube "El Viaje de Luis" https://www.youtube.com/channel/UCdr-D8N-7TI4v-t0voIFmyQ/feed

(Pag. 146, párrafo 5, línea 1, palabra = buceando) : Youtube "El Viaje de Luis" https://www.youtube.com/channel/UCdr-D8N-7TI4v-t0voIFmyQ/feed

(Pag. 146, párrafo 6, línea 2, palabra = kitesurf) : Youtube "El Viaje de Luis" https://www.youtube.com/channel/UCdr-D8N-7TI4v-t0voIFmyQ/feed

(Pag. 147, párrafo 4, línea 2, palabra = correr) : Youtube "El Viaje de Luis" https://www.youtube.com/channel/UCdr-D8N-7TI4v-t0voIFmyQ/feed

(Pag. 160, párrafo 1, línea 5, palabra = Rafa) : Youtube "El Viaje de Luis" https://www.youtube.com/channel/UCdr-D8N-7TI4v-t0voIFmyQ/feed

(Pag. 169, párrafo 2, línea 1, palabra = wakeboard) : Youtube "El Viaje de Luis" https://www.youtube.com/channel/UCdr-D8N-7TI4v-t0voIFmyQ/feed

(Pag. 222, párrafo 4, línea 2, palabra = cognitivas) : Youtube "El Viaje de Luis" https://www.youtube.com/channel/UCdr-D8N-7TI4v-t0voIFmyQ/feed

AGRADECIMIENTOS

La recompensa del trabajo bien hecho es la oportunidad de hacer más trabajo bien hecho.

–Jonas Edward Salk

Por su buen trabajo profesional, dedicación y cariño hacia pacientes y enfermos, quiero dedicar este libro a todas las personas que hicieron posible la plena y total recuperación de Luisito tras su mortal accidente.

MEDICOS Y EQUIPO SANITARIO DEL SUMMA QUE ATENDIERON A LUIS EN CASA

A los dos doctores –al de ojos azules y pelo canoso– y a su compañero, que prefirieron permanecer en el anonimato, al equipo de sanitarios, y al conductor de la ambulancia, que junto con ellos atendieron a Luis en nuestra casa y le trasladaron con acierto al Hospital La Paz, lo que permitió que Luis se salvara.

MEDICOS Y ENFERMERAS DE LA UCI INFANTIL DEL HOSPITAL LA PAZ

Al Dr. Federico Goded, al Dr. Menéndez, a la Dra. Dorao, a la Dra. Laplaza, y al "gran jefe que pasea" el Dr. Alvarado Ortega; también a todos los otros médicos más jóvenes de la UCI Infantil del Hospital La Paz, les agradecemos de corazón sus conocimientos, esfuerzo y criterio profesional, al haber sabido aplicarlos con acierto y sentido común, consiguiendo salvar la vida de Luis. Igualmente a las enfermeras de la UCI Infantil de la Paz, por el cariño con que trataron a Luis, y por su paciencia y transigencia con el "rastrillo" que organicé en la esquina de la UCI donde él se encontraba.

MEDICOS, REHABILITADORAS Y ENFERMERAS DE LA PLANTA INFANTIL, DEL SERVICIO DE REHABILITACION Y DEL SERVICIO DE PSIQUIATRIA DEL HOSPITAL LA PAZ

Al Dr. López, a la Dra. Ortiz del Hospital La Paz, al Dr. Jorge Martínez Hurtado y al Dr. Miguel Ángel Martínez, del Hospital de Alcorcón, les agradecemos de corazón la guía y los consejos que nos dieron, basados en sus conocimientos y experiencia, que nos fueron de gran ayuda. Igualmente a la rehabilitadora Amparo de La Paz, por el cariño y empeño que mostró en que Luis fuera recuperando sus capacidades cognitivas. También a las enfermeras de la planta Infantil de La Paz por su cariño y atención con Luis.

OFTALMOLOGOS

A la Dra. Inés Garcia Ormaechea, a la Dra. Maria Antonia Ramos de la ONCE, al Dr. Widdig y al Dr. Tegenthoff del Hospital Bergmannscheil, al Dr. Julio Yangüela del Hospital de Alcorcón, y a todos los profesionales del Equipo de Orientación Educativa y Psicopedagógica de Discapacidad Visual de la Comunidad de Madrid-ONCE: Carlos Santos, Carmen Herrero, Elvira Ballesteros, Inés Arangaiz e Isabel Herrero, por sus conocimientos, profesionalidad, buen hacer y enorme interés y cariño con Luis y conmigo.

NEUROPSICOLOGAS Y REHABILITADORAS

A las neuropsicólogas Beatriz Gavilán, Diana Moya y Estefanía Rodríguez, y al centro Hermanas Hospitalarias "La Beata". Igualmente a la Profesora Patricia Mateos del Centro de Logopedia y Rehabilitación "Refuerza", y a la neuropsicóloga Laura Cano Manchón, del centro Lingualogopedia.

Nuestro profundo agradecimiento a todas ellas por sus conocimientos aplicados y esfuerzo en conseguir –con éxito– que Luis recuperase muchas de las funciones cerebrales perdidas.

PROFESORES Y CUIDADORES DE LUIS

Al entrenador de hockey sobre hielo Diego Villanueva, a sus profesores de música y saxofonistas Juan Carlos Rodríguez Magraner, José Carlos Alonso y Luis Mateo Acín, a sus profesores de matemáticas Daniel Fraile y Jorge, a sus profesoras de chino Sung Wei y Hui Qing del centro MACMA, a la profesora de inglés Iraida, a su instructor de buceo Alejandro Cabañas, y también a su monitor de snowboard José García Ruiz, por la paciencia que mostraron y su empeño en que Luis fuera recordando y reaprendiendo nuevamente sus conocimientos de las diversas materias, ayudándole a su vez a que superara los retos del colegio.

Y a Yola Patiño, por lo que siempre, y especialmente en aquella época, se ocupó de Luis y de toda la familia, observando en todo momento sus síntomas e informando de ellos después, e igualmente siguiendo a rajatabla todas las indicaciones que le daba para que Luis se recuperase, apoyándolas siempre y sin haberlas cuestionado nunca.

AL COLEGIO KENSINGTON

Al Colegio Kensington, por haber apoyado a Luis y haber comprometido los recursos y en ello, con objeto de que Luis pudiera –con su ayuda y la nuestra– organizarse mejor en los estudios y superar las dificultades de su reincorporación a su mundo : “El Cole”.

A MI DIFUNTO PADRE Y A MI MADRE

A mi difunto padre, que en paz descanse, y a mi querida madre, por la ayuda y apoyo que supusieron sus sabios consejos para la rehabilitación de mi hijo, y por la educación que de ellos recibí en mi infancia y que arraigó en mí, lo cual me permitió seguir adelante sin desfallecer desde que ocurrió el mortal accidente, en la búsqueda de los conocimientos y decisiones que permitieron a Luis ser hoy "El Luis de siempre".

A MI HIJA ELENA Y A ELENA MADRE

A mi amada hija Elena, que demostró madurez en estos momentos tan duros, mostrándose ya como una mujer valiente y decidida, confiando siempre en su padre y prestando la ayuda requerida cuando se la solicité para su hermano. Igualmente por su comprensión, por la atención especial que tuvimos que prestar a Luis durante ese año y que algunas veces pudo ir en detrimento suyo.

Y a su madre Elena, por haber confiado en la dirección que tomé con la *Rehabilitación de 3 Ejes* casi sin cuestionarla, y cuando hubo discrepancias, por haberme soportado en los momentos complicados. Igualmente por toda esa fortaleza que demostró al haber sabido llevar con entereza su enfermedad, a la vez que seguía adelante con nuestro hijo Luis, especialmente en su reincorporación al cole.

A MIS HERMANAS Y SOBRINAS

También a mis dos hermanas y mis sobrinas y sobrino por haberme ayudado en la búsqueda de médicos y centros de rehabilitación. También por haberme visitado en casa para transmitirme su cariño y haber soportado los momentos duros que vivimos durante esta etapa de nuestra vida.

A MIS AMIGOS Y COLABORADORES

Por haber sabido transmitir su ánimo, confianza y cariño, tanto a Luis, como a mí, Especialmente a Santos, quien supo infundirme esperanza, paciencia y cariño en los peores momentos, porque como me dijo un día *"tras los negros nubarrones siempre brilla el sol"*. A los demás amigos, por haberme ayudado cada uno en la medida de sus posibilidades y conocimientos, y a mis colaboradores por haberme permitido con su trabajo, responsabilidad en él y buen hacer, que yo pudiera centrarme durante meses en la enorme pero gratificante tarea que supuso la *Rehabilitación de 3 Ejes*.

Y A LUIS

A ese niño de 12 años que demostró ser ya un hombre valiente y sacrificado durante los meses que duró esta *Rehabilitación de 3 Ejes* tan dura. También por haber confiado en su padre y en las decisiones que tomó durante estos meses tan difíciles que vivimos. Hoy tan sólo me queda felicitarle, porque finalmente alcanzamos el "turbocerebro" –como en múltiples ocasiones le aseguré que así sería–. Y unas últimas palabras que ahora deseo recordarle cuando le decía "Luis verás cómo lo vamos a conseguir" y él asentía reconfortado, para que ya siempre le acompañen en su vida: "¡Luis, hijo mío, lo conseguimos!

A QUIENES ME AYUDARON CON ESTE LIBRO

Con mucho cariño al Catedrático de Filosofía del Instituto de Enseñanza Secundaria Padre Manjón de Granada y Profesor de Historia de las Ideas Políticas en la Facultad de Ciencias Políticas y Sociología de la Universidad de Granada –y mi tío– Prof. Tomas Moreno Fernández y a mi tía Mari Cruz Antón, e igualmente al Catedrático de

Ciencias Historiográficas del Departamento de Ciencias de la Facultad de Filosofía y Letras de la Universidad de Málaga –y mi tío también– Dr. Pedro José Arroyal y mi tía y Profesora de Secundaria Estrella Antón, por la enorme ayuda y mejora que supusieron para el libro sus revisiones y sus críticas y comentarios valiosos con puntos de vista alternativos.

Igualmente con mucho cariño a la Profesora y amiga Raquel de las Heras, y al abogado y amigo Manuel Jiménez por sus valiosos comentarios, críticas y puntos de vista diversos que me proporcionaron en las fases finales del libro y que permitieron que éste viera la luz tal y como es hoy, y aún más por el apoyo que me prestaron durante los difíciles momentos vividos tras el accidente.

SOBRE EL AUTOR

Desde pequeño tuvo vocación hacia la ciencia, la innovación y el emprendimiento. Con 13 años vendía los aparatos electrónicos que él mismo fabricaba. En 1988 finalizó Ingeniería Superior de Telecomunicación. Es Master en Economía y Dirección de Empresas (IESE) y en Dirección de Operaciones (APICS). A lo largo de su vida profesional ha creado diversas empresas, contando hoy con un equipo de 300 colaboradores. Es amante de la música. Con su hijo inició el grupo amateur "*The Fun & Music Players*" (www.funmusicplayers.com). Realiza ejercicio a diario y desde hace años toma compuestos y vitaminas para el cerebro y prevenir el envejecimiento. Suele buscar soluciones creativas –interconectando conceptos y conocimientos– para la resolución de problemas, como en la *Rehabilitación de 3 Ejes* que tan notables resultados ha proporcionado.

OPINIONES

Los desafíos son la mejor bendición que puede sucederle a las personas.
Los desafíos traen progresos.
La creatividad nace de la angustia, como el día nace de la noche oscura.
Es en los desafíos cuando nace la inventiva, los descubrimientos y las grandes estrategias.
Quien supera los desafíos se supera a sí mismo.

–Albert Einstein.

"El libro es un relato apasionante del enorme esfuerzo para devolver a Luis su personalidad y su antigua calidad de vida. Se lee muy fácilmente, porque expone las "terapias" desde diferentes ángulos. No es un libro científico para médicos. Sí un libro divulgativo. Afortunadamente "su caso" es excepcional. Siempre será un aliciente en nuestro trabajo para mí, para otros médicos y para otros padres. Mi enhorabuena a Luis Lucas Gil por su valentía y descanso para su padre".

–Dra. Inés García Ormaechea. Oftalmóloga, Lda. en Medicina y Cirugía. Madrid 1975.

"Todos los padres con hijos en edad infantil o en la adolescencia, y muy especialmente aquellos con hijos que hayan sufrido daño cerebral, deberían leer este libro como caso de referencia, tanto por las terapias descritas y el modelo de rehabilitación aplicado, como por los valores esenciales implícitos en la narración. Igualmente servirá como valioso libro de referencia para estudiantes y futuros rehabilitadores, e incluso para profesionales consolidados, ya que sus múltiples y variados ejemplos pueden ser muy útiles para ilustrar de manera accesible y sencilla frente a otros padres las terapias y recomendaciones que, como parte de su tratamiento rehabilitador, hagan a sus propios pacientes".

–Prof. Patricia Mateos. Profesora del departamento de Psicobiología de la Facultad de Educación, Universidad Complutense de Madrid.

"Este libro debería ser leído por todos los niños y adolescentes, y en los colegios como lectura de referencia, para la enseñanza de los valores esenciales que deben acompañar a cualquier niño a lo largo de su vida, y más aún en la actual crisis de valores de nuestra sociedad".

–Prof. Tomás Moreno Fernández. Catedrático de Filosofía del Instituto de Enseñanza Secundaria Padre Manjón de Granada y Profesor de Historia de las Ideas Políticas en la Facultad de Ciencias Políticas y Sociología de la Universidad de Granada.

"Si de casi todos los libros que leemos siempre aprendemos, de éste puedo decir que es un tratado de amor, coraje y valentía. Demuestra lo que es capaz de hacer el ser humano por salvar lo más querido, confirmando algo de tan poca actualidad, como que el exigir a los hijos lo que más les conviene no es ninguna tragedia, y que la disciplina y la constancia conducen a la consecución de un objetivo".

–Prof. Raquel de las Heras. Profesora de Música, Compositora, Escritora. Escuela Municipal de Música de Pozuelo de Alarcón, Madrid.

"El caso de Luisito Gil pone de manifiesto cómo una rápida y adecuada reanimación cardiopulmonar aplicada precozmente por los servicios de emergencia, seguida de unos eficaces cuidados post-reanimación y de una rehabilitación neurológica vigorosa mantenida, "potenciaron sustancialmente la esperanza" y marcaron de manera definitiva la positiva evolución neurológica y el éxito en la recuperación que presentó Luisito".

–Dr. Francisco Alvarado Ortega. Jefe de Servicio de la UCI Pediátrica, Hospital Infantil La Paz, Madrid. Ex profesor Asociado de Pediatría de la Universidad Autónoma de Madrid.

"Este libro, además de un caso excepcional sobre neurorehabilitación es, a la vez, como un gran baúl: en él se guardan multitud de tesoros del ser humano. La música se escucha desde todos sus rincones. La narración está repleta de ciencia y de grandes inventos que cambiaron la humanidad. El deporte y muchos de sus nombres destacados sirven de referencia, e igualmente está lleno de retos y logros. Tampoco le falta el riesgo y la aventura, y ello sin olvidar el séptimo arte. Destacan igualmente sus elementos educativos, con referencias constantes a virtudes y valores esenciales para niños y mayores, además de conocimientos propios de la etapa educativa y el pensamiento humano, con numerosas frases de personajes célebres del saber, incluida la literatura universal. Es, sin dudarlo, un caso sobre autoayuda que está basado en hechos reales, rebosando amor, sentimientos y momentos cómicos".

–Estrella A. Bonachera. Licenciada en Filología Románica. Profesora del Colegio San Manuel de Málaga.

"Sin duda alguna, un libro para recomendar, en especial a aquellos padres de niños que, de manera repentina, sufren un trauma con daño cerebral y se encuentran desorientados entre numerosos términos médicos desconocidos por ellos, y cuya única preocupación es cómo ayudar a su hijo. Una lección de valor y de constancia, una historia de amor fraternal".

–Laura Cano Manchón. Neuropsicóloga, rehabilitadora neurológica.

Tras haber comprobado por mí mismo la recuperación de Luis, me gustaría destacar dos aspectos: en primer lugar la fortaleza de Luis, que tras muchas horas de esfuerzo y sacrificio volvió a ser él mismo. En segundo lugar, el magnífico trabajo realizado por un padre entregado, con amor, dedicación y responsabilidad hacia su hijo en los momentos que más lo necesitaba. En palabras de L. V. Beethoven: "¡Actúa en vez de suplicar. Sacrifícate sin esperanza de gloria ni recompensa! Si quieres conocer los milagros, hazlos tú antes. Sólo así podrá cumplirse tu peculiar destino".

–Prof. Juan Carlos Rodríguez Magraner. Saxofonista, compositor. Profesor de Música de la Escuela Municipal de Música de Pozuelo de Alarcón, Madrid.